베이비돌
한   복
만 들 기

책에 들어 있는 옷과 소품은 저자의 노력이 들어간 결과물입니다. 디자인, 도안 등을 모방하여 상품 혹은 상업적인 목적으로 사용하는 것은 저자의 저작권을 침해하는 것입니다. 저작권을 침해할 경우 민·형사상 책임이 따릅니다.

베이비돌 한복 만들기

초 판 1쇄 발행 2019년 1월 26일
개정판 1쇄 인쇄 2022년 5월 4일
개정판 1쇄 발행 2022년 5월 11일

지은이 | 백한솔
펴낸이 | 이종춘
펴낸곳 | (주)첨단

주소 | 서울시 마포구 양화로 127 (서교동) 첨단빌딩 3층
전화 | 02-338-9151
팩스 | 02-338-9155
인터넷 홈페이지 | www.goldenowl.co.kr
출판등록 | 2000년 2월 15일 제2000-00003호

본부장 | 홍종훈
편집 | 신정원, 윤지선
교정 | 강현주, 윤혜인
본문 디자인 | 조서봉
사진 | 백한솔, 백종환, 최유미
감수 | 배화여자대학교 김소현 교수
전략마케팅 | 구본철, 차정욱, 나진호, 이동후, 강호묵
제작 | 김유석
경영지원 | 윤정희, 이금선, 최미숙

ISBN 978-89-6030-598-4 13630

※ 값은 뒤표지에 있습니다.
※ 잘못된 책은 구입하신 서점에서 바꾸어 드립니다.
※ 이 책은 신저작권법에 의거해 한국 내에서 보호를 받는 저작물이므로 무단 전재 및 복제를 금합니다.

※ 황금부엉이에서 출간하고 싶은 원고가 있으신가요? 생각해보신 책의 제목(가제), 내용에 대한 소개, 간단한 자기소개, 연락처를 book@goldenowl.co.kr 메일로 보내주세요. 집필하신 원고가 있다면 원고의 일부 또는 전체를 함께 보내주시면 더욱 좋습니다. 책의 집필이 아닌 기획안을 제안해주셔도 좋습니다. 보내주신 분이 저 자신이라는 마음으로 정성을 다해 검토하겠습니다.

베이비돌 한복 만들기

전통한복과 패션한복, 소품까지 **인형옷 무작정 따라 만들기**

백한솔 지음

BM 황금부엉이

전통의상과를 졸업하고 첫 직장 생활을 하던 중 우연히 베이비돌 한복을 접했습니다. 한복을 배웠으니 한복을 만들고는 싶은데 사람이 입을 수 있는 사이즈로 만들기에는 시간이 없고, 장비나 공간도 많이 부족하던 시기에 마침 디즈니의 베이비돌 인형 열풍이 불었죠. 그래서 어릴 적부터 좋아하던 디즈니 애니메이션 주인공들에게 한복을 만들어서 입히기 시작했던 것이 이 책까지 이어졌습니다.

대학교를 졸업하고 첫 직장을 다니면서 첫 원고를 쓴 지 5년이 흘렀습니다. 개정판을 쓰는 지금은 다니던 직장을 그만두고, 전통의상과 동기인 친구와 함께 생활한복 브랜드 〈레트로맨스〉를 창업하여 운영하고 있습니다.

한복에 대한 관심과 이슈 자체는 점점 많아지고 있는 것 같지만, 요즘은 베이비돌 인형의 옷을 만드는 분들도 적어지고, 한복의 수요도 점점 줄어들었습니다. 또 한복은 전통의상이기 때문에 만들기 어렵다고 생각하실 수도 있습니다. 하지만 [베이비돌 한복 만들기]는 인형을 위한 한복을 만드는 내용이랍니다. 바느질이 서툴러도, 조금 삐뚤빼뚤해도 괜찮죠. 전문가의 도움 없이 혼자 전통한복, 패션한복을 만드는 방법이 궁금하셨던 분들에게 도움이 되기를 바라는 마음으로 부족한 실력이지만 열심히 책을 썼습니다. 여러분도 이 책을 따라 하나씩 만들어보면 저처럼 베이비돌 한복만의 매력을 느끼실 수 있을 거예요.

전통한복을 메인으로 하여 다양한 형태의 한복 종류를 제작해보실 수 있도록 구성하고, 비교적 제작이 어렵지 않은 귀여운 패션한복과 소품들도 함께 실었습니다. 여러 챕터를 응용하여 제작하거나 하나하나씩 만들어 여러 벌이 되면 믹스매치해서 나만의 베이비돌 한복 스타일링도 해볼 수 있어요.

끝으로 [베이비돌 한복 만들기]를 세상에 나올 수 있도록 도움을 주신 많은 분들과 애정으로 지켜봐 주신 분들께 진심으로 감사드립니다.

백한솔

한복의 부위별 명칭 12

기본 도구 15

원단의 종류 18

기본 바느질법 20

시접 정리법 22

 전통한복

[베이비돌 전통한복 1_콩쥐팥쥐] 콩쥐를 시샘하는 팥쥐

Item 1_색동저고리	Item 2_치마	Item 3_배씨댕기
		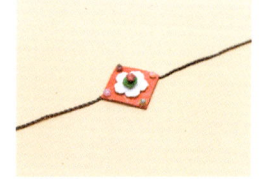
28	38	44

[베이비돌 전통한복 2_심청전] 효녀 심청이

Item 1_삼회장 저고리

48

Item 2_조끼허리 홑치마

58

Item 3_마고자

65

Item 4_제비부리댕기

74

[베이비돌 전통한복 3_견우와 직녀] 칠월칠석에 만난 견우와 직녀

Item 1_당의

80

Item 2_스란치마

91

Item 3_남자 저고리

100

Item 1_남자 철릭

107

Item 2_매듭단추 사폭바지

117

Item 3_허리띠

126

패션한복

[베이비돌 패션한복 1_빨간모자] 심부름을 하러 떠나는 빨간모자

Item 1_퍼프소매 저고리

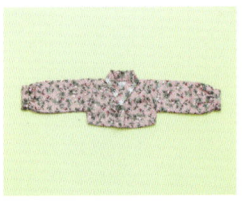

132

Item 2_면 치마

141

Item 3_조바위

145

[베이비돌 패션한복 2_미녀와 야수] 야수에게 잡혀간 벨

Item 1_철릭 원피스

152

Item 2_허리치마

164

[베이비돌 패션한복 3_백설공주] 숲으로 간 백설공주

Item 1_퍼프소매 원피스

170

Item 2_리본 헤어밴드

181

속옷

Item 1_속치마

184

Item 2_속바지

189

Item 3_버선

192

추가 한복 요소

Item 1_동정

195

Item 2_끈

197

Item 3_실고리

200

[입히기]

치마 입히는 방법 204

고름 매는 방법 205

[실물 크기 옷본]

일러두기 206

실물 크기 옷본 207

준비하기

한복의 부위별 명칭

여자 저고리

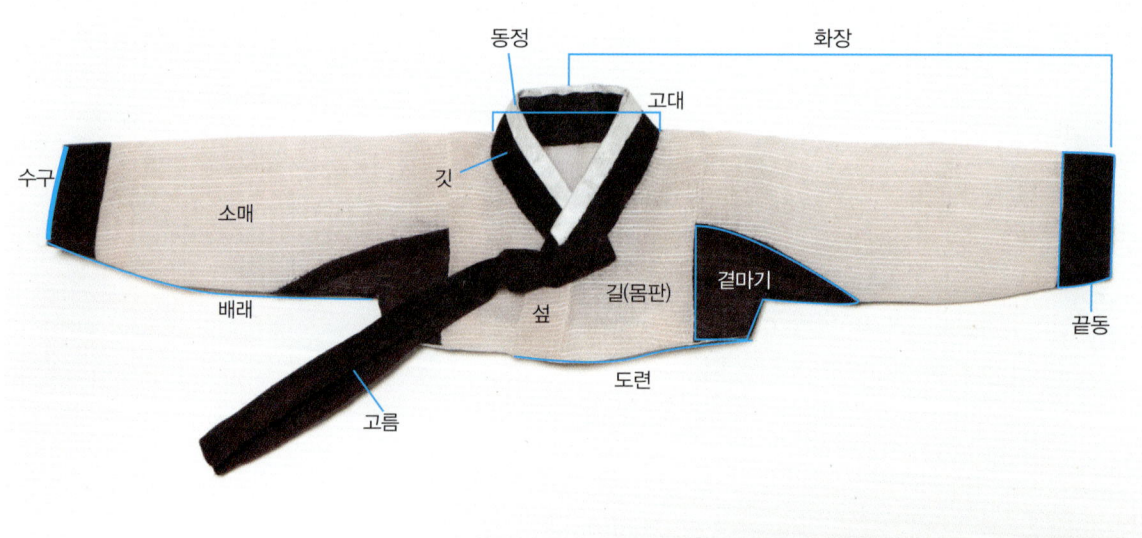

여자 치마

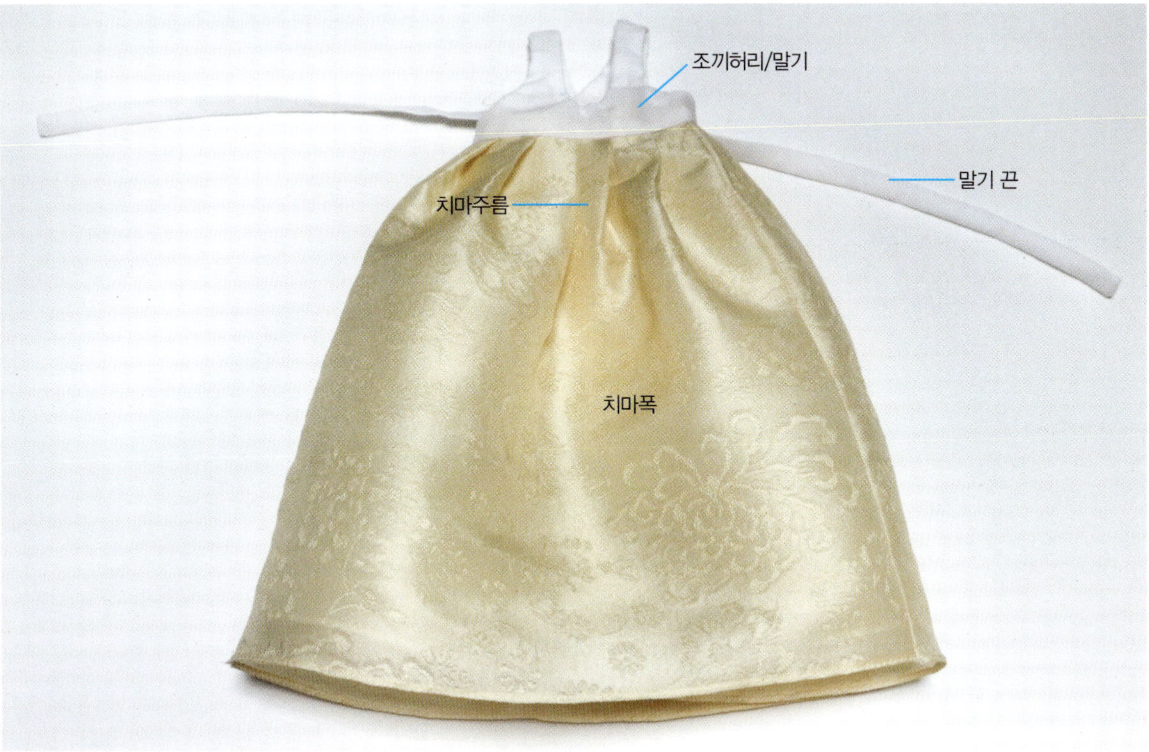

남자 저고리

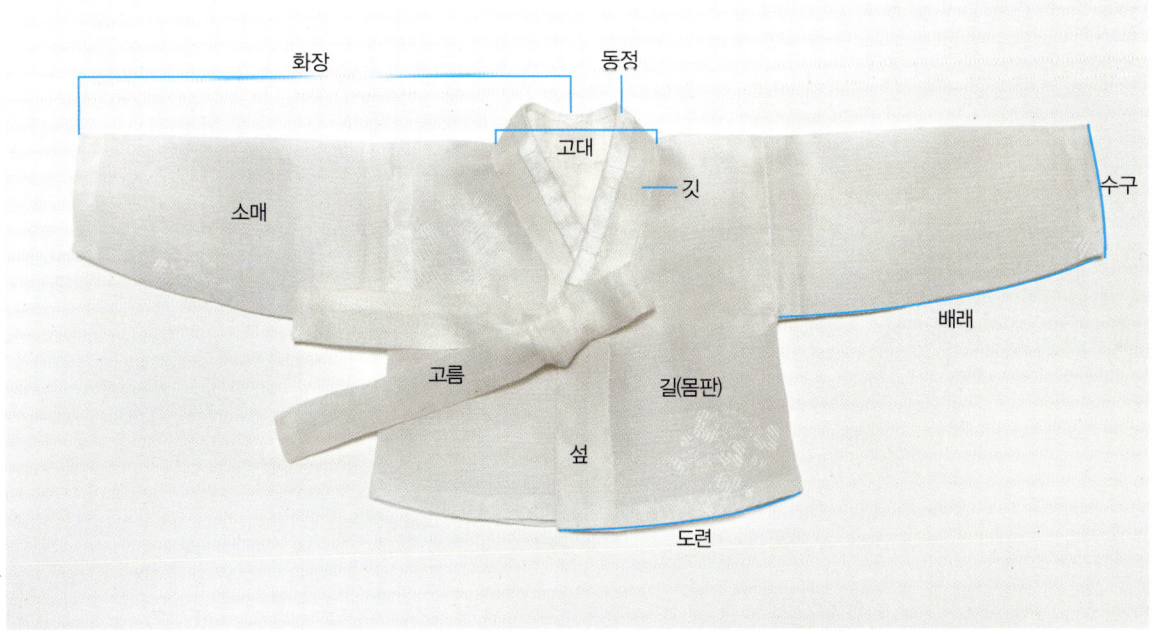

사폭 바지

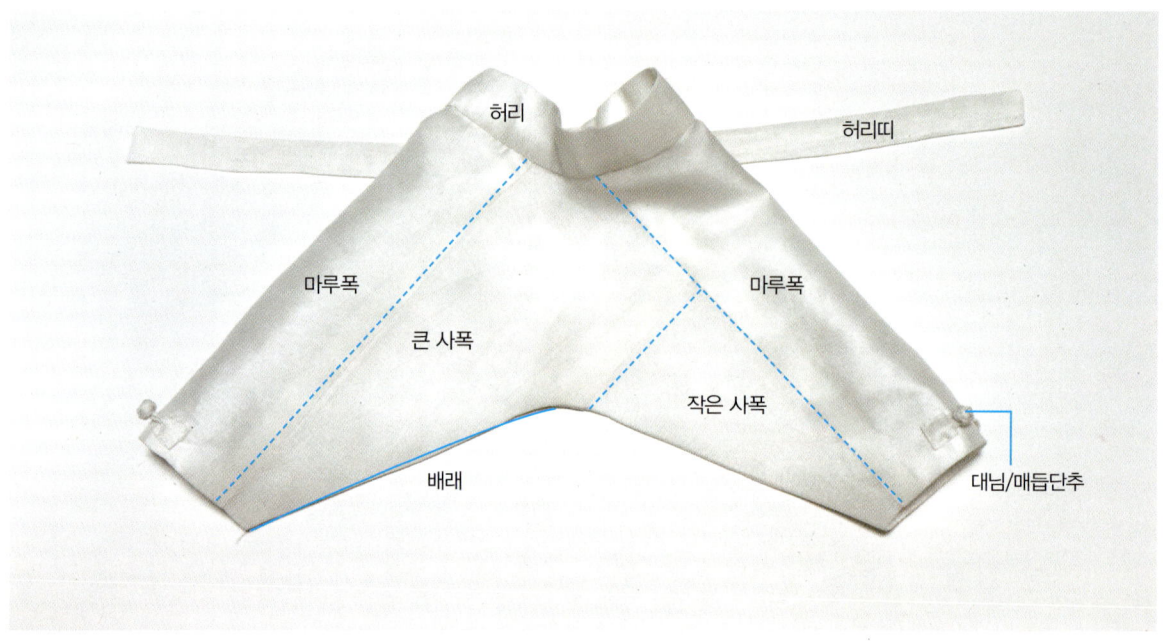

기본 도구

다리미

다리미는 원단에 따라 온도를 맞추어 사용해주세요. 한복원단은 높은 온도에서 녹거나 바랠 수 있으므로 주의해주세요.

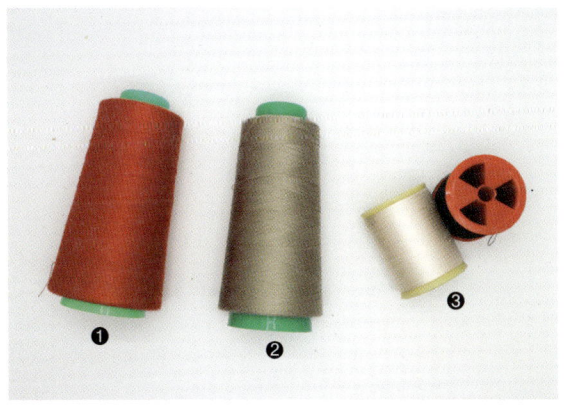

실

치마와 같이 길게 홈질하는 경우에는 가늘고 탄성이 있는 긴 바늘을, 저고리의 섬세한 부분을 바느질할 때에는 가늘고 짧은 바늘을 추천합니다.

❶ 깨끼실 : 한복을 바느질할 때 주로 사용하는 곱고 가는 실입니다.

❷ 재봉실(코아사) : 면을 이용하여 패션한복을 만들 때 주로 사용합니다. 손바느질용으로도 무난하고, 재봉틀로도 사용할 수 있습니다. 참고로 재봉실보다 코아사가 더 튼튼합니다.

❸ 실크실 : 은은한 광택이 나는 부드럽고 튼튼한 실입니다. 책에서는 주로 한복 원단 겉감에 심지를 대거나 중심을 표시할 때 사용합니다. 부드러워서 나중에 시침한 것을 제거할 때에도 쉽게 제거되어 얇은 한복 원단에 손상이 덜 갑니다.

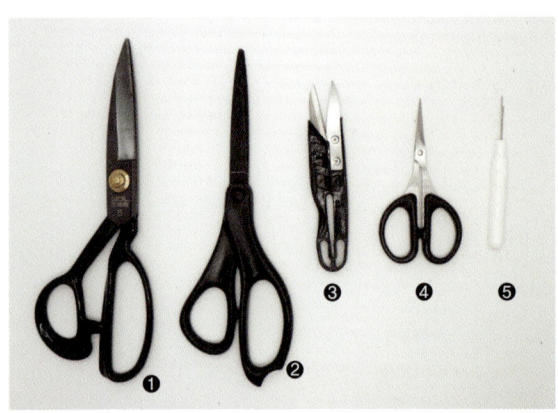

가위

❶ 재단가위 : 손에 무리가 가지 않도록 손의 크기를 고려해 알맞은 사이즈를 선택하세요.
❷ 종이가위 : 문방구에서 파는 일반 가위입니다.
❸ 쪽가위 : 실을 자를 때 사용하는 가위입니다.
❹ 작은가위 : 한복을 만들면서 가윗밥을 줄 때 편하게 사용할 수 있는 작은 사이즈의 가위입니다.
❺ 실뜯개 : 바느질한 곳을 뜯어야 할 때 사용합니다.

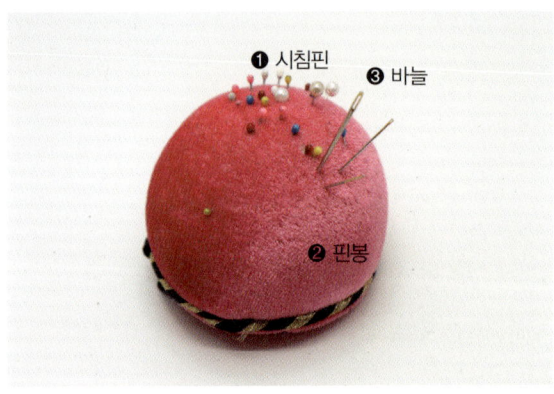

시침핀, 핀봉, 바늘

❶ 시침핀 : 원단을 겹쳐서 바느질할 때 움직이지 않도록 고정시켜줍니다.
❷ 핀봉 : 시침핀 및 비늘 등을 꽂아놓습니다.
❸ 바늘 : 치마와 같이 길게 홈질하는 경우에는 가늘고 탄성이 있는 긴 바늘을, 저고리의 섬세한 부분을 바느질할 때에는 가늘고 짧은 바늘을 추천합니다.

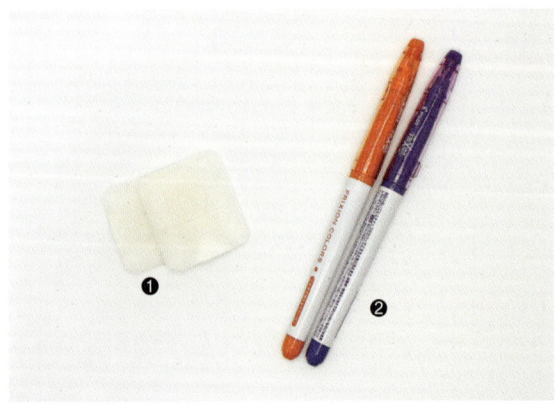

초크, 펜

초크와 다양한 종류의 원단용 펜으로 옷감에 완성선과 시접선을 표시할 수 있습니다.

❶ 초 초크 : 어두운 원단에서 잘 그려지고 다리미 열을 가하면 표시 자국이 없어집니다. 너무 힘을 주어서 그리게 되면 다리미 열로 지워도 희미한 자국이 남게 될 수 있으니 주의하세요.
❷ 원단용 열펜 : 초 초크와 마찬가지로 다리미 열로 표시 자국을 지울 수 있습니다. 펜 형태로 되어 있고 두께도 다양해서 초보자도 쉽게 사용할 수 있습니다.

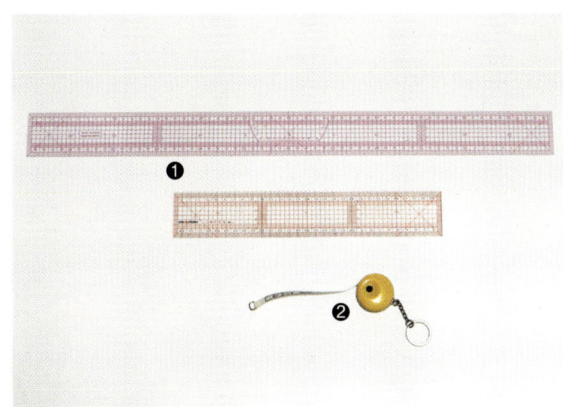

자·줄자
❶ 자 : 재단할 때 사용하는 긴 자와 시접을 표시할 때 사용하는 짧은 자 2가지를 준비 하세요.
❷ 줄자 : 신체 사이즈를 재거나 곡선, 둘레를 잴 때 유용합니다.

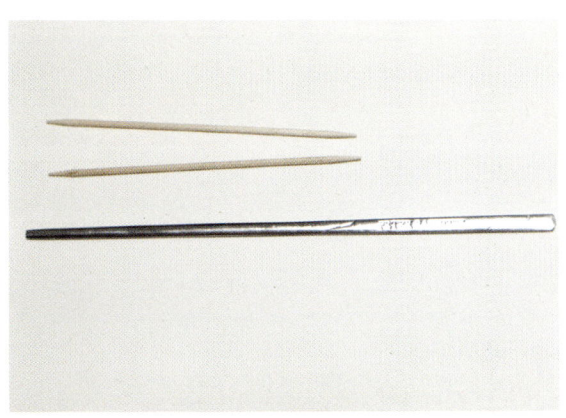

나무 꼬치 또는 얇은 젓가락
저고리의 고름이나 말기의 끈 등을 바느질하여 뒤집을 때 사용합니다.

원단의 종류

한복 원단은 크게 '본견' 원단과 '화섬(화학섬유)' 원단으로 나누어집니다. 본견 원단은 순수 명주실을 사용하여 결이 곱고 은은한 광택감이 있어 고급스럽고 가격이 비쌉니다. 화섬 원단은 본견 원단보다 저렴하지만 결이나 광택감이 덜합니다.

 한복 원단은 광장시장, 동대문종합상가, 온라인 등에서 쉽게 구매할 수 있습니다.

사

봄과 여름 같은 더운 계절에 적합한 얇은 원단입니다. 빳빳하고 성긴 원단으로 약간의 비침이 있어 초보자도 쉽게 사용할 수 있습니다.

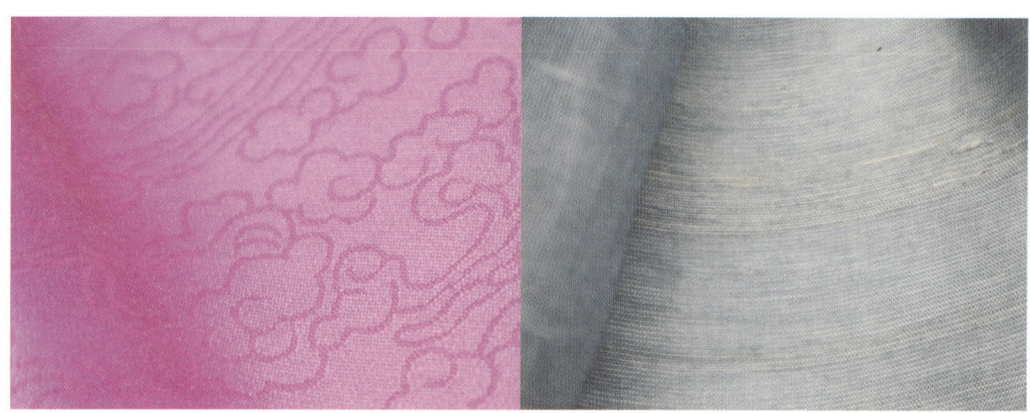

단

가을과 겨울 같은 추운 계절에 적합한 두껍고 고급스러우며 광택감이 있는 원단입니다. 부드러우면서 촘촘하게 짜여 있으나, 올이 많이 풀리고 부드럽기 때문에 심지를 대서 사용해야 합니다.

TIP 한복 원단의 이름
베이비돌 한복은 사이즈가 굉장히 작기 때문에 무늬가 크고 많은 원단보다 무늬가 작은 원단을 사용하는 것을 추천합니다.

명주

명주실을 이용해서 무늬 없이 깔끔하게 짠, 얇고 가벼우면서도 부드러운 원단입니다. 은은한 광택감이 장점입니다.

노방

한복을 겹으로 만들 때 주로 안감이나 심지로 사용하는 비침이 많은 반투명한 원단입니다. 갑사 원단보다 훨씬 더 빳빳하고 얇아서 사용하기에 편하고, 안감이나 심지로 쓰면 옷의 형태가 더욱 살아납니다.

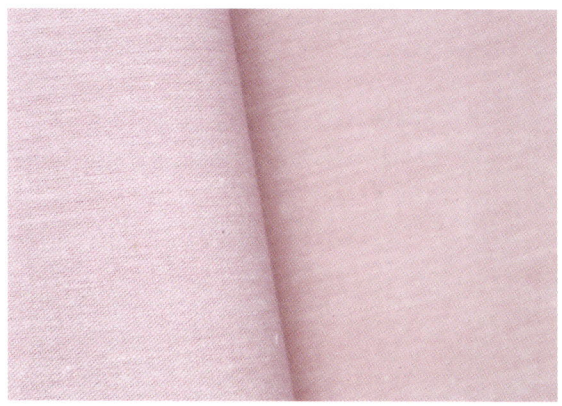

면

기성복에서도 많이 사용하는 면 원단은 가볍고 흡수성이 좋아서 전통한복에서는 속옷을 만들 때 주로 사용합니다. 이 책에서는 다양하게 패턴이 들어간 면 원단으로 패션한복을 구성했습니다.

기본 바느질법

홈질
뒤에서 앞으로 바늘을 빼 일정한 간격으로 바느질합니다.

온박음질
홈질보다 더 튼튼한 바느질법입니다. 한 땀을 뜨고 되돌아 바느질합니다.

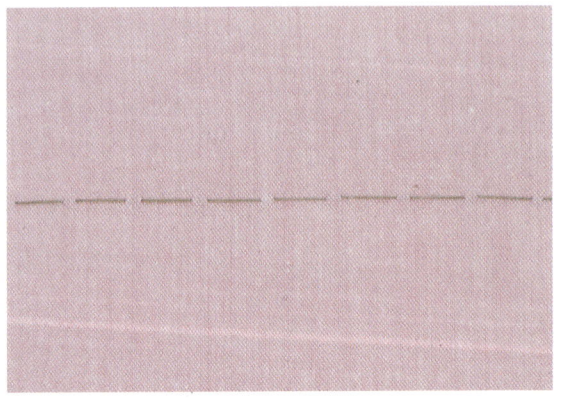

시침질
간격을 크게 바느질하여 완성선을 표시할 때 사용합니다.

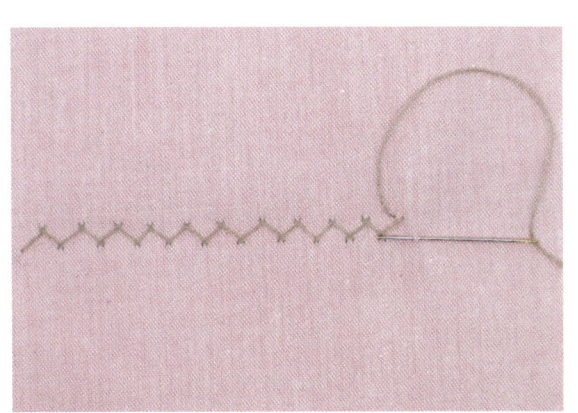

세발뜨기
보통은 오른쪽에서 왼쪽으로 바느질하는데, 세발뜨기는 왼쪽에서 오른쪽으로 바느질합니다. 치마 아랫단이나 안깃을 바느질할 때 사용합니다.

공그르기
바늘 땀이 보이지 않게 바느질하는 방법입니다. 치마 아랫단이나 창구멍을 바느질할 때 사용합니다.

감침질
원단을 겹쳐 바늘을 원단과 수평으로 만들어 가장자리를 바느질합니다. 조각을 잇거나 꺾인 곳을 바느질할 때 사용합니다.

시접 정리법

가름솔

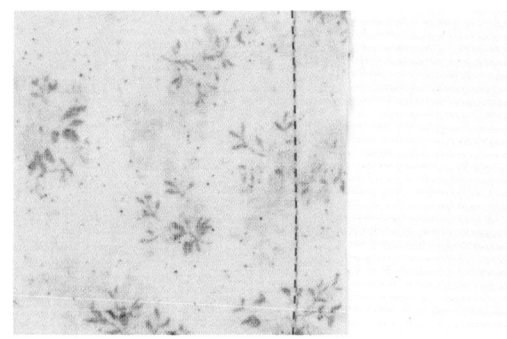

① 원단의 겉면과 겉면을 맞대고 홈질합니다.

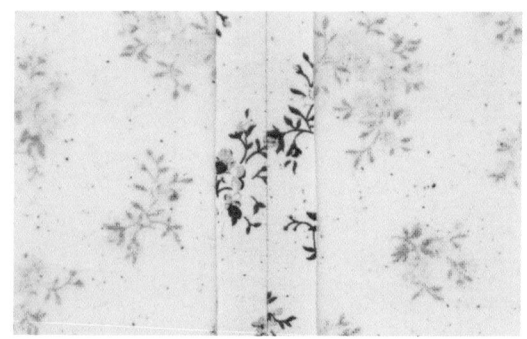

② 시접을 양쪽으로 갈라 정리합니다.

싸박기(+재봉틀)

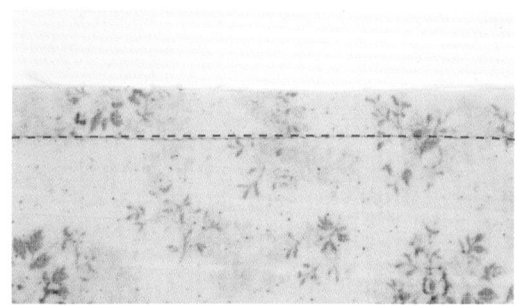

① 원단의 겉면과 겉면을 맞대고 홈질합니다.

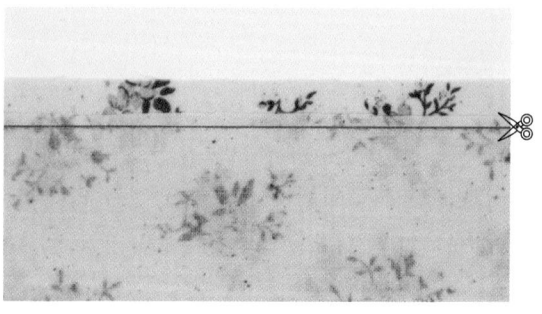

② 시접의 한쪽을 0.3cm만 남기고 잘라냅니다.

③ 다른 한쪽 시접을 접어 싸서 끝을 눌러 박음질합니다.

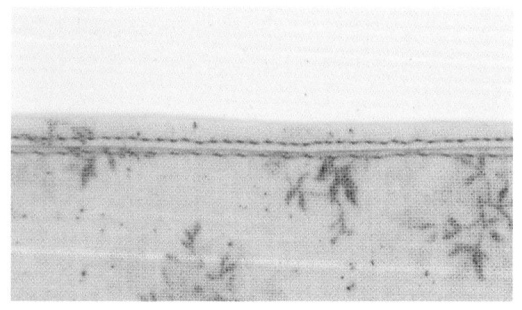

곱솔(깨끼바느질)(+재봉틀)

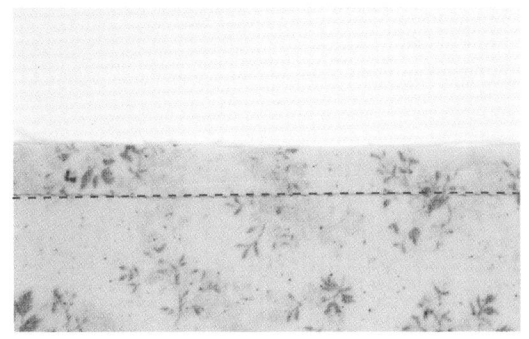

① 원단의 겉면과 겉면을 맞대고 홈질합니다.

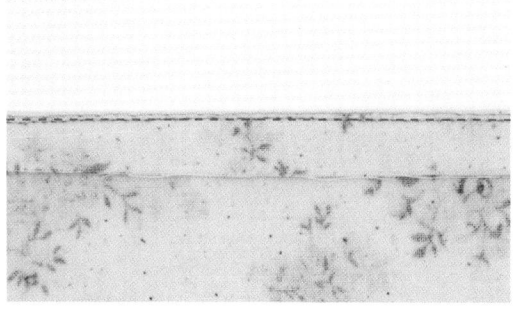

② 시접을 한쪽으로 꺾어 0.1cm 떨어진 지점을 눌러 박음질합니다.

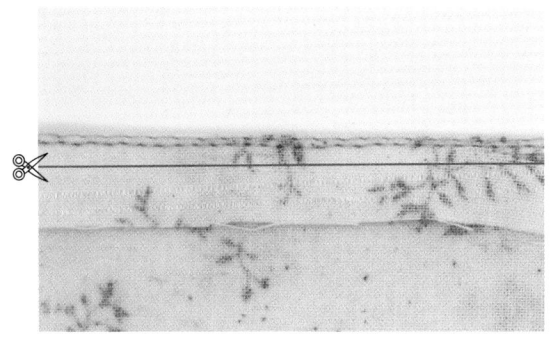

③ 박음질하고 남은 시접을 바짝 잘라냅니다.

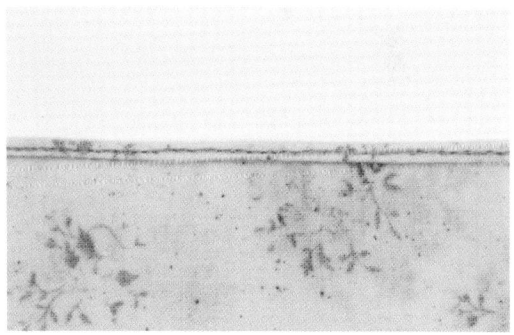

④ 잘라낸 시접을 한 번 더 접어 가운데를 눌러 박음질합니다.

만들기

베이비돌 전통한복 1

콩쥐를 시샘하는 팥쥐

색동저고리 + 치마 + 배씨댕기

팥쥐와 계모는 콩쥐에게 낡은 한복을 주고
잔치에 갈 수 없도록 집안일을 시켰습니다.
욕심 많은 팥쥐는 색이 화려하고 고운
색동 한복을 입고 배씨댕기로 머리를
장식하여 잔치에 갈 준비를 합니다.

색동저고리

실물 크기 도안 208, 209쪽

원단 겉감 : 숙고사 30×30cm(식서/폭)
　　　겉감 : 색동 / 숙고사 13×3cm(식서/폭) 7가지 색상
　　　고름 / 숙고사 25×10cm(식서/폭)
　　　안감 / 노방 20×42cm(식서/폭)

How to Make

01
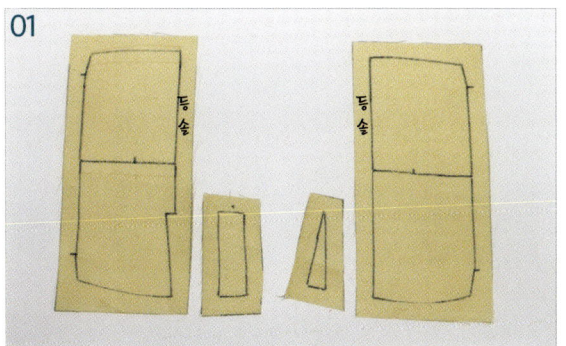

색동저고리 겉감 재단하기
겉감에 길과 섶 옷본을 대고 완성선과 1cm를 더한 시접선을 그려 재단하세요. 등솔(등의 중심 솔기) 시접도 1cm를 더하세요.

02

색동저고리 소매 만들기
소매 옷본의 가로 길이는 10.5cm입니다. 소매를 7가지 색상으로 구성하기 위해 한 색상을 13×3cm(식서/폭)로 재단하세요.

> TIP 색상 구성을 줄이고 싶다면 소매 가로 길이(10.5cm)를 원하는 색상 수로 나누고 시접을 더하여 재단하세요.

03

7가지 색상을 13×3cm(식서/폭)로 2장씩 재단하여 준비하세요.

04
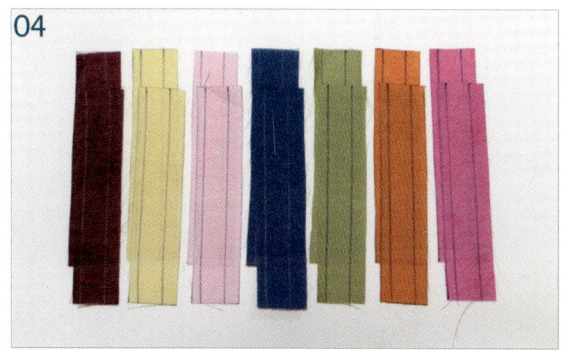

폭을 3cm로 재단한 색동 원단의 옆선에 한쪽은 1cm 시접, 한쪽은 0.5cm 시접을 그리세요.

05
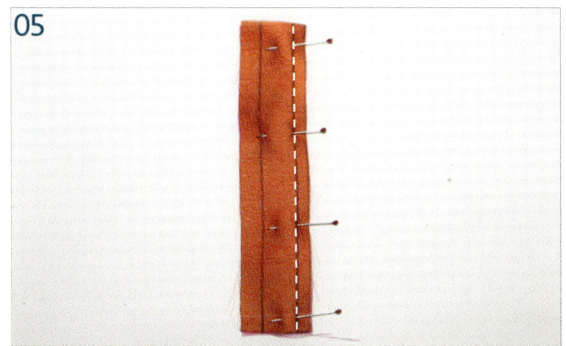

재단된 소매 색동의 겉면과 겉면을 맞대고 완성선을 홈질하세요.

06

5를 반복하여 7가지 색을 연결하세요.

연결된 색동은 각각 가름솔로 정리하세요.
※안쪽 면에서 본 모양입니다.

연결된 색동의 반을 접어 낮은 온도로 살짝 다림질하여 중심을 표시하세요.

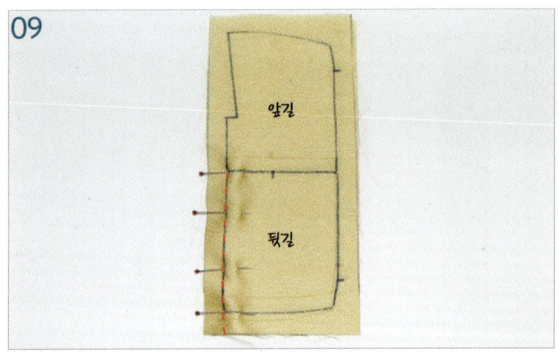

저고리 겉감 만들기
재단된 길(몸판)의 겉면끼리 맞대고 등솔을 시침핀으로 고정한 뒤 홈질하세요.

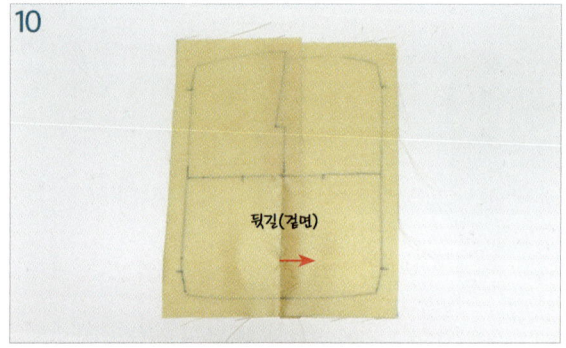

길을 펼쳐서 겉면에서 봤을 때 시접이 오른쪽을 향하도록 시접을 꺾어주세요.
※안쪽 면에서 봤을 때 왼쪽으로 꺾어주세요.

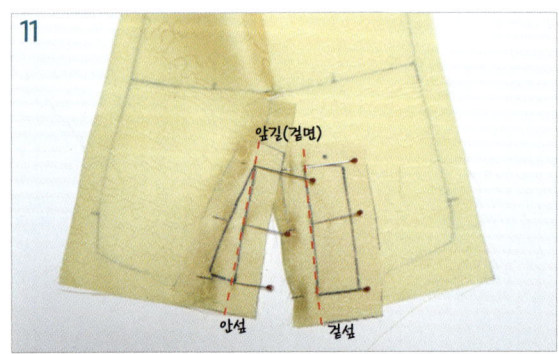

앞길의 겉면과 섶의 겉면을 맞대고 홈질하세요. 오른쪽에는 겉섶을, 왼쪽에는 안섶을 놓아주세요.

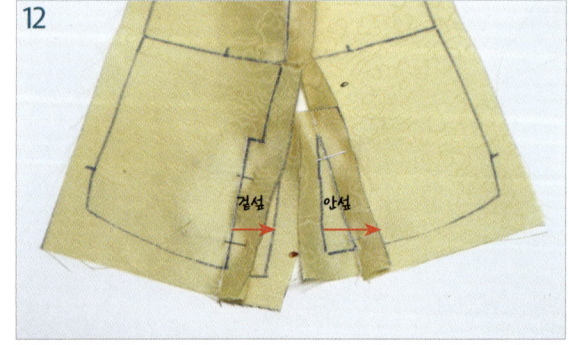

겉섶은 섶 쪽으로, 안섶은 길 쪽으로 시접을 꺾어서 정리하세요.

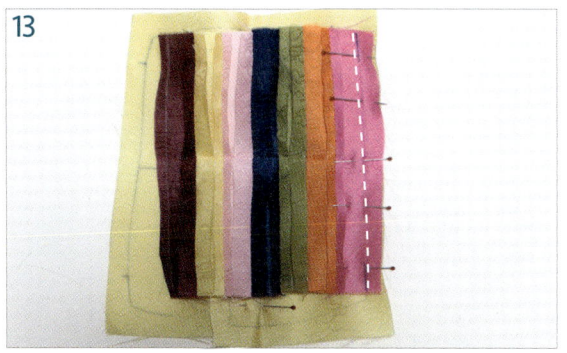

8에서 완성된 색동소매를 길에 고정하여 진동선을 홈질하세요.

소매는 가름솔로 시접을 정리하세요.

저고리 안감 만들기
저고리 안감은 옷본을 사용하지 않고 자를 이용하여 크게 재단합니다. 안감 원단을 20×42cm(식서/폭)로 재단하여 식서 방향으로 한 번 접고, 폭으로 한 번 더 접어주세요.

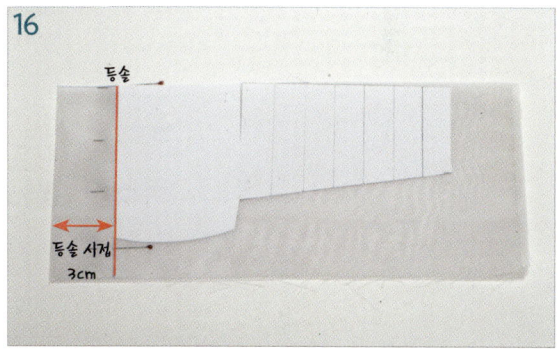

접은 상태에서 길과 소매의 옷본을 올리고, 시접을 3cm 남겨 등솔선을 그리세요.

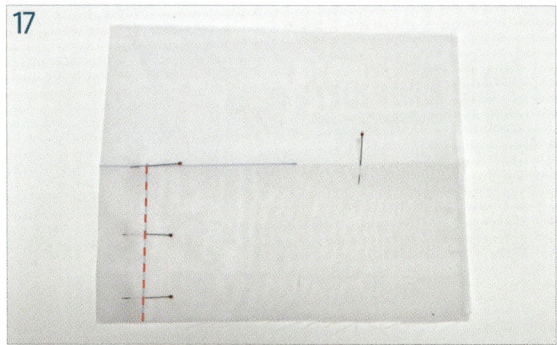

안감을 펼쳐 식서 방향으로 한 번 접은 후 등솔을 홈질하세요.

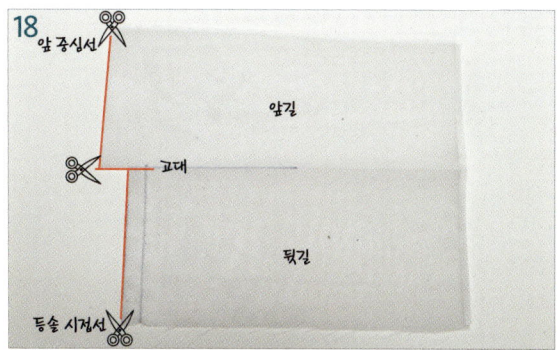

등솔 시접은 1cm만 남기고 자르세요. 표시된 고대, 좌우가 붙어 있는 앞 중심선을 잘라서 터주세요.

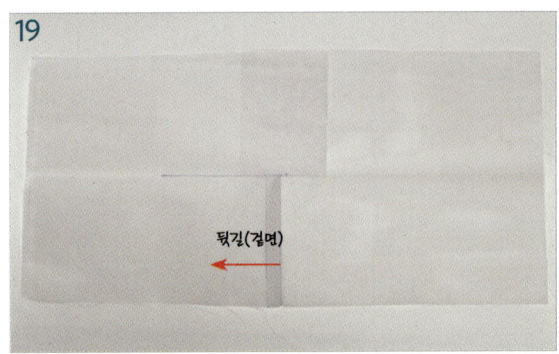

안감을 펼쳐서 등솔 시접이 겉감과 같은 방향이 되도록 꺾어주세요.
※ 겉면에서 봤을 때 왼쪽으로 꺾어주세요.

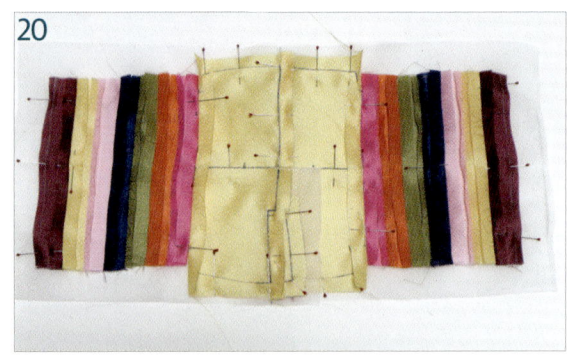

겉감과 안감 연결하기(2겹 박기)
소매와 섶이 연결된 겉감의 겉면과 19에서 펼친 안감의 겉면끼리 맞대고 겉감과 안감 2겹을 바느질할 때 움직이지 않도록 시침핀으로 각 부분을 고정하세요.

시침핀으로 고정된 뒷길(뒷 몸판)의 뒤 도련선을 홈질하세요.

좌우 앞길의 앞 도련선과 섶선을 홈질하세요.

양쪽 소매에 수구(소매 입구)를 표시하고 완성선까지 홈질하세요.

안감의 시접을 겉감과 같이 1cm만 남기고 잘라내 시접을 정리하세요.

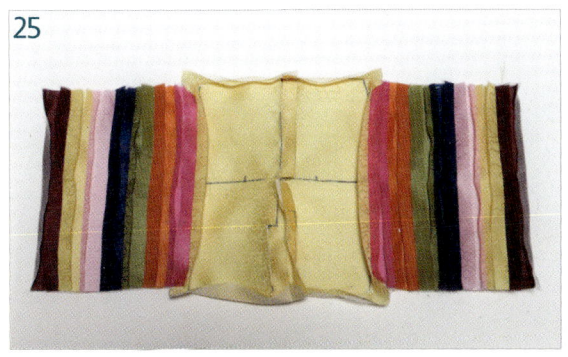

뒤집었을 때 도련선과 섶선이 예쁘게 나오도록 시접을 겉감 쪽으로 접어 낮은 온도로 다림질하세요.

겉면이 밖으로 나오도록 전체를 뒤집고 낮은 온도로 다림질하세요.

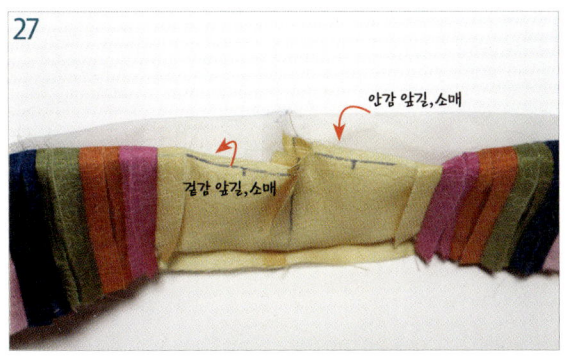

배래와 옆선 박기(4겹 박기)

배래와 옆선을 바느질하기 위해 뒷길과 소매 뒷부분만 뒤집어요. 뒤집어진 뒷길과 소매 사이로 뒤집어지지 않은 앞길과 소매를 사진과 같이 넣어주세요.

안감과 겉감이 잘 만나도록 시침핀으로 고정하세요.
※배래의 끝인 수구 부분과 옆선의 끝에 도련선이 만나는 부분은 끝이 정확하게 맞아야 완성도가 높아집니다.

색동소매에 옷본을 대고 소매 배래 완성선을 그리세요.

겹쳐진 소매의 색동이 각 색끼리 잘 맞도록 시침핀으로 고정하세요.

배래와 옆선을 튼튼하게 홈질합니다.
※온박음질을 하거나 재봉틀을 사용하면 더욱 튼튼하게 만들 수 있습니다.

배래의 시접을 1cm씩 남기고 정리하세요.

배래와 옆선이 만나는 부분에 대각선으로 가윗밥을 주세요.

트인 고대에 손을 넣어서 겉면이 밖으로 나오도록 뒤집으세요.

겉면의 색동이 잘 맞았는지 확인하고, 소매 배래와 길의 옆선을 다림질하세요.

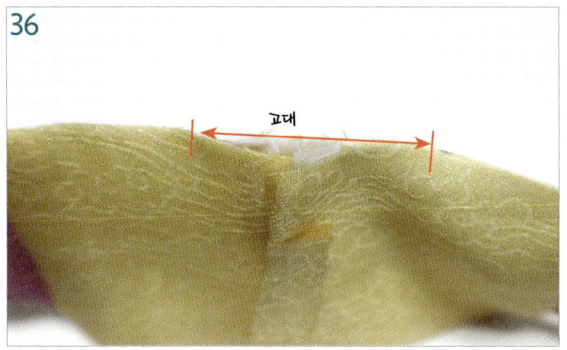

깃 달기_목판당코깃

깃을 달기 전 저고리에 고대를 표시하고 고대 위치까지 가위로 터주세요.

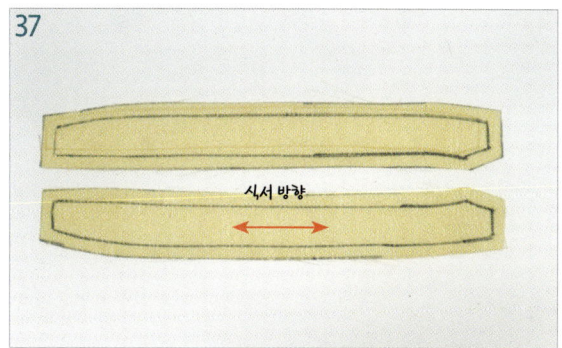

옷감에 깃본을 대고 식서 방향에 맞추어 완성선을 그리고 0.5cm를 더한 시접선을 그려 안과 겉 2장을 재단하세요.

※ 목판당코깃은 골선으로 패턴을 뜰 수 없어요.

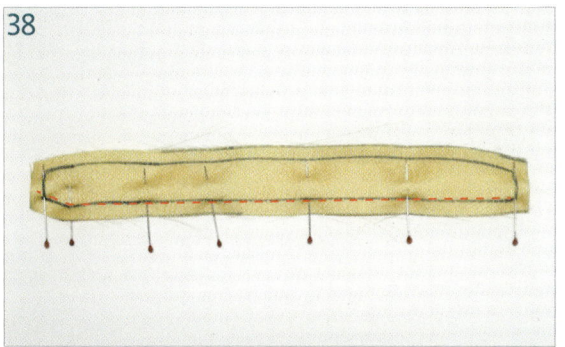

재단된 깃을 겉면끼리 맞대고 깃의 바깥쪽(목에 닿는 부분)을 홈질 하세요.

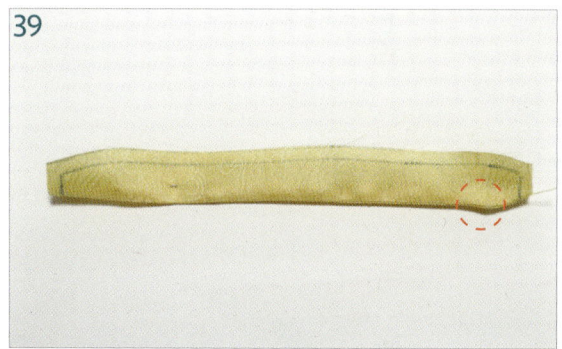

뒤집어서 홈질된 깃의 코를 예쁘게 빼내세요.

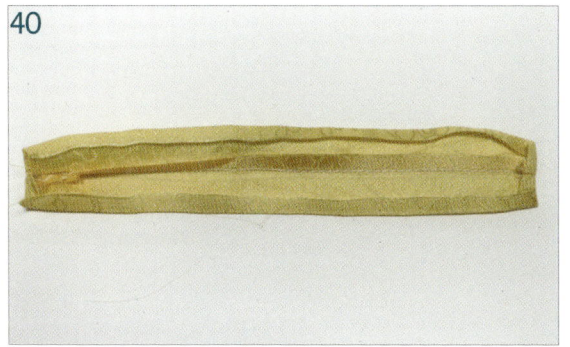

깃의 시접을 안쪽으로 접어서 다림질하여 목판당코깃의 깃 모양을 만드세요.

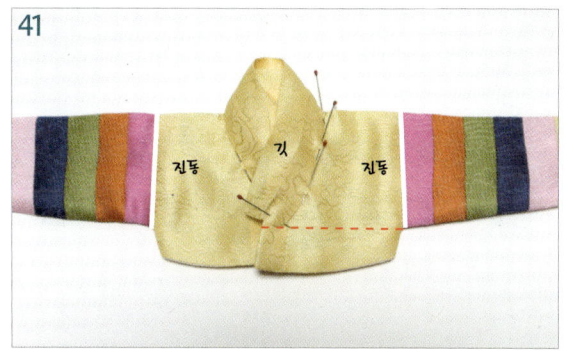

깃을 저고리에 놓고 시침핀으로 깃의 위치를 잡아주세요.

※ 깃의 끝은 진동 끝과 나란히 되도록 위치를 잡았습니다.

놓여진 깃은 시접이 있는 안쪽에서 완성선을 바느질하거나 겉면에서 공그르기로 바느질하세요.

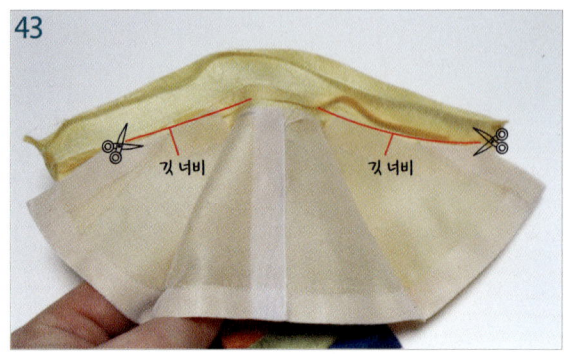

저고리의 길은 깃 너비만큼 시접을 남기고 잘라 정리하세요.
※1.5cm 이내로 길의 시접을 잘라 깃을 달았을 때, 깃의 형태가 예쁘게 잘 잡힙니다.

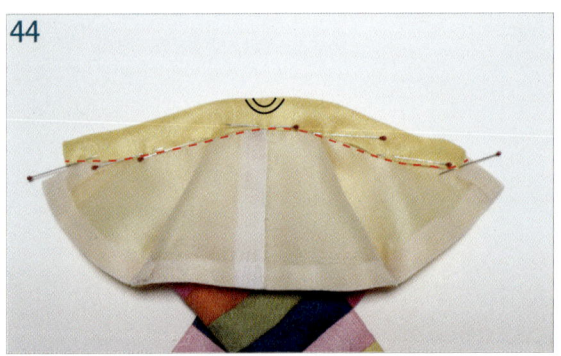

깃의 중심선(38에서 홈질된 부분)을 접어 깃 안쪽을 시침핀으로 고정하고 공그르기하세요.

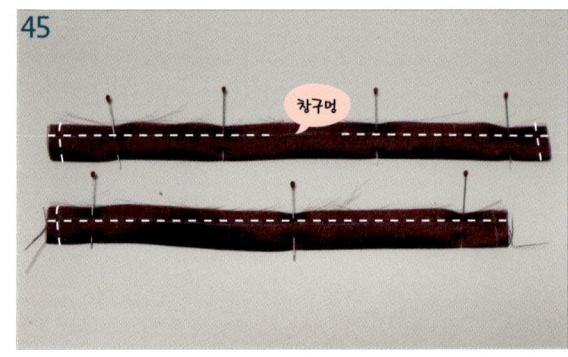

고름 달기

긴 고름이 1×20cm, 짧은 고름이 1×18cm이 되도록 긴 고름 3×21cm, 짧은 고름 3×19cm로 재단하여 반을 접어 창구멍을 내거나 폭의 한쪽을 남기고 홈질하세요.

> **TIP** 고름 만드는 법은 197쪽을 참고하세요.

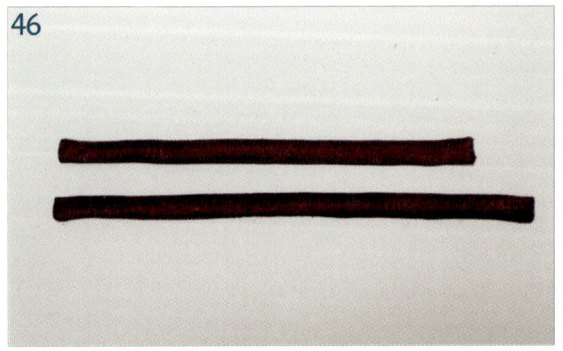

중간에 창구멍을 내는 경우에는 뒤집은 다음에 공그르기를 하고, 폭의 한쪽을 남긴 경우에는 긴 젓가락을 이용해서 뒤집고 공그르기하세요.

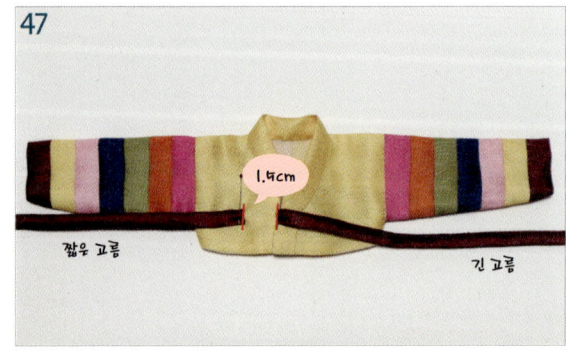

긴 고름은 겉섶이 달린 오른쪽 깃에 살짝 겹치는 위치에, 짧은 고름은 안섶이 달린 왼쪽에 깃 너비(1.5cm)만큼 떨어진 위치에 달아주세요.

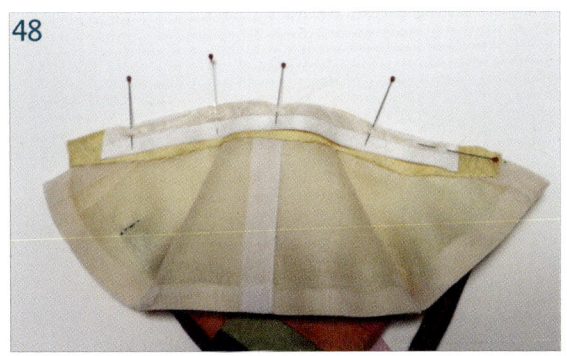

깃에 0.5cm 폭의 동정을 다세요.

동정을 단 모습이에요.

 동정 다는 법은 195쪽을 참고하세요.

화려한 색감이 돋보이는 색동저고리가 완성되었습니다.

치마

원단 겉감 : 숙고사 30×90cm(식서/폭)
안감 : 노방 30×85cm(식서/폭)

How to Make

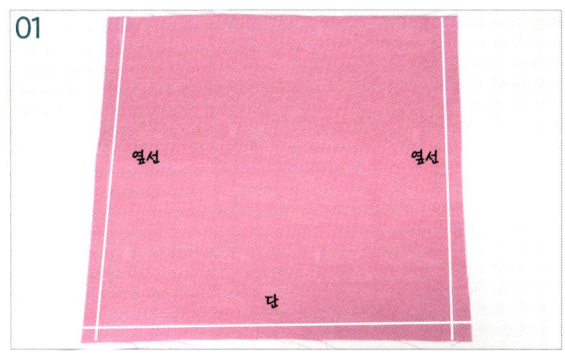

치마 재단하기
치마는 옷본을 사용하지 않고 원단에 직접 사이즈를 표시하고 재단합니다. 치마 겉감은 25×25cm(식서/폭)로 재단하여 양쪽 옆선과 치마 아랫단에 시접을 1cm 그리세요.

1과 같은 방법으로 겉감을 3장 준비하세요.

겉감과 마찬가지로 안감 원단도 25×25cm(식서/폭)에 시접을 1cm 표시하여 3장 준비하세요.

치마 연결하기, 치맛단 모서리 만들기
치마 겉감의 겉면과 겉면을 맞대고 옆선을 홈질하세요.

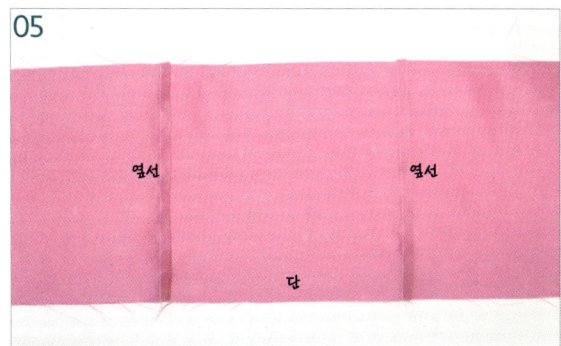

3장의 옆선을 연결하여 치마폭을 이어요. 시접은 안쪽 면에서 봤을 때 오른쪽을 향하도록 꺾어주세요.

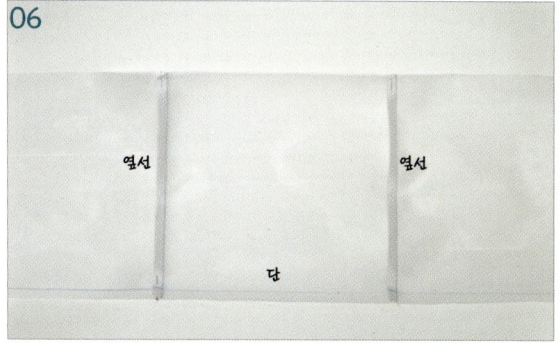

안감도 겉면과 겉면을 맞대고 홈질하여 3장을 연결하세요. 시접은 안쪽 면에서 봤을 때 왼쪽을 향하게 꺾어, 입었을 때 겉감과 같은 쪽을 향하도록 정리하세요.

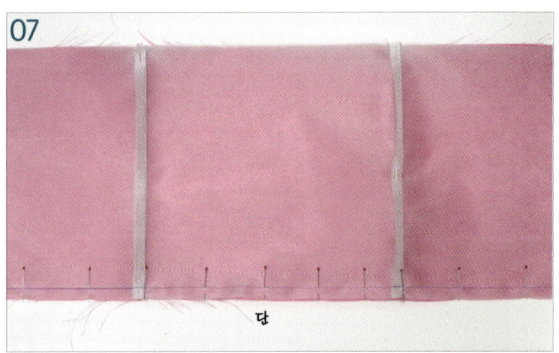

07

연결된 겉감과 안감의 겉면과 겉면을 맞대고 시접과 치마 아랫단을 맞추어 시침핀으로 고정하세요.

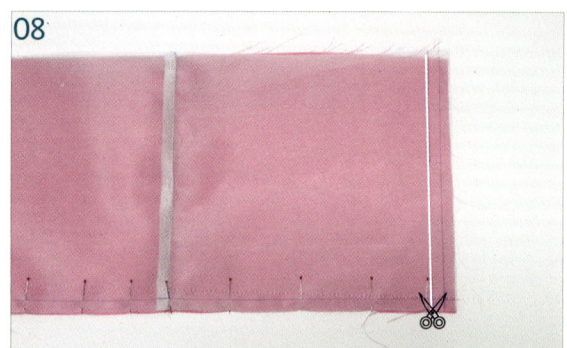

08

치마 아랫단에 모서리를 만들기 위해 치마 안감의 양쪽 끝 옆선을 2cm 표시하고 잘라주세요.
※안감만 잘라주세요.

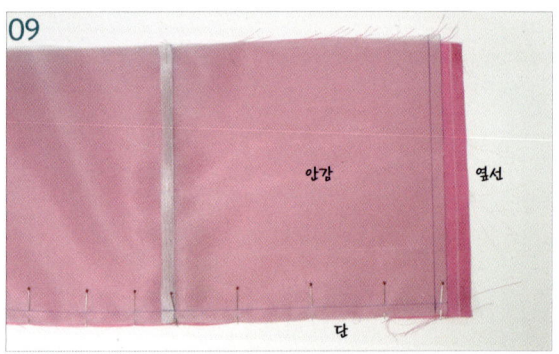

09

옆선을 2cm 잘라낸 안감에 시접을 1cm 그리세요.

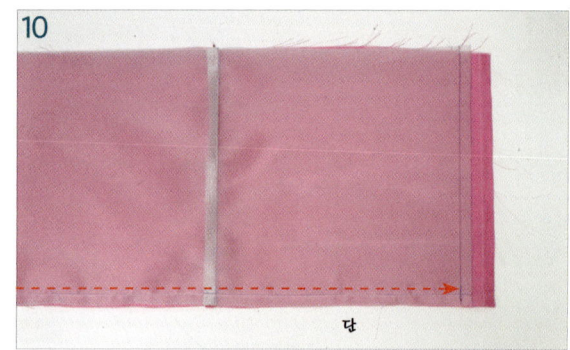

10

안감과 겉감이 포개어진 치마 아랫단은 완성선까지만 홈질하세요.

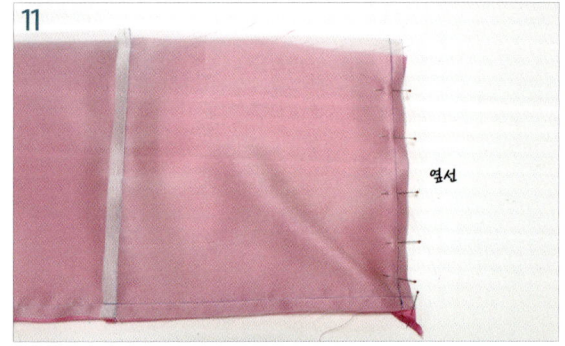

11

홈질한 후 짧은 안감의 옆선을 겉감의 옆선까지 당겨 완성선을 맞추어 시침핀으로 고정하세요.
※안감을 겉감까지 당기면 자연스럽게 치마의 겉감이 밀려 사진과 같이 주름이 생기고 안감이 위로 밀리게 됩니다.

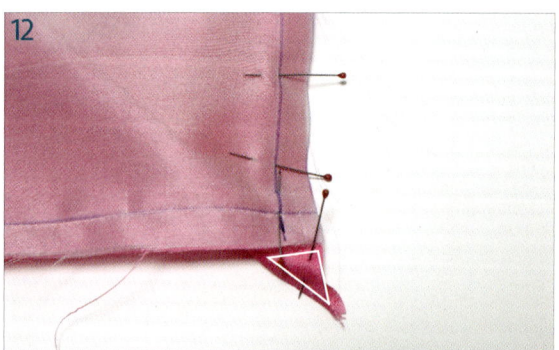

12

옆선을 당기면 겉감이 밀리며 끝에 삼각형이 만들어집니다.

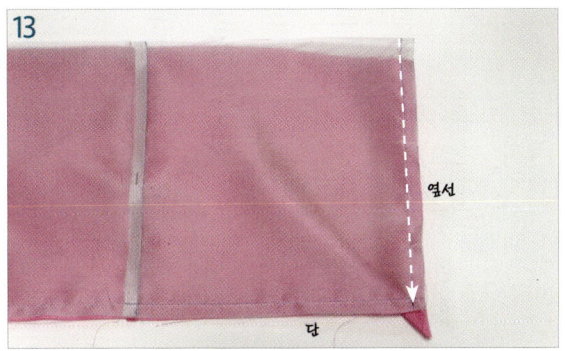

고정한 옆선은 단과 선이 만나는 완성점까지 홈질하세요.

12에서 만들어진 삼각형은 겉감 쪽에서 단과 선이 만나는 끝과 만나도록 수직으로 홈질하세요.

홈질한 삼각형을 눌러서 접어주면 사진과 같이 사각형이 만들어져요.

시접을 정리해 치마 끝을 잡고 뒤집으세요.

낮은 온도로 다림질하면 치마 안감에 치맛단 모서리가 만들어져요.

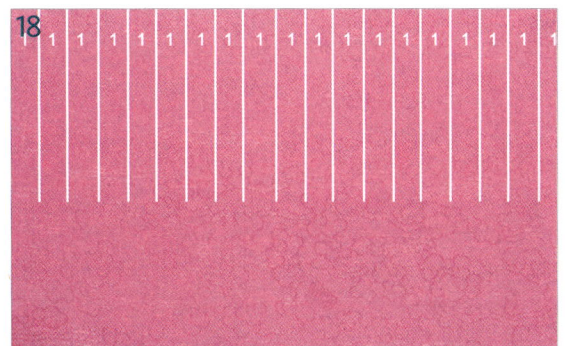

겉감에 원하는 치마 주름의 폭을 초크나 펜으로 표시하세요.
※겉주름 1cm, 속주름 1cm로 잡았습니다. 치마를 부피 있고 봉긋하게 만들기 위해 주름을 촘촘하게 잡았습니다.

안감과 겉감이 따로 움직이지 않도록 주름을 접어 시침핀으로 고정하세요.

겉감에서 1cm 정도 시접을 남기고 고정된 주름을 따라 튼튼하게 홈질하세요.

TIP 홈질한 후 낮은 온도로 살짝 다림질하면 주름 모양이 더 예쁘게 잡혀요.

치마 말기 만들기

치마 겉감으로 사용한 원단으로 말기를 만듭니다. 치마와 말기 원단이 같으면, 입었을 때 말기가 보여도 단정해 보여요. 말기 끈은 3×21cm(폭/식서)로 재단하고, 치마 말기는 6×28cm(폭/식서)로 재단하세요.

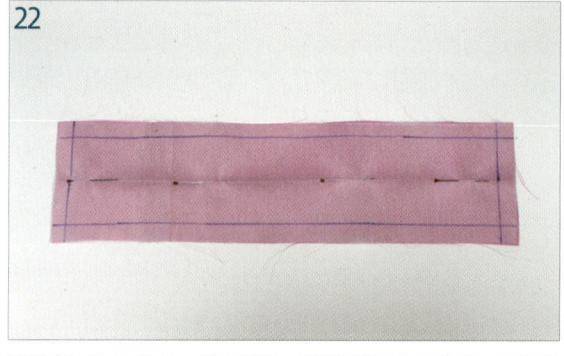

말기 원단의 사방에 1cm의 시접을 그리세요(말기 원단이 얇고 힘이 없는 경우에는 노방 원단으로 심지를 대어 사용하세요).

※주름 잡은 치마 둘레가 26cm가 나와 시접을 1cm씩 더하여 28cm를 식서 방향에 맞게 재단했어요. 치마를 만든 후 둘레를 재어 말기를 재단하세요.

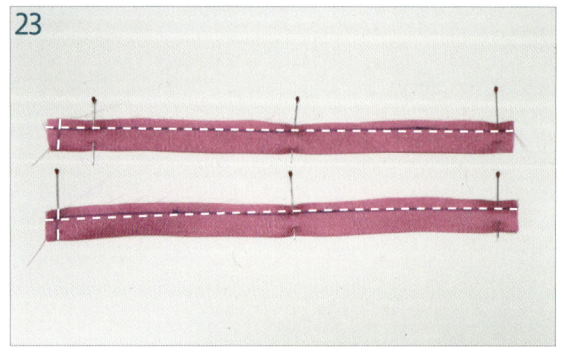

재단된 말기 끈의 반을 접어 0.5cm 시접을 표시하고 홈질하세요.

TIP 끈 만드는 법은 197쪽을 참고하세요.

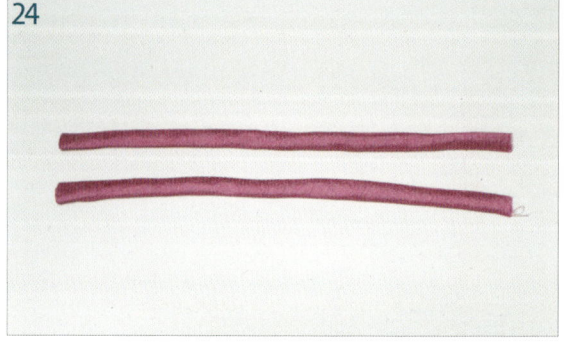

말기 끈을 뒤집은 모습이에요.

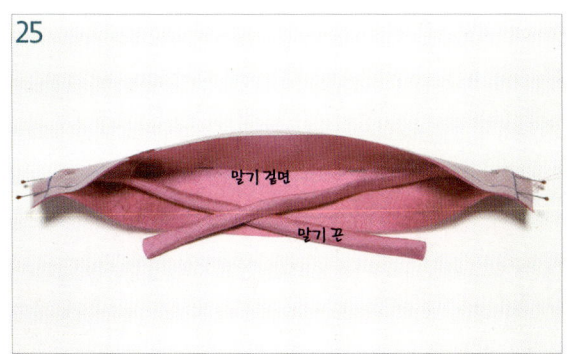

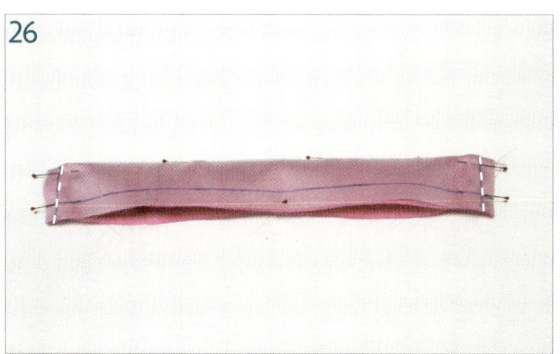

말기는 겉면끼리 마주치도록 반으로 접은 뒤 그 사이에 말기 끈을 끼우세요.

말기 끈이 끼워진 말기의 양 옆선을 홈질하세요.

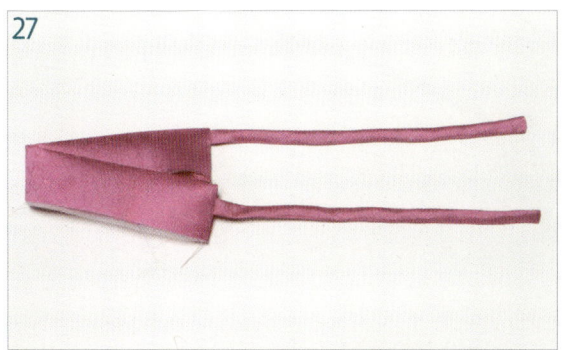

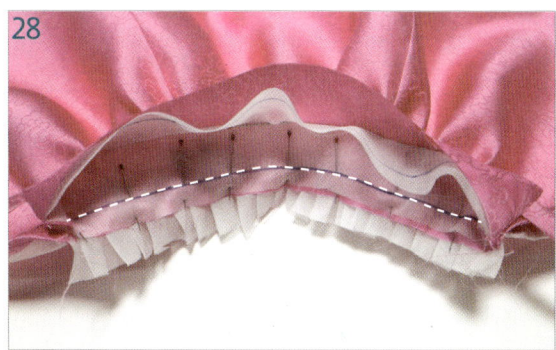

뒤집으면 말기에 말기 끈이 깔끔하게 달린 상태가 됩니다.

치마와 말기 연결하기
주름 잡은 치마 겉감 위에 만들어진 말기를 얹고 안쪽에서 튼튼하게 홈질하세요.

치마 안감 쪽으로 남은 말기 시접을 접어 세발뜨기로 마무리하세요.
※ 세발뜨기 또는 공그르기로 바느질하세요.

색동저고리와 잘 어울리는 예쁜 치마가 완성되었습니다.

배씨댕기

원단	겉감 : 양단 6×6cm(식서/폭)
	안감 : 갑사 6×6cm(식서/폭)
부자재	원석, 자개 등 꾸밀 것들과 인모(인조머리)
	두꺼운 종이, 딱풀, 글루건 또는 투명한 본드

TIP 배씨댕기를 장식하는 부자재들은 동대문종합상가 5층에서 쉽게 구할 수 있습니다.

How to Make

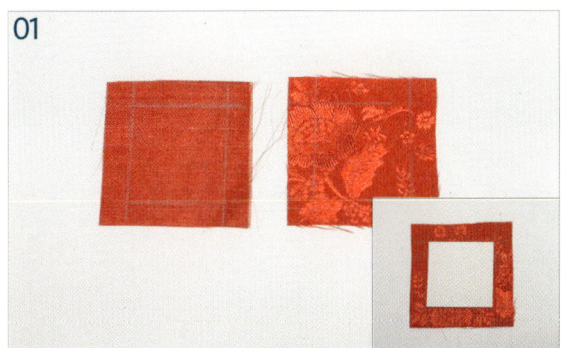

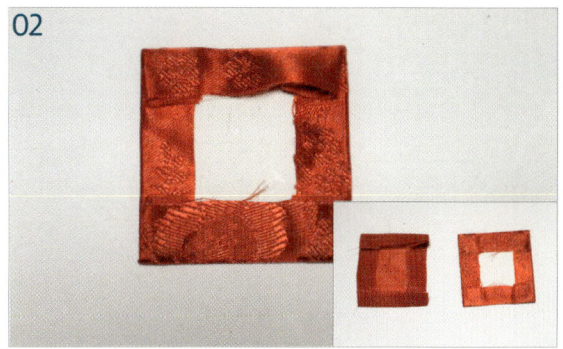

배씨댕기 재단하기
겉감과 안감을 6×6cm 사이즈로 재단하여 사방에 1cm 시접을 표시하세요. 그리고 두꺼운 종이를 4×4cm 사이즈로 자르세요.

두꺼운 종이의 한쪽 면에 풀을 발라 겉감에 붙인 뒤 겉감과 안감의 모든 시접을 접고 다림질하세요.

TIP 물풀은 얼룩이 생길 수 있으므로, 딱풀을 사용하는 것을 추천합니다. 겉감에 종이를 붙이고 다리미로 살짝 다려주면, 풀이 마르면서 겉감에 종이가 빳빳하게 딱 붙습니다.

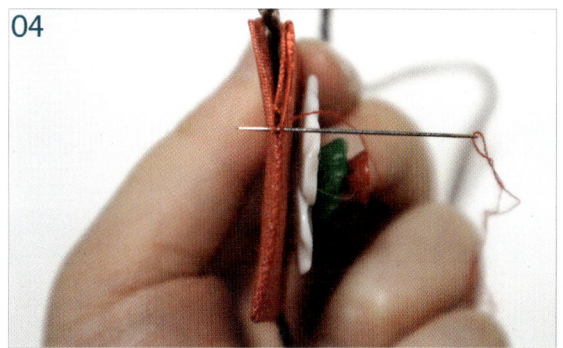

배씨댕기 장식 및 마무리하기
원석과 자개를 글루건 또는 본드를 이용하여 붙이고 겉감의 뒷면에 땋은 인조머리를 붙이세요.

겉감의 뒷면에 안감을 대고 사방을 촘촘하게 감침질하세요.

감침질을 한 후 안쪽에서 본 모습이에요.

전통한복과 잘 어울리는 사랑스러운 배씨댕기가 완성되었습니다.

효녀 심청이

삼회장 저고리 + 조끼허리 홑치마 + 마고자 + 제비부리댕기

앞을 못 보는 아버지를 살뜰히 모시는 효녀 심청이는
아버지의 눈을 뜨게 하기 위해 인당수의 제물이 됩니다.
화려하지는 않지만 은은한 색감이
가난하지만 마음씨 착한 심청이에게
잘 어울리는 단아한 한복입니다.

삼회장 저고리

실물 크기 도안 210, 211쪽

원단   겉감 : 갑사 30×50cm(식서/폭)
          안감 : 노방 20×42cm(식서/폭)
          삼회장(깃, 끝동, 고름, 곁마기) : 갑사 30×30cm(식서/폭)

How to Make

01
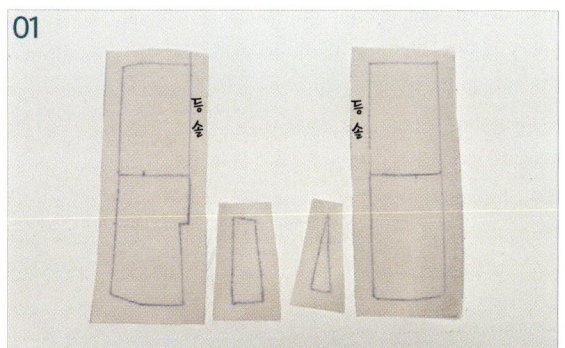

저고리 재단하기
저고리 겉감에 길과 섶 옷본을 대고 완성선과 1cm를 더하여 시접선을 그리세요. 등솔(등의 중심 솔기) 시접도 1cm를 더하세요.

02
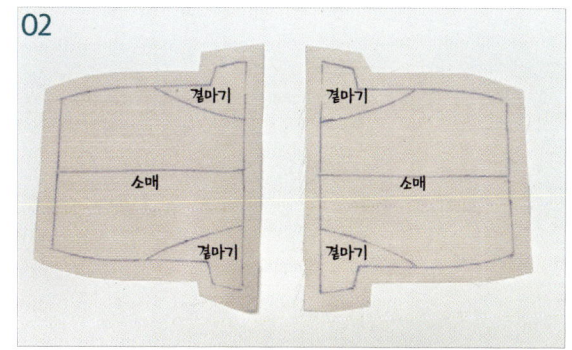

소매도 겉감에 옷본을 대고 완성선과 1cm를 더하여 시접선을 그리세요.
※삼회장 저고리는 겨드랑이에 곁마기가 있으므로, 곁마기가 달릴 완성선도 그리세요.

03
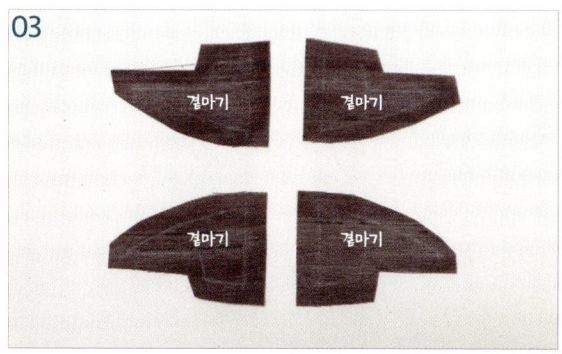

다른 색의 원단에 곁마기 옷본을 대고 완성선과 1cm를 더한 시접선을 그려 총 4장을 재단하세요.

04

소매 끝에 달릴 끝동을 중심선을 표시하고 완성선과 1cm를 더한 시접선을 그려 좌우 2장을 재단하세요.

05
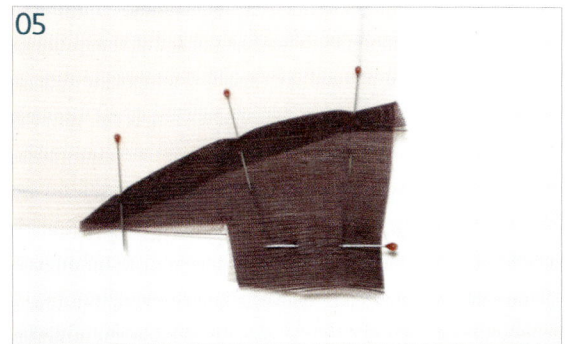

소매 곁마기, 끝동 달기
곁마기의 완성선을 따라 시접을 접어 소매 겉면에서 시침핀으로 고정하세요.

06
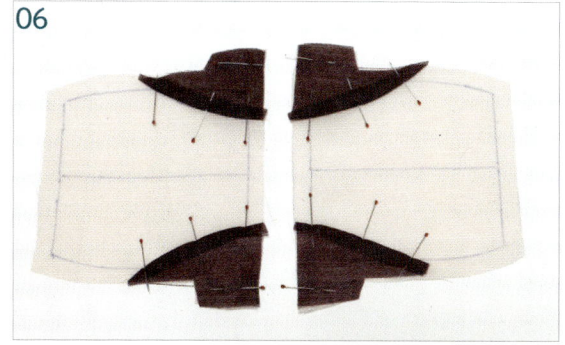

4개의 곁마기를 소매에 시침핀으로 고정하세요.
TIP 삼회장 저고리의 곁마기는 입었을 때 정면에서는 보이지 않지만, 팔을 움직이면 보이는 장식적인 요소예요.

실크사를 이용해서 고정된 곁마기의 완성선을 따라 가장자리를 시침하세요.
※ 시침을 하면 곡선을 바느질하기 쉬워요. 나중에 실을 제거할 때 옷감에 손상이 덜 가기 때문에 실크사를 사용합니다.

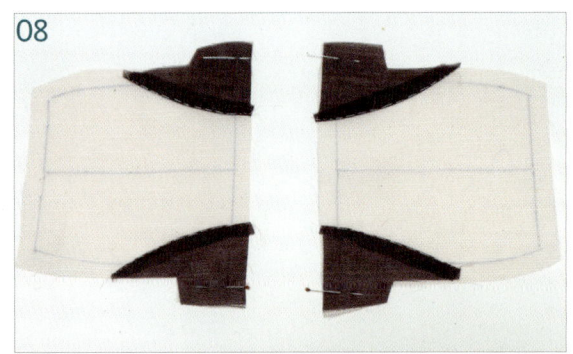

4개의 곁마기를 시침하세요.

고정된 곁마기를 들추면 시침 표시가 있어요. 표시를 따라서 곁마기 곡선 부분을 홈질하세요.

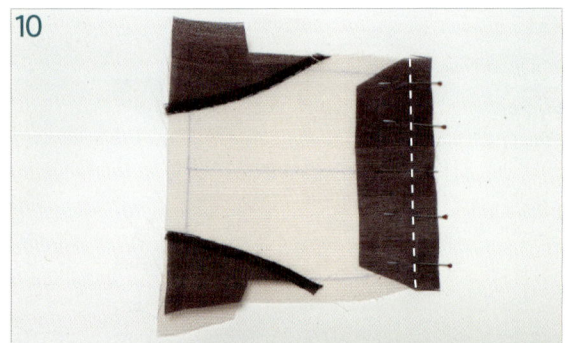

재단된 끝동을 소매와 겉면끼리 맞대고 시침핀으로 고정하여 홈질하세요.

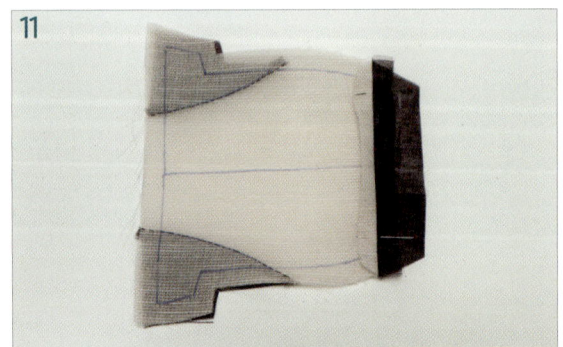

소매와 끝동의 시접은 가름솔로 정리하세요.

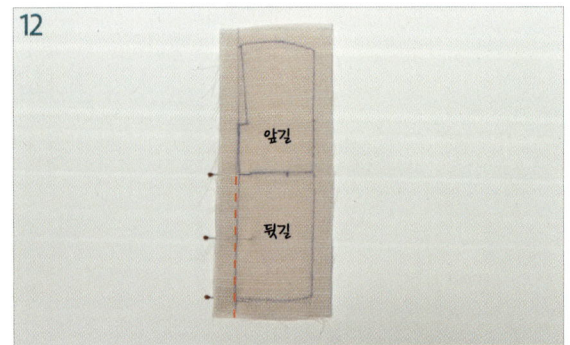

저고리 겉감 만들기
재단된 길의 겉면과 겉면을 맞대고 등솔을 시침핀으로 고정하여 홈질하세요.

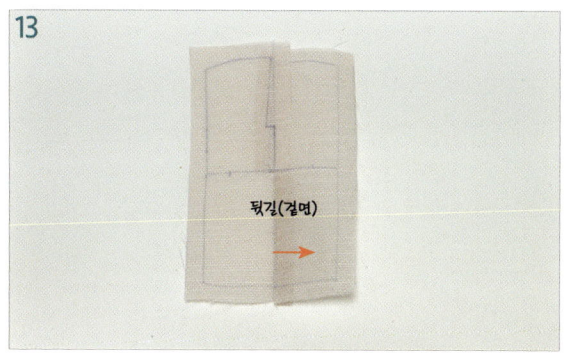

길을 펼쳐서 겉면에서 보았을 때 시접이 오른쪽을 향하도록 꺾어주세요.
※안쪽 면에서 봤을 때 왼쪽으로 꺾어주세요.

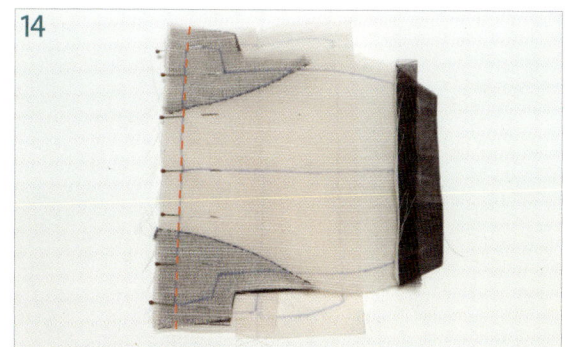

길의 겉면과 11에서 만들어진 소매의 겉면을 맞대고 고정하여 시접까지 홈질하세요.

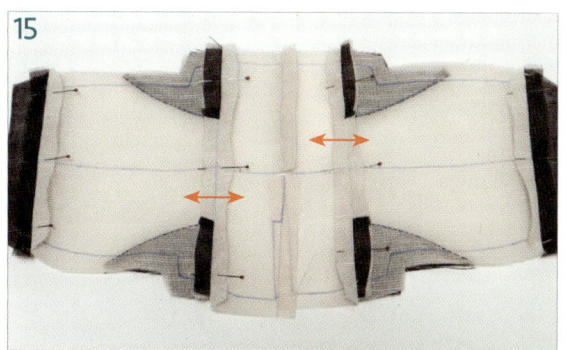

반대편 소매도 길과 연결하고 가름솔로 시접을 정리하세요.

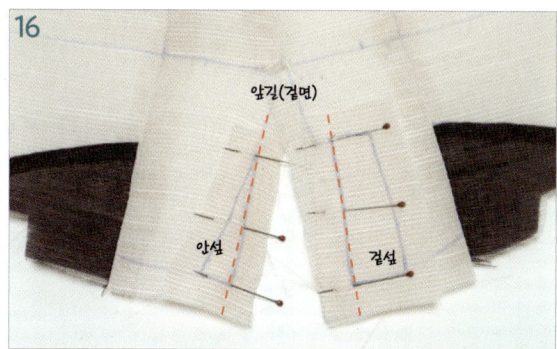

오른쪽에는 겉섶을, 왼쪽에는 안섶을 놓아 앞길(앞 몸판)의 겉면과 섶의 겉면을 맞대고 홈질하세요.

겉섶은 섶 쪽으로, 안섶은 길 쪽으로 시접을 꺾어서 정리하세요.

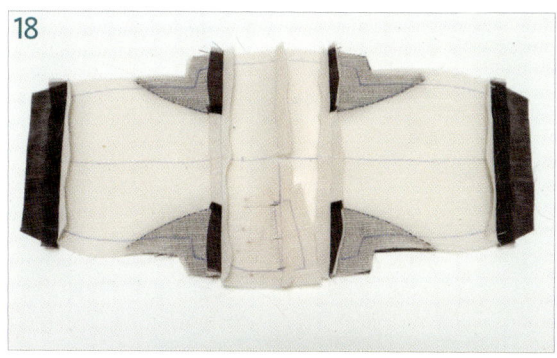

안쪽 면에서 본 저고리 겉감의 모습입니다.

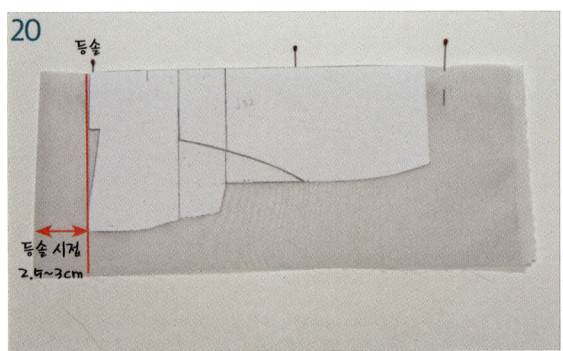

저고리 안감 만들기
저고리 안감은 옷본을 사용하지 않고 원단에 직접 사이즈를 표시하여 재단합니다. 안감 원단을 20×42cm(식서/폭) 재단하여 식서 방향으로 한 번 접고, 폭으로 한 번 더 접으세요.

접은 상태에서 길과 소매의 옷본을 올리고, 시접을 2.5~3cm 남겨 등솔 선을 그리세요.

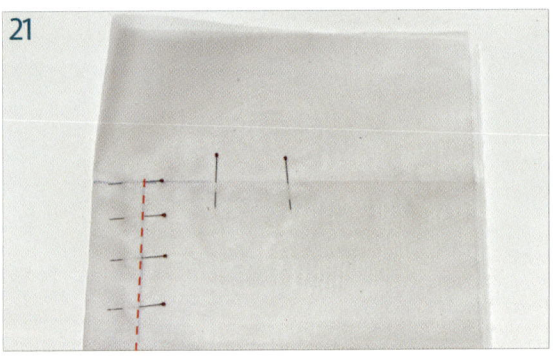

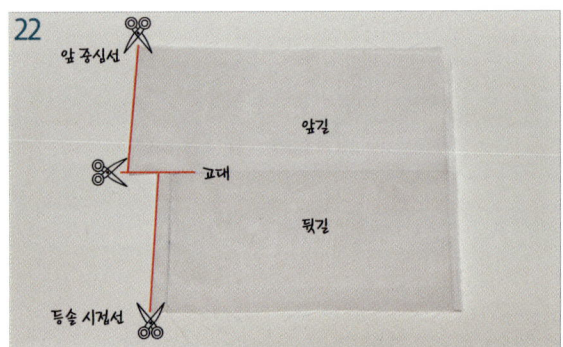

안감을 펼쳐 식서 방향으로만 한 번 접어준 뒤 등솔을 홈질하세요.

등솔 시접은 1cm만 남기고 자릅니다. 고대를 표시하여 자르고 좌우가 붙어 있는 앞 중심선을 잘라서 터주세요.

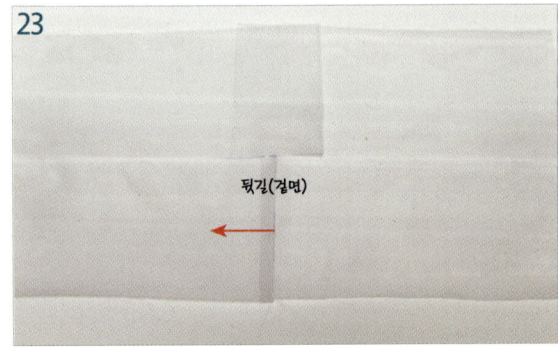

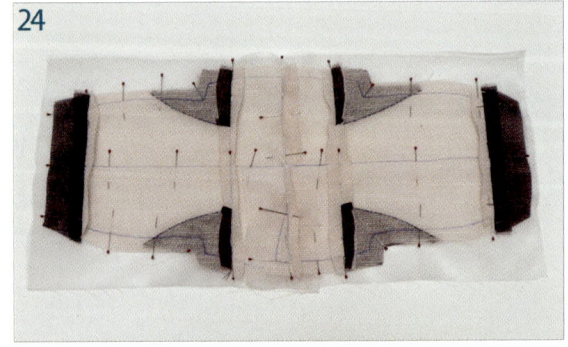

안감을 펼쳐서 등솔 시접이 겉감과 같은 방향이 되도록 꺾어주세요.
※겉면에서 봤을 때 왼쪽으로 꺾어주세요.

겉감과 안감 연결하기(2겹 박기)
삼회장 저고리 겉감과 안감을 겉면끼리 맞대고, 겉감과 안감을 바느질할 때 움직이지 않도록 시침핀으로 각 부분을 고정하세요.

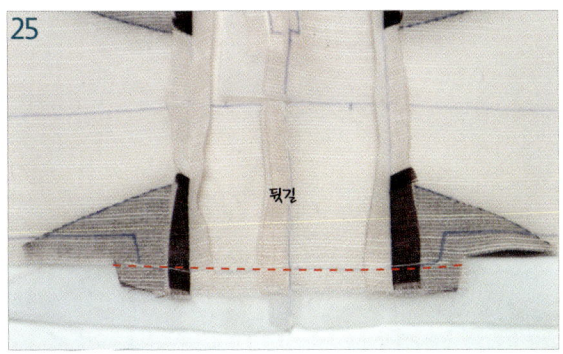

뒷길(뒷 몸판)의 뒤 도련선을 시접까지 홈질하세요.

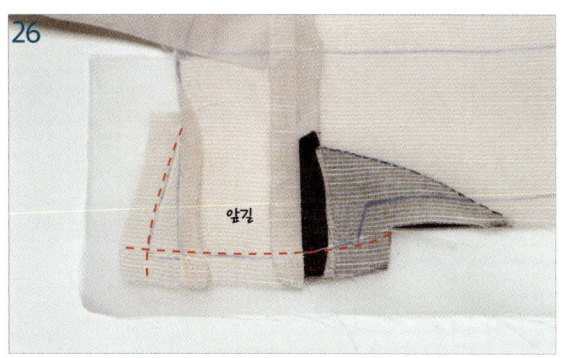

좌우 앞길의 앞 도련선과 섶선을 시접까지 홈질하세요.

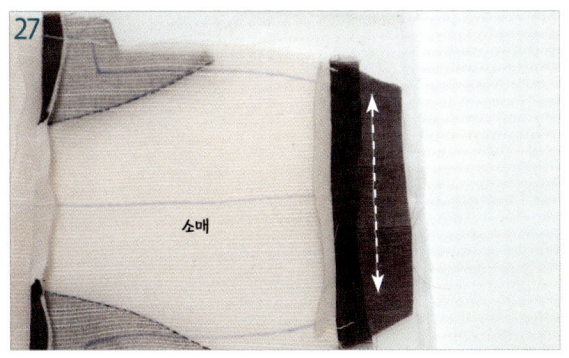

수구(소매 입구)를 완성선까지 홈질하세요.

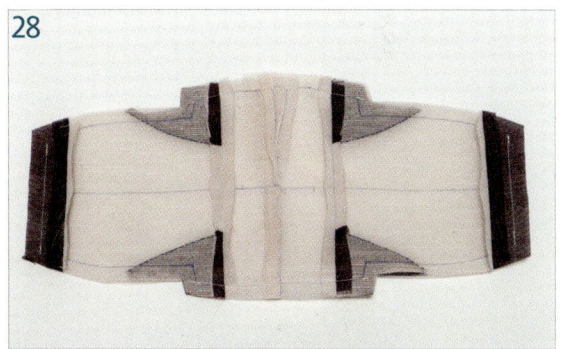

안감의 시접을 겉감과 같이 1cm만 남기고 잘라내 시접을 정리하세요.

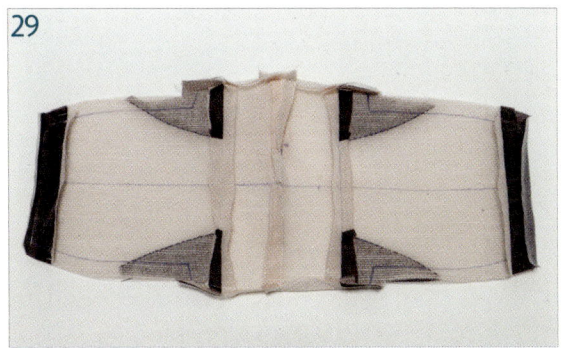

뒤집었을 때 도련선과 섶선이 예쁘게 나오도록 시접을 겉감 쪽으로 접어 낮은 온도로 다림질하세요.

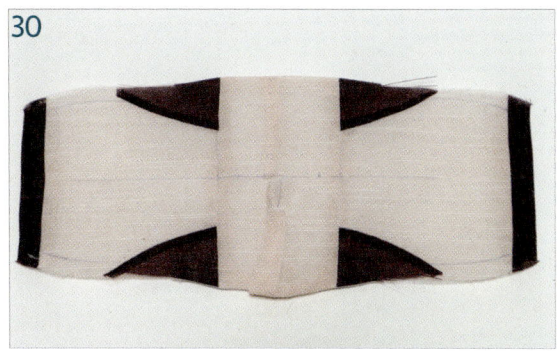

겉면이 밖으로 나오도록 전체를 뒤집고 낮은 온도로 다림질하세요.

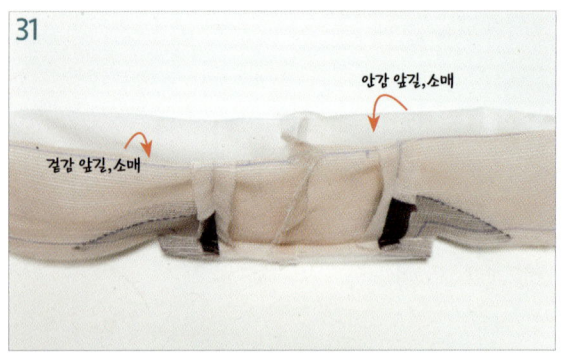
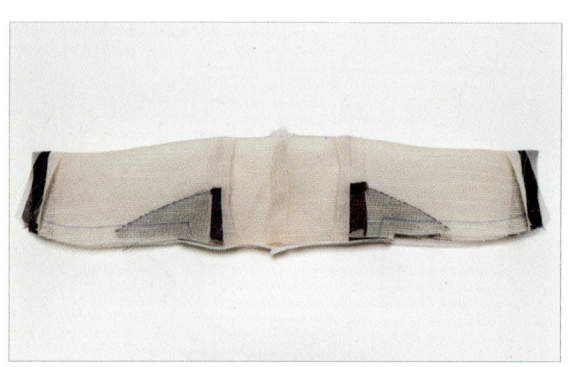

배래와 옆선 박기(4겹 박기)
배래와 옆선을 바느질하기 위해 뒷길과 소매의 뒷부분만 뒤집어요. 뒤집어진 뒷길과 소매 사이로 뒤집지 않은 앞길과 소매를 사진과 같이 넣어주세요.

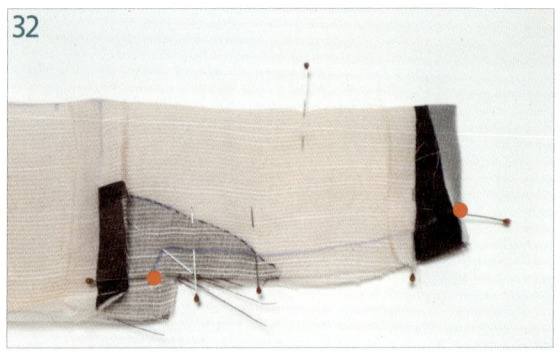

안감과 겉감이 잘 만나도록 수구의 끝, 옆선의 끝, 곁마기, 끝동을 시침핀으로 고정하세요.
※곁마기와 끝동은 옷을 뒤집었을 때 앞뒤가 잘 맞도록 맞추세요.

배래와 옆선을 튼튼하게 온박음질합니다.
※삼회장 저고리는 곁마기가 달려 두껍고, 뒤집다가 터질 수 있으므로 온박음질을 하거나 재봉틀을 사용하세요.

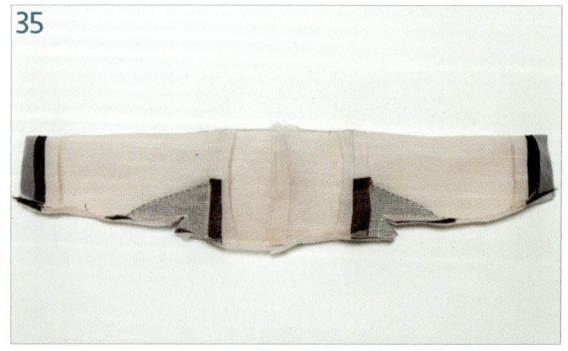

배래와 옆선이 만나는 부분에 대각선으로 가윗밥을 주세요.

뒤집었을 때 배래의 모양이 예쁘게 나오도록 저고리를 뒤집기 전에 시접을 접어서 다림질하세요.

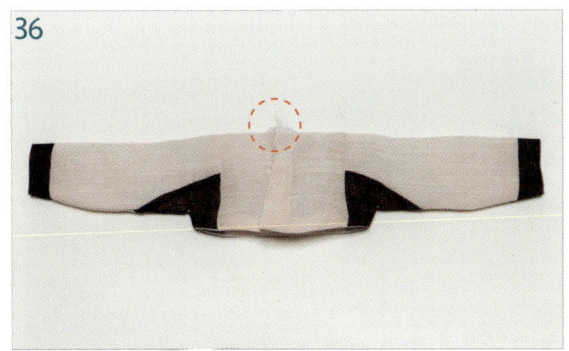

트인 고대에 손을 넣어 겉면이 밖으로 나오도록 뒤집으세요.

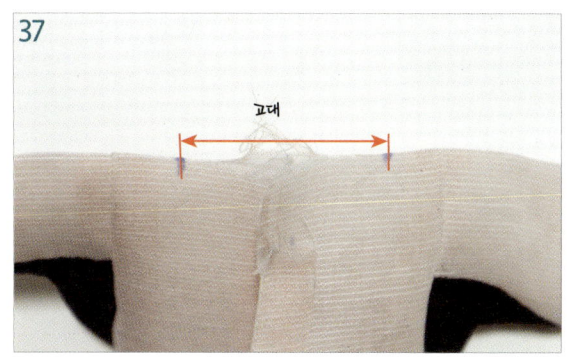

깃 달기_동그래깃
깃을 달기 전 옷본을 대고 고대를 표시하고, 고대 위치까지 가위로 터주세요.

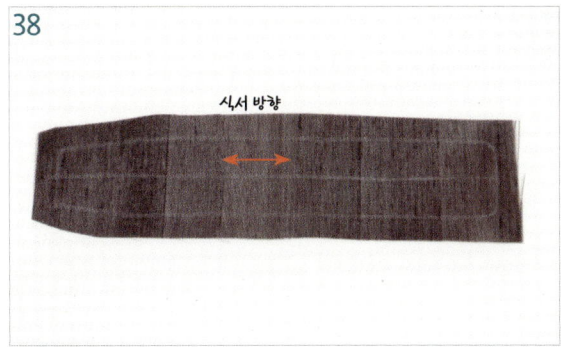

깃은 끝동과 곁마기와 같은 원단을 사용하여 식서 방향에 맞게 완성선을 그리고 1cm를 더한 시접선을 그리세요.
※골선으로 안과 겉을 붙여서 그리세요.

깃의 완성선을 따라 시접을 안쪽으로 접어 깃 모양을 만드세요.

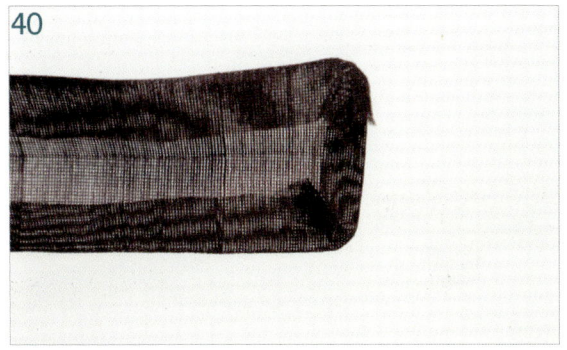

깃의 동그란 끝 부분의 시접을 잘 접어가면서 모양을 잡아주세요.

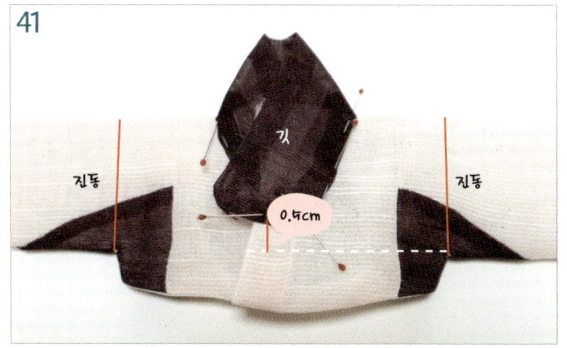

깃을 저고리에 놓고 시침핀을 이용하여 깃의 위치를 잡아주세요.
※깃의 끝은 진동에서 0.5cm 떨어진 위치에 잡아주었습니다.

42

놓인 깃은 시접이 있는 안쪽에서 완성선을 바느질하거나 겉면에서 공그르기로 바느질하세요.

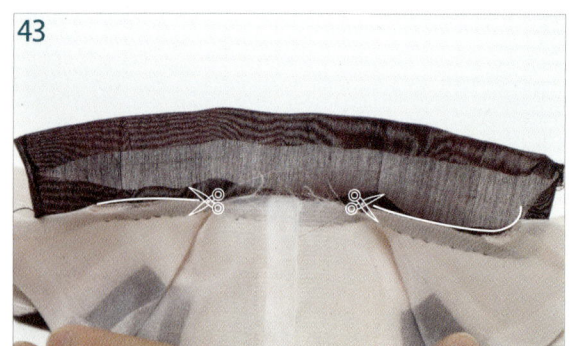

43

길은 깃 너비만큼 시접을 남기고 잘라 정리하세요.
※1.5cm 이내로 길의 시접을 잘라 깃을 달았을 때, 깃의 형태가 예쁘게 잘 잡힙니다.

44

깃을 골선으로 접어 깃 안쪽을 시침핀으로 고정하고 공그르기하세요.

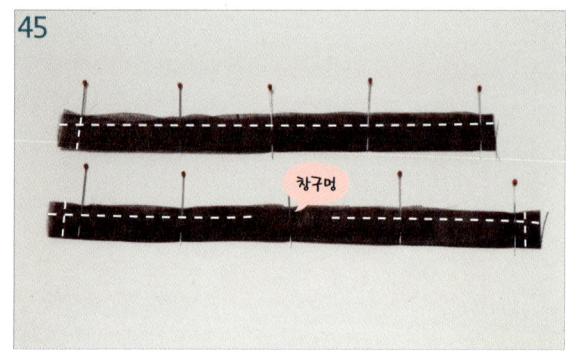

45

고름 달기

긴 고름은 1×20cm, 짧은 고름은 1×18cm이 되도록 긴 고름 3×21cm, 짧은 고름 3×19cm 길이로 재단한 후 반을 접어 창구멍을 내거나 폭의 한쪽을 남기고 홈질하세요.

TIP 고름 만드는 법은 197쪽을 참고하세요.

46

중간에 창구멍을 내는 경우에는 뒤집은 다음에 공그르기를 하고, 폭의 한쪽을 남긴 경우에는 긴 젓가락을 이용해서 뒤집고 공그르기하세요.

47

긴 고름은 겉섶이 달린 오른쪽, 깃에 살짝 겹치는 위치에, 짧은 고름은 안섶이 달린 왼쪽, 깃 너비(1.5cm)만큼 떨어진 위치에 달아주세요.

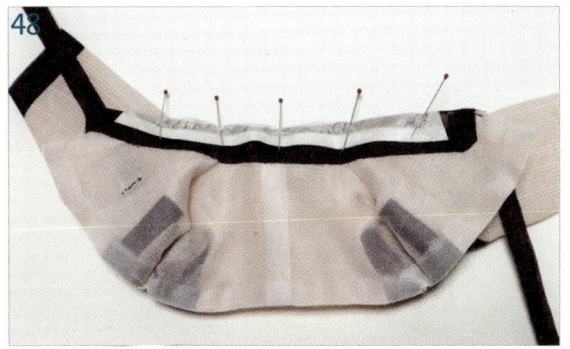 

깃에 0.5cm 폭의 동정을 다세요.

 동정 다는 법은 195쪽을 참고하세요.

고운 색감의 삼회장 저고리가 완성되었습니다.

조끼허리 홑치마

실물 크기 도안 212쪽

원단 겉감 : 옥사 28×80cm(식서/폭)
조끼허리 : 면 또는 갑사 30×10cm(식서/폭)

How to Make

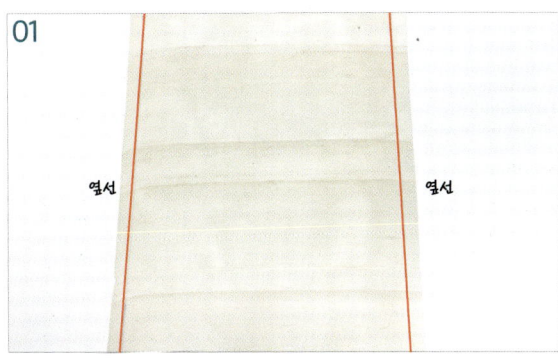

01

치마 재단하기
치마는 옷본을 사용하지 않고 원단에 직접 사이즈를 표시하여 재단합니다. 치마 겉감은 25×23cm(식서/폭)로 재단해 양쪽 옆선에 시접을 1cm 표시해 3장을 재단하세요.

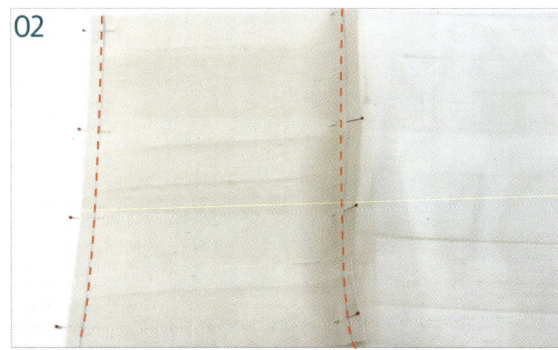

02

치마 연결하기, 치맛단 모서리 만들기
치마의 겉면과 겉면을 맞대고 옆선을 홈질하세요.

03

시접의 한쪽을 0.3cm 정도 남기고 잘라주세요.

04

다른 한쪽 시접으로 감싸 싸박아 정리하세요.
※치마가 홑겹이기 때문에 시접의 올이 풀리지 않도록 시접을 싸박기로 정리하세요.

05

시접을 싸박아 폭을 연결한 모습이에요.

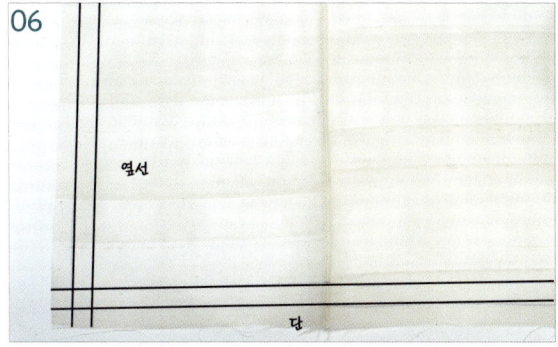

06

열펜을 이용해 연결된 치마폭의 양옆과 아랫단에 1.5cm씩 시접을 두 번 표시하세요.

07

6에서 그려놓은 시접선을 따라 옆선과 아랫단을 1.5cm씩 2번 말아 접어 시침핀으로 고정하세요.

08

옆선과 아랫단이 만나는 모서리 끝을 삼각형으로 접어 올리세요.

09

삼각형으로 모서리를 접어 올려 시침핀으로 고정한 모습이에요.

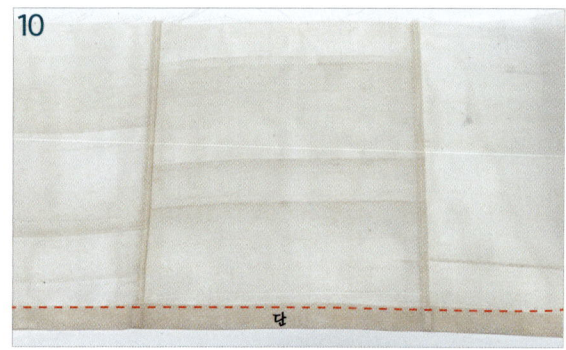

10

고정한 아랫단을 공그르기하세요.

11

옆선과 모서리를 공그르기하세요.

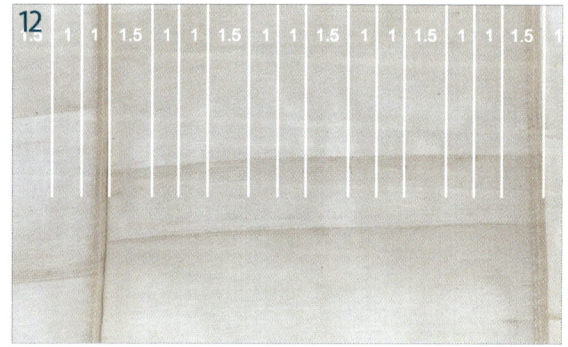

12

원하는 두께의 치마 주름을 겉감에 초크나 펜으로 표시하세요. 겉주름 1.5cm, 속주름 1cm로 잡았습니다.

※단, 주름을 잡았을 때 치마의 둘레가 24cm 내외가 나와야 조끼허리에 치마를 예쁘게 달 수 있습니다.

13

치마 겉면에서 주름을 잡아 시침핀으로 고정하세요.

14

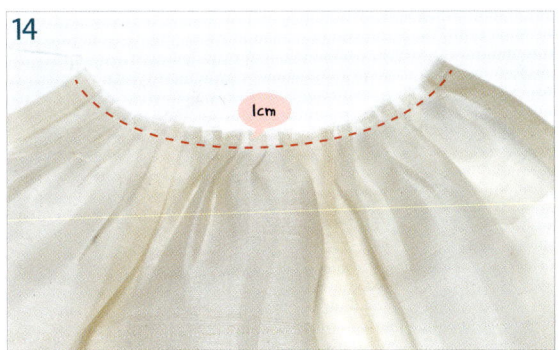

1cm 정도 시접을 남기고 고정된 주름을 따라 튼튼하게 홈질하세요.

TIP 홈질한 후 낮은 온도로 살짝 다림질하면 주름 모양이 더 예쁘게 잡혀요.

15

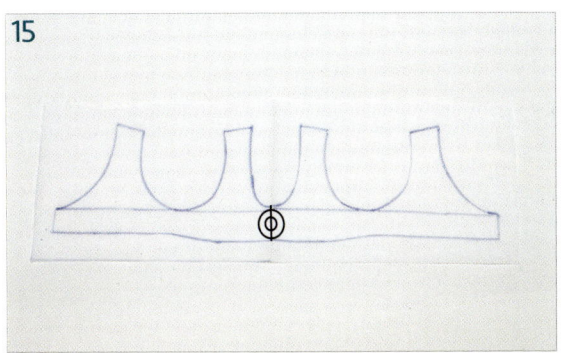

조끼허리 만들기

조끼허리 원단에 옷본을 대고 식서 방향에 맞추어 골선으로 조끼허리의 좌우 완성선을 그리세요.

16

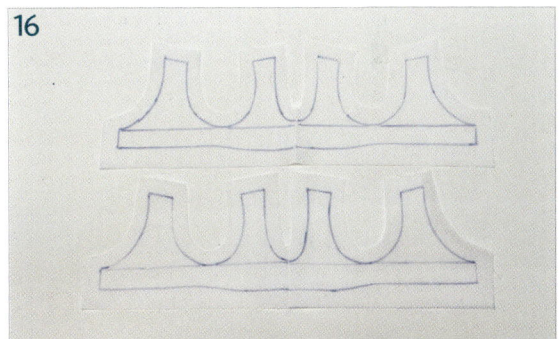

시접을 1cm 주고 안과 겉 총 2장을 재단하세요.

17

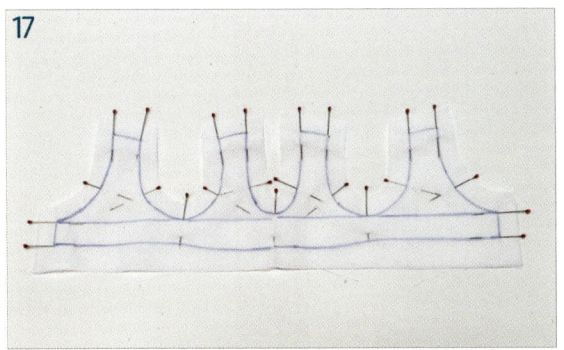

재단된 조끼허리의 겉면과 겉면을 맞대고 시침핀으로 고정하세요.

18

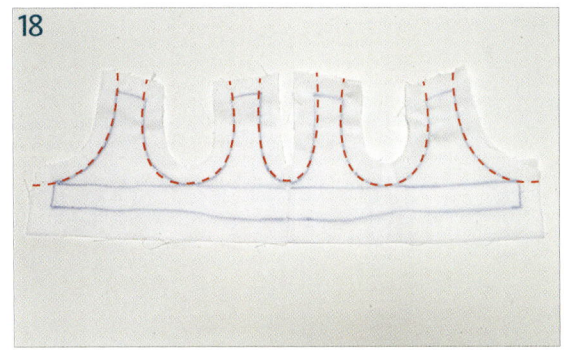

어깨를 제외하고 진동 둘레, 앞 목둘레, 뒷 목둘레를 홈질하세요.

19
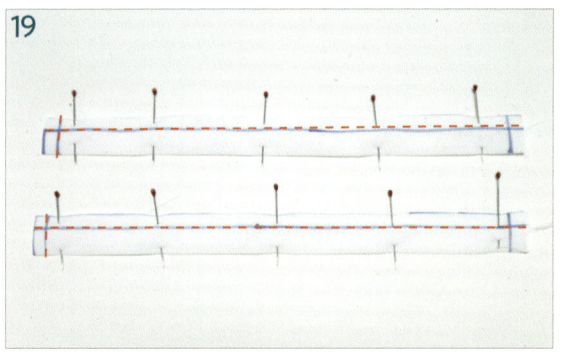

말기 끈을 3×21cm(폭/식서) 크기로 2장 재단하여 반을 접고 0.5cm씩 시접을 주고 홈질하세요.

> **TIP** 끈 만드는 법은 197쪽을 참고하세요.

20
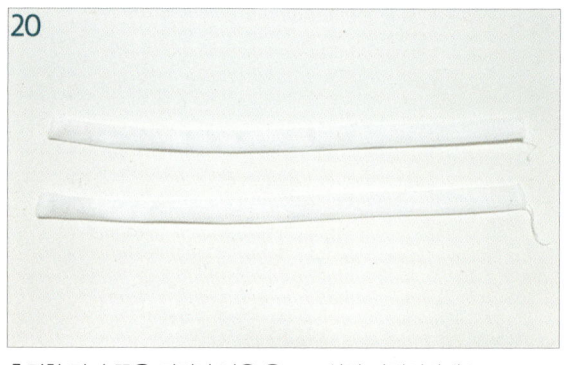

홈질한 말기 끈을 뒤집어 낮은 온도로 살짝 다림질하세요.

21
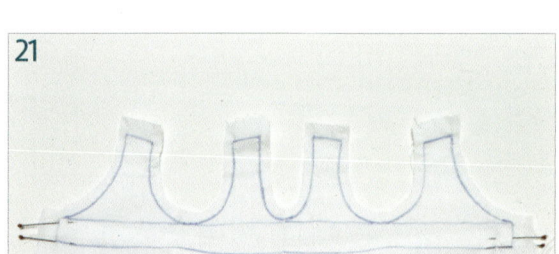

18에서 홈질한 진동 둘레, 앞 목둘레, 뒷 목둘레의 시접을 0.5cm만 남기고 잘라내고 조끼허리의 양끝에 말기 끈을 넣으세요.
※ 겉감과 안감 사이에 넣어주세요.

22
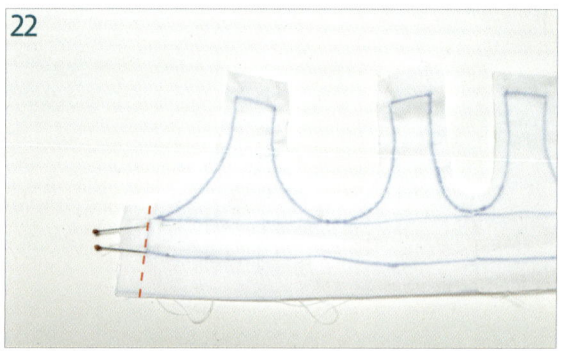

조끼허리의 양끝 옆선을 사이에 넣은 끈과 함께 홈질하세요.

23
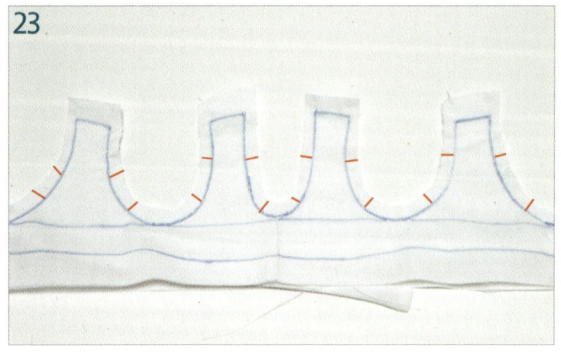

진동 둘레, 앞 목둘레, 뒷 목둘레의 곡선이 뒤집었을 때 예쁘게 나오도록 가윗밥을 주세요.

24
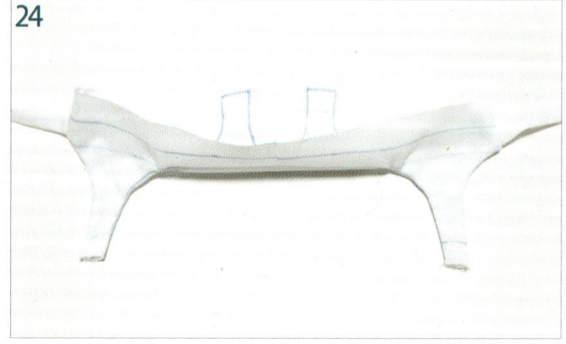

겉감이 밖으로 나오도록 조끼허리 양쪽의 뒤 어깨만 사진과 같이 뒤집으세요.

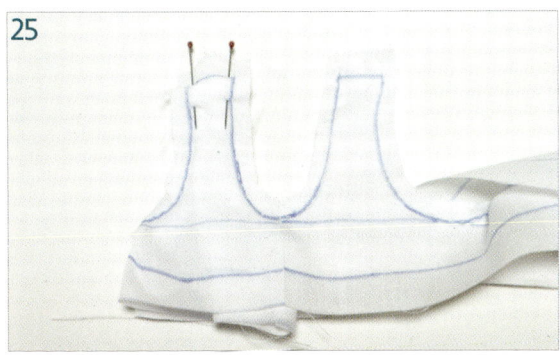

25

뒤집은 뒤 어깨를 뒤집지 않은 앞 어깨의 겉감과 안감 사이로 넣어 완성선에 맞추고 시침핀으로 어깨를 함께 고정하세요.

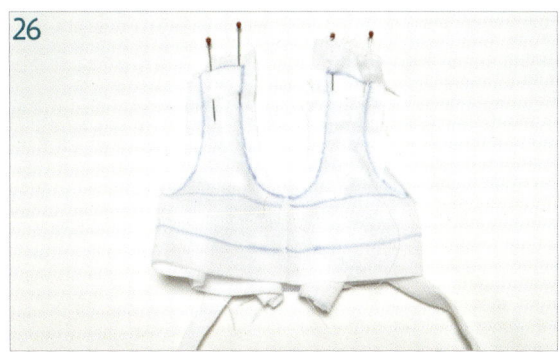

26

양쪽의 뒤 어깨를 각각 앞 어깨 사이에 넣은 모습이에요.

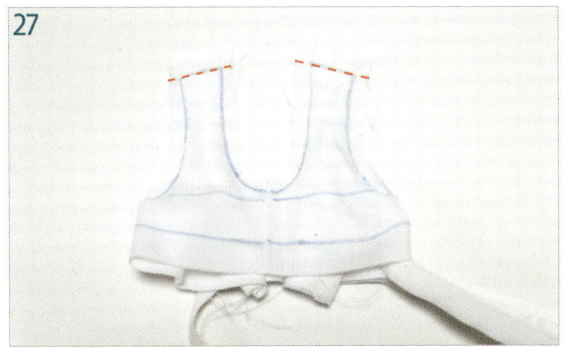

27

고정한 어깨를 홈질하세요
※총 4겹을 바느질하세요.

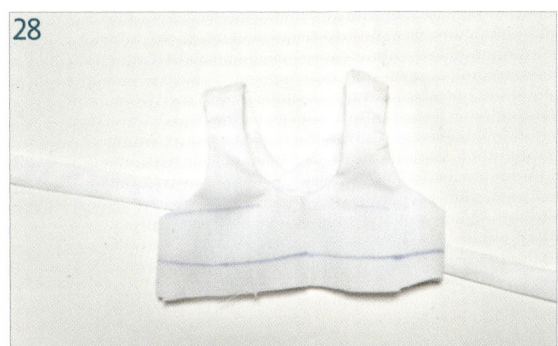

28

어깨를 홈질하고 뒤집으면 조끼허리가 완성됩니다.

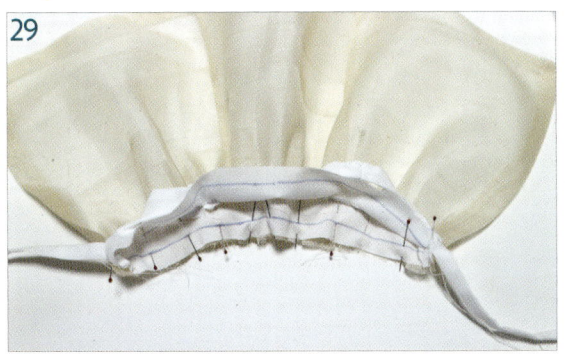

29

조끼허리와 치마 연결하기
주름 잡은 치마의 겉면 위에 만들어진 조끼허리 겉면을 맞대어 얹고 시침핀으로 고정하세요.

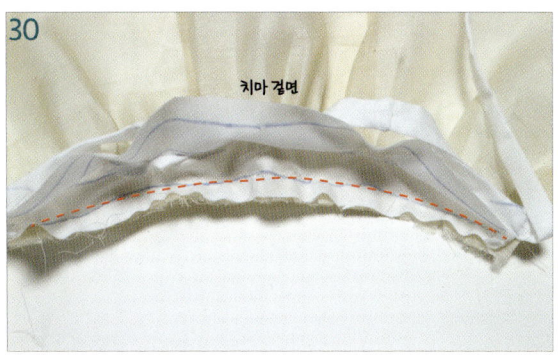

30

조끼허리의 안쪽 면에서 튼튼하게 홈질하세요.

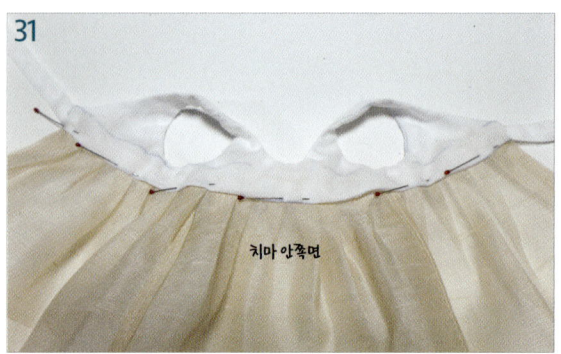

조끼허리 안감의 시접을 접어 치마 안쪽 면에서 시침핀으로 고정하세요.

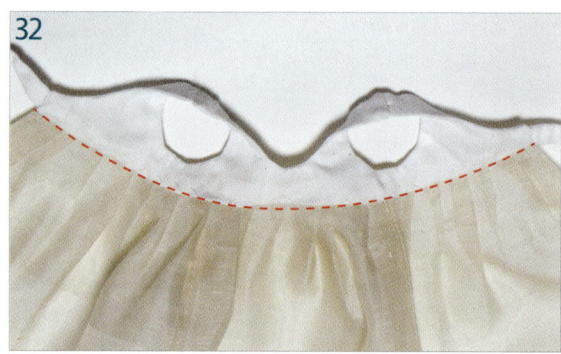

공그르기 또는 세발뜨기로 마무리하세요.

조끼허리가 달린 홑겹의 고운 치마가 완성되었습니다.

마고자

실물 크기 도안 212, 213쪽

원단 겉감 : 숙고사 30×50cm(식서/폭)
안감 : 노방 20×42cm(식서/폭)
연봉매듭 : 숙고사 25×25cm(식서/폭)

> **TIP** 마고자는 깃과 고름이 달리지 않은 저고리 위에 덧입는 한복입니다. 고름이 달리지 않기 때문에 옷을 여미기 위해서는 단추 또는 연봉매듭을 달아야 합니다.

How to Make

마고자 재단하기
겉감에 길(몸판) 옷본을 대고 완성선과 1cm를 더한 시접선을 그려 좌우를 재단하세요. 등솔(등의 중심 솔기) 시접도 1cm를 더하세요.
※ 마고자는 겉섶과 안섶이 따로 달리지 않고 좌우가 대칭인 한복입니다.

소매도 겉감에 옷본을 대고 완성선과 시접 1cm를 더하여 재단하세요.

마고자 겉감 만들기
재단된 길은 겉면과 겉면을 맞대고 움직이지 않도록 시침핀으로 고정하여 등솔을 홈질하세요.

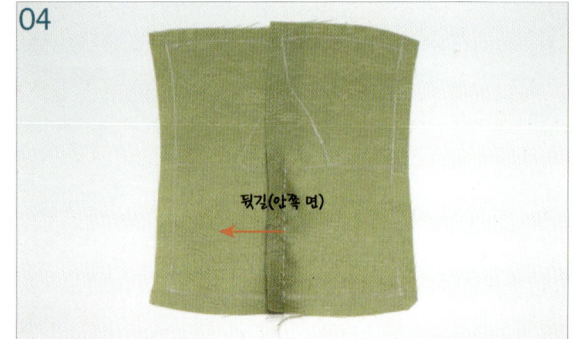

길을 펼쳐서 겉면에서 봤을 때 시접이 오른쪽을 향하도록 시접을 꺾어주세요.
※ 안쪽 면에서 봤을 때 왼쪽으로 꺾어주세요.

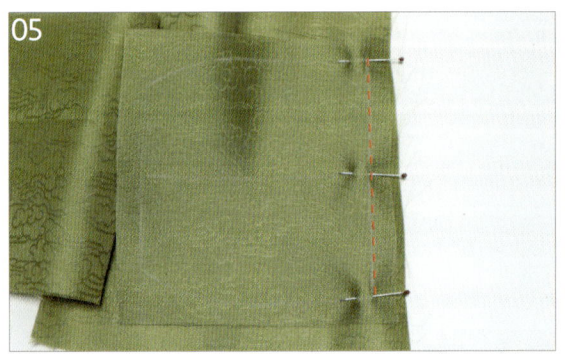

길의 겉면과 소매 겉면을 맞대고 시침핀으로 고정한 후 완성선까지 진동을 홈질하세요.

마고자 안감 만들기
마고자 안감은 옷본을 사용하지 않고 자를 이용하여 크게 재단합니다. 안감 원단 20×40cm(식서/폭)를 재단하여 식서 방향으로 한 번 접고, 폭으로 한 번 더 접으세요.

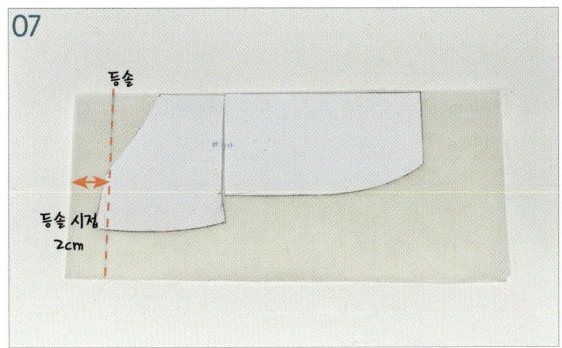

07

접은 상태에서 길과 소매의 옷본을 올려 시접을 2cm 남기고 등솔 완성선을 그리세요.

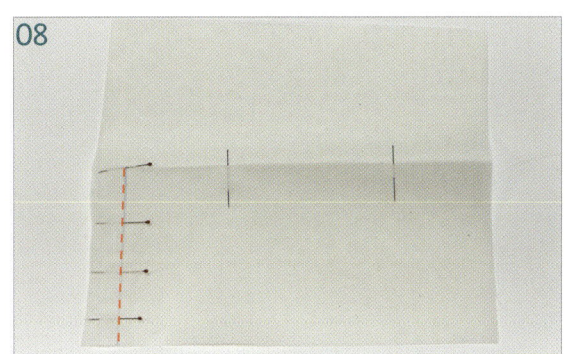

08

안감을 펼쳐 식서 방향만 한 번 접어주고, 등솔을 홈질하세요.
※ 안감 등솔은 배래와 옆선을 바느질할 때 뒤집기 위한 창구멍을 만들어야 하므로 너무 촘촘하게 홈질하지 않아도 됩니다.

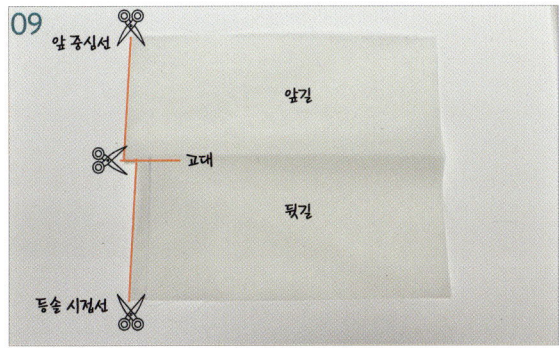

09

등솔 시접은 1cm만 남기고 자릅니다. 고대를 표시하여 자르고 좌우가 붙어 있는 앞 중심선을 잘라서 터주세요.

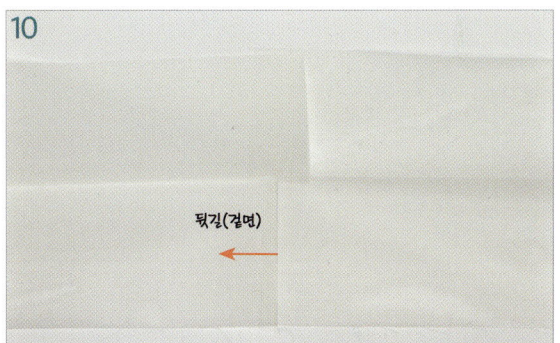

10

안감을 펼쳐서 등솔 시접이 겉감과 같은 방향이 되도록 꺾어주세요.
※ 겉면에서 봤을 때 왼쪽으로 꺾어주세요.

11

겉감과 안감 연결하기(2겹 박기)

소매가 연결된 겉감과 10에서 펼친 안감의 겉면과 겉면을 맞댄 후 겉감과 안감 2겹을 바느질했을 때 움직이지 않도록 시침핀으로 각 부분을 고정하세요.

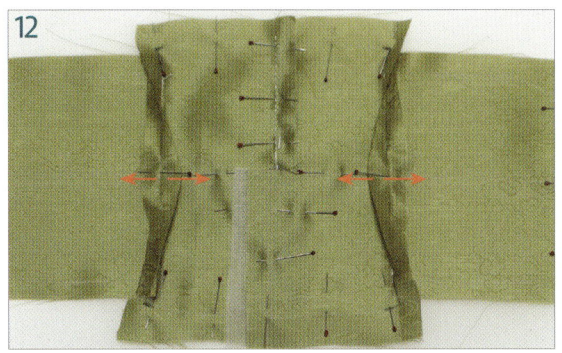

12

겉감의 소매 시접은 가름솔로 펼쳐서 안감과 함께 시침핀으로 고정하세요.

시침핀으로 고정된 뒷길(뒷 몸판)의 뒤 도련선을 홈질하세요.

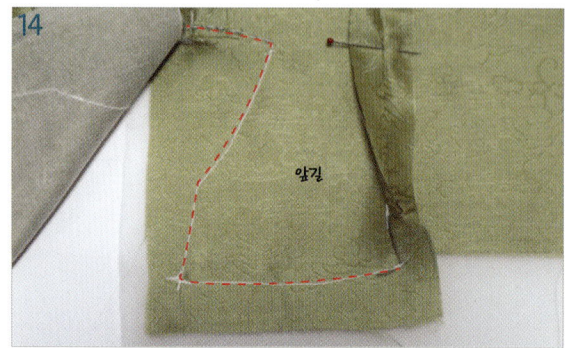

좌우 앞길의 앞 도련선-앞선(앞 중심선)-목둘레를 홈질하세요.

수구(소매 입구)를 홈질하세요.

안감과 겉감의 시접을 1cm만 남기고 잘라내 시접을 정리하세요.

목둘레는 시접을 0.5cm만 남기고 잘라내 시접을 정리하세요.

 곡선인 부분은 시접이 많으면 모양이 예쁘게 나오지 않습니다.

목둘레의 고대 지점을 향해 대각선으로 가윗밥을 주세요.

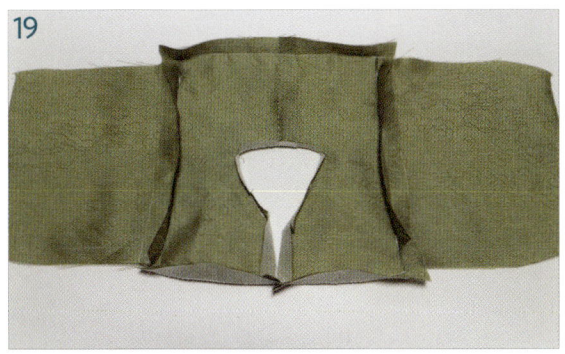

정리된 시접을 겉감 쪽으로 꺾어 낮은 온도로 다림질하세요.

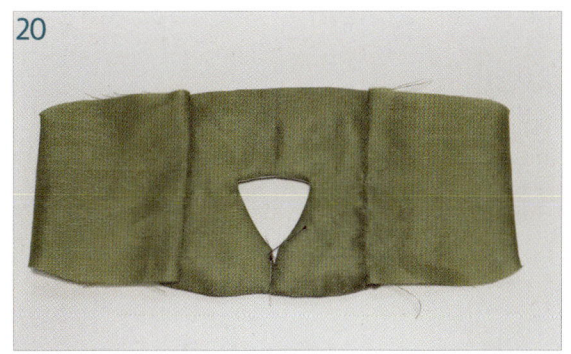

소매의 배래로 손을 넣어 마고자 겉감이 나오도록 뒤집으세요.

목둘레선과 앞선(앞 중심선)이 예쁘게 나오도록 모양을 잡아주세요.

배래와 옆선 박기(4겹 박기)
홈질한 안감 등솔을 약간 뜯어 창구멍을 만드세요.

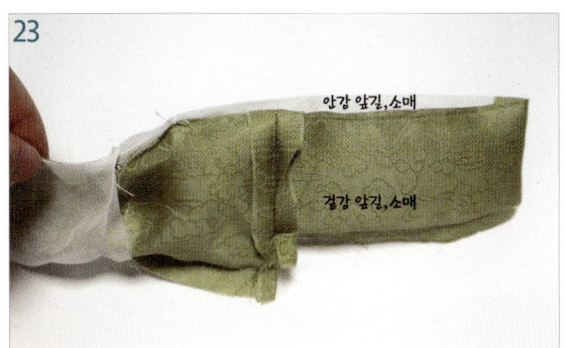

뒷길과 소매의 뒷부분만 뒤집어 창구멍을 통해 뒤집어지지 않은 앞길과 소매의 앞부분을 사진과 같이 넣어주세요.

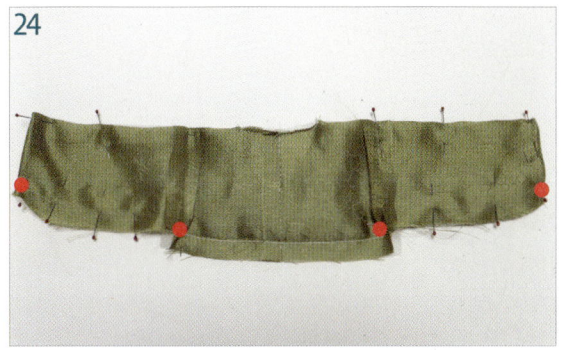

안감과 겉감이 잘 만나도록 시침핀으로 고정하세요.
※ 배래의 끝인 수구 부분과 옆선의 끝에 도련선과 만나는 부분은 끝이 정확하게 맞아야 완성도가 높아집니다.

고정된 배래와 옆선을 튼튼하게 홈질하세요.

TIP 온박음질을 하거나 재봉틀을 사용하면 더욱 튼튼하게 만들 수 있습니다.

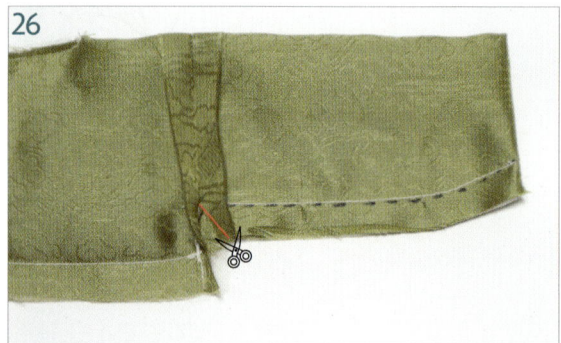

배래와 옆선이 만나는 부분은 뒤집었을 때 마고자의 모양이 예쁘게 나오도록 가윗밥을 주세요.

안감 등솔의 창구멍을 통해 겉면이 밖으로 나오도록 뒤집으세요.

소매의 배래와 길의 옆선을 다림질하세요.

안감 등솔의 창구멍을 공그르기하세요.

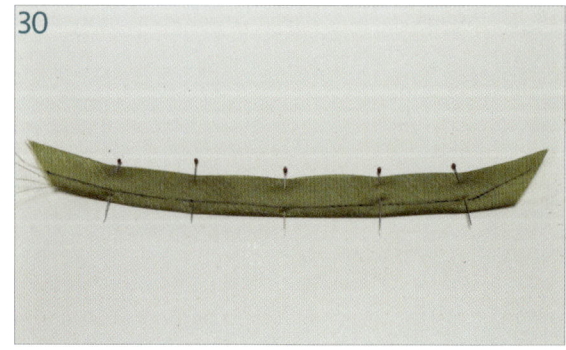

연봉매듭 끈 만들기
연봉매듭 끈을 만들기 위해 바이어스 방향으로 3~4×25cm (폭/길이) 재단하여 반을 접어 0.5cm 완성선을 그리세요.

완성선을 그릴 때 한쪽 끝은 깔때기 모양으로 그리세요.

TIP 깔때기 모양으로 그려주면 나중에 끈을 뒤집을 때 잘 뒤집어져요.

완성선을 따라 촘촘하게 홈질하세요.

31에서 그렸던 깔때기 끝에 실을 연결하세요.
※ 실은 사진과 같이 튼튼하게 4겹 정도로 하세요.

바늘을 속으로 넣어 반대편 끝까지 통과시키며 끈을 뒤집으세요.

끈을 뒤집은 모습이에요.

연봉매듭 만들기
매듭 끈을 검지와 중지 사이에 8자로 감고 중지를 감았던 끈의 끝 부분은 엄지로 잡아주세요.

TIP 연봉매듭은 연꽃의 봉오리 모양이라고 해서 붙은 이름으로, 단추매듭 이라고도 부릅니다. 동그란 매듭으로 고리를 만들어 옷을 여미기에 좋아요.

❶은 검지로 가져가 묶어주듯이 아래에서 위로 통과시키고, 엄지로 잡고 있던 ❷는 중지로 가져가 묶어주듯이 아래에서 위로 통과시키세요.

위쪽에서 본 모습이에요.

끈에서 살살 손가락을 빼면 ∞ 모양이 나옵니다.

양옆을 살짝 눌러 끈을 느슨하게 만들면 가운데를 지나가는 중심 끈이 보입니다.

중심 끈을 위로 들어 올리면 기둥이 생깁니다.
기둥을 기준으로 ❶은 앞을 지나 뒤에서 아래의 원으로 통과시키고 ❷는 뒤를 지나 앞에서 아래의 원으로 통과시키세요.

통과시킨 ❶, ❷를 살살 잡아당기면 사진과 같은 모양이 됩니다.

기둥 끈을 없애기 위해 연결되어 있는 끈을 움직여서 아래로 빼내면 구 형태의 연봉매듭이 완성됩니다.

끝을 실로 묶어 연봉매듭을 잘라내고 남은 끈으로 연봉매듭이 통과되는 크기의 고리를 만들어주세요.
※실로 끝을 묶어줄 때에는 풀어지지 않게 여러 번 휘감아 단단히 묶어주세요.

마고자에 매듭단추 달기_연봉매듭
마고자 겉감 원단을 4×4cm로 2장을 재단하여 약 1.5×1.5cm가 되도록 접어 매듭의 바대를 만드세요.
※바대는 옷이 헤지기 쉬운 곳에 덧대는 원단입니다.

겉면에서 본 모양입니다.

마고자 목둘레의 바로 아랫부분에 연봉매듭을 얹고 바대를 얹어 시침핀으로 고정한 후 온박음질하세요.
※반대편에는 연봉매듭의 고리를 달아주세요

연봉매듭이 달린 여자 마고자가 완성되었습니다.

제비부리댕기

원단	숙고사 35×7cm(식서/폭)
장식	폭 2cm 이내의 꽃 금박

> **TIP** 댕기를 장식하는 금박은 광장시장 한복 원단 구입하는 곳(2, 3층) 또는 온라인에서 구할 수 있습니다.

How to Make

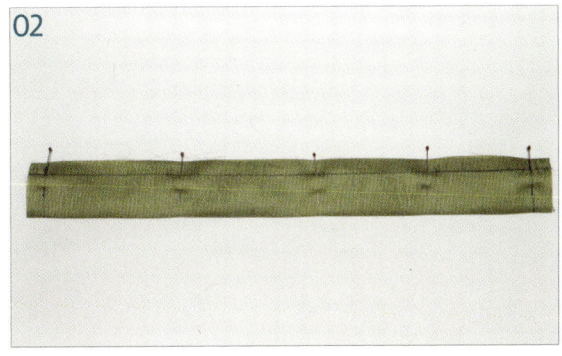

제비부리댕기 만들기
원단에 자를 대고 35×7cm(식서/폭)로 재단하세요.
※댕기 길이는 머리를 땋고 길게 드리울 수 있어야 하고, 폭은 머리 숱 정도로 하여 댕기 밖으로 땋은 머리가 많이 튀어나오지 않도록 해주는 것이 예쁩니다.

반을 접어 시접을 1cm씩 표시하세요.

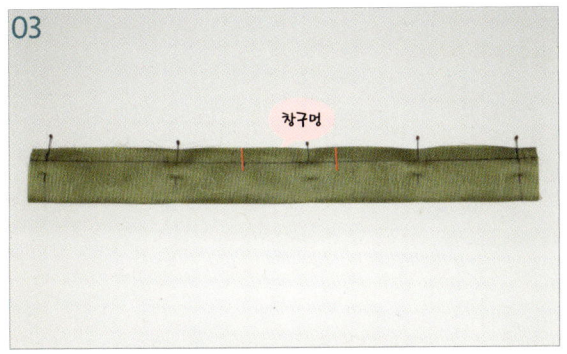

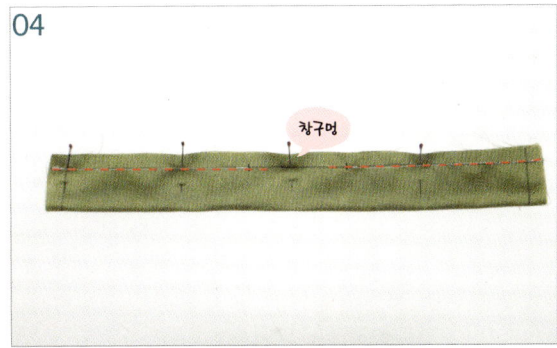

중간 지점에 7~8cm 정도의 창구멍을 표시하세요.

창구멍을 제외한 가로 완성선을 시접까지 홈질하세요.

TIP 댕기를 뒤집을 때 바느질이 약하면 실이 풀릴 수 있으므로 창구멍 근처 부분은 온박음질(손바느질) 또는 되돌아박기(재봉틀)로 튼튼하게 하세요.

완성선까지만 가로로 반을 접어 양끝을 시침핀으로 고정하세요.

고정한 양끝의 옆선을 바느질하세요.

창구멍을 이용해 뒤집으세요.

뒤집어 끝을 정리해주면 끝이 뾰족한 삼각형 모양이 만들어져요.

댕기의 양끝을 빼내어 낮은 온도로 다림질하세요.

뒤집었던 창구멍을 공그르기하세요.

제비부리댕기 장식하기
금박지를 붙여 낮은 온도로 다림질하세요.

금박지를 끝에서부터 조심히 떼어낸 후 깨끗한 원단을 덮어 한 번 더 다림질을 하면 금박이 고정됩니다.

베이비돌 사이즈의 제비부리댕기가 완성되었습니다.

베이비돌 전통한복 3

칠월칠석에 만난 견우와 직녀

당의 + 스란치마

남자 저고리 + 남자 철릭 + 매듭단추 사폭바지 + 허리띠

오작교를 밟고 은하수를 건너
서로를 만날 수 있는 일 년의 단 하루,
칠석날을 손꼽아 기다린 견우와 직녀
직녀의 금박 장식이 돋보이는 당의와
견우의 멋있는 철릭이 잘 어울리는
고급스러운 커플 한복입니다.

당의

실물 크기 도안 2쪽(별지 수록), 214, 215쪽

원단 겉감 - 숙고사 40×50cm (식서/폭)
    안감 - 노방 40×50cm (식서/폭)
    고름 - 숙고사 20×10cm (식서/폭)
장식 금박지(다리미 열로 붙이는 스티커형), 보(당의에 달리는 원형 자수)

TIP 금박과 보(자수)를 구매하는 곳!
금박과 보는 일반 원단 시장에서 구하기가 조금 어렵고, 광장시장(종로구)에서 한복 제작과 관련된 원단 및 부자재를 많이 팔고 있습니다. 돌 금박을 찍어주는 곳도 있지만, 베이비돌에게는 크고 가격이 비싸기 때문에 비교적 가격이 저렴하고 집에서 쉽게 사용할 수 있는 금박지를 사는 것을 추천합니다.

How to Make

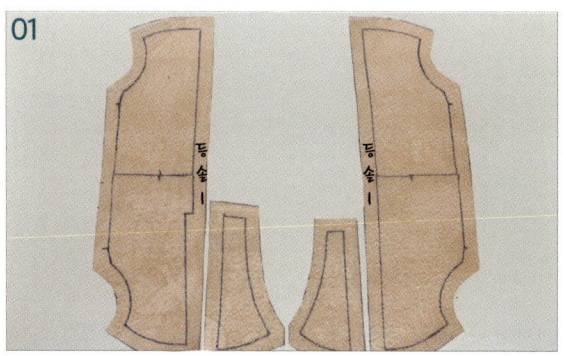

01

당의 재단하기
당의 겉감의 길(몸판)과 섶 옷본을 대고 완성선과 1cm를 더하여 시접선을 그려주세요.
등솔 (등의 중심솔기) 시접도 1cm를 더해주세요.

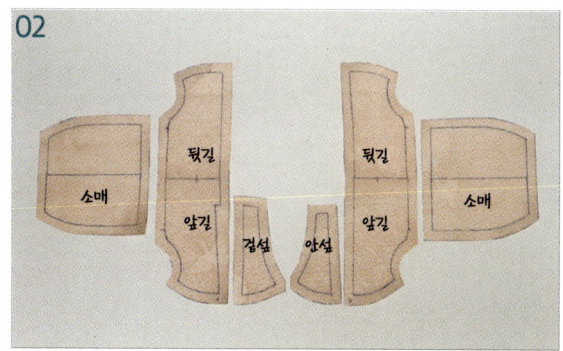

02

길 좌우 2장, 소매 좌우 2장을 그려주고, 겉섶과 안섶은 1장씩 그려 총 6조각을 겉감으로 재단해주세요.

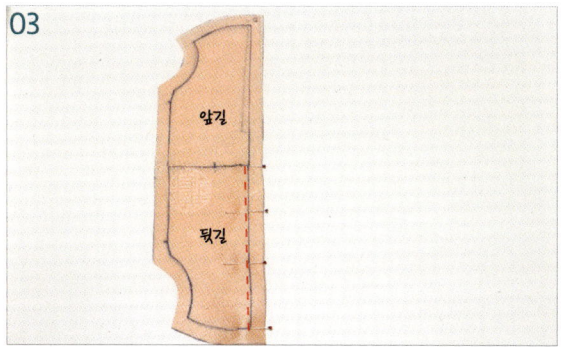

03

당의 겉감 만들기
재단된 길은 겉면과 겉면을 맞대고 등솔(등의 중심솔기)을 시침핀으로 고정한 후 홈질해주세요.

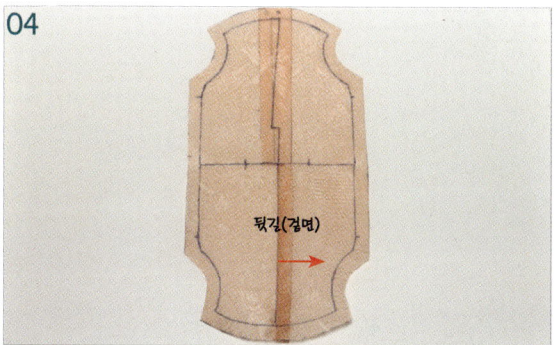

04

길을 펼쳐서 겉면에서 봤을 때 시접이 오른쪽을 향하도록 시접을 꺾어주세요.
※ 안쪽 면에서 봤을 때 왼쪽으로 꺾어주세요.

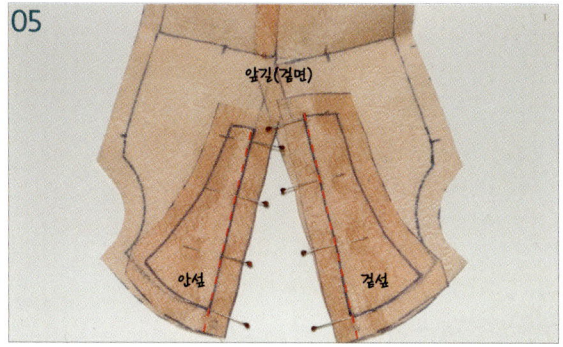

05

앞길의 겉면과 섶의 겉면을 맞대고 홈질해주세요. 오른쪽에는 겉섶을 왼쪽에는 안섶을 놓아주세요.

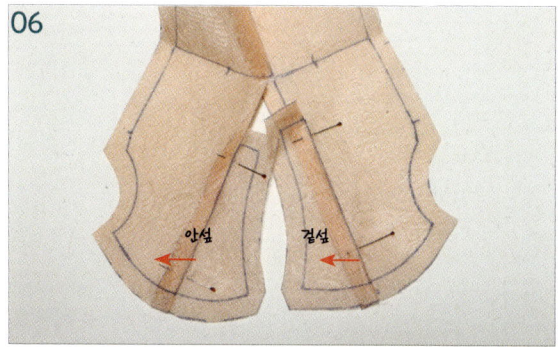

06

겉섶은 섶 쪽으로, 안섶은 길 쪽으로 시접을 꺾어서 정리해주세요.

07

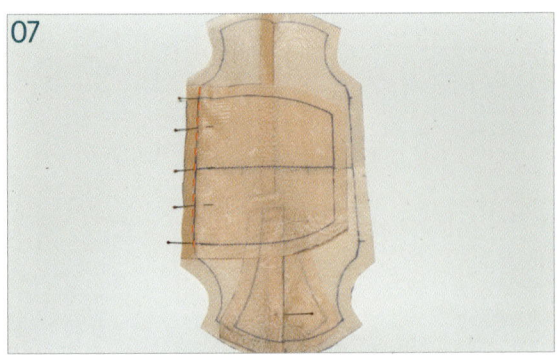

길(몸판)의 중심선과 소매의 중심을 맞추어 겉면과 겉면을 맞대고 진동선을 완성선까지 홈질해주세요.

08

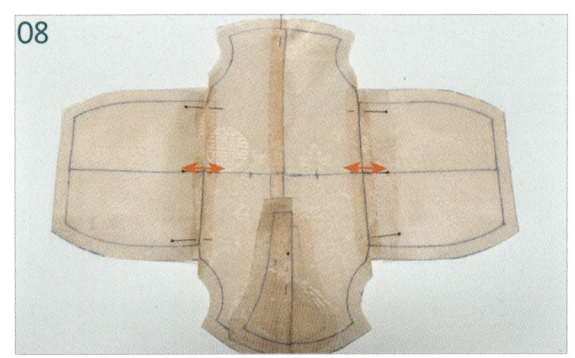

반대편 소매도 길과 연결하고, 시접을 가름솔로 정리해주세요.

09

저고리 안감 만들기 저고리 안감은 옷본을 사용하지 않고 자를 이용하여 크게 재단해주세요.
안감 원단을 30×46cm(식서/폭)로 재단하여 식서 방향으로 한 번 접고, 폭으로 한 번 더 접어주세요.

10

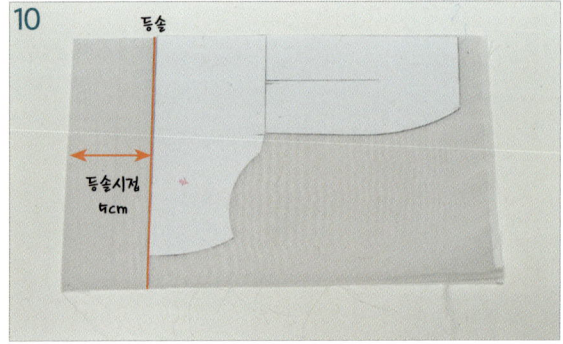

접은 상태에서 길과 소매의 옷본을 올리고, 시접을 5cm 남겨 등솔(등의 중심솔기)선을 그려주세요.

11

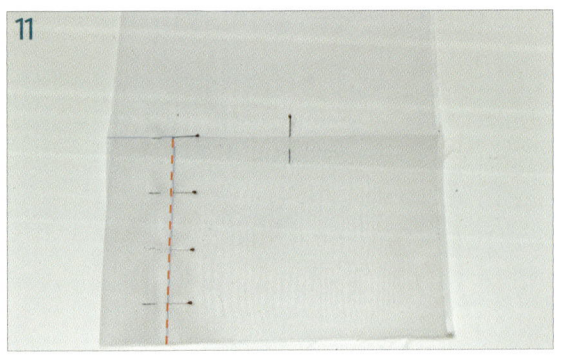

안감을 펼쳐 식서 방향만 한 번 접어주고, 등솔을 홈질해 주세요.

12

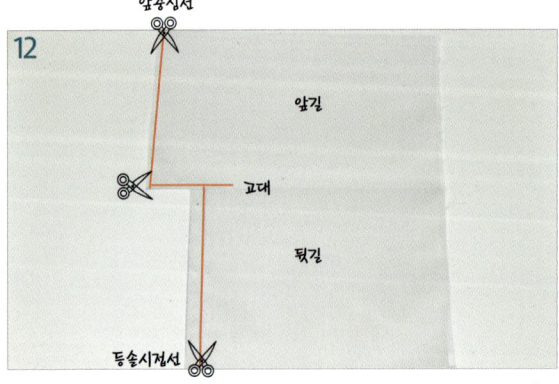

등솔 시접은 1cm만 남기고 자르고, 표시된 고대, 좌우가 붙어 있는 앞 중심선을 잘라서 터주세요.

13

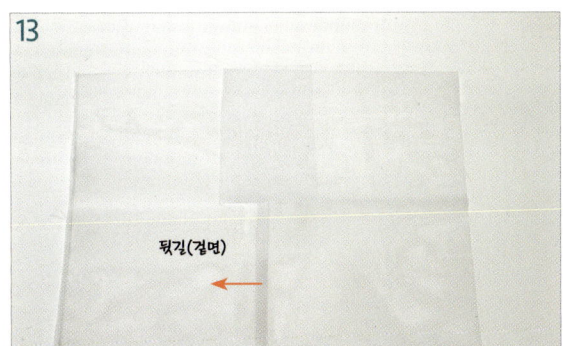

안감을 펼쳐서 등솔 시접이 겉감과 같은 방향이 되도록 꺾어주세요.
※ 겉면에서 봤을 때 왼쪽으로 꺾어주세요.

14

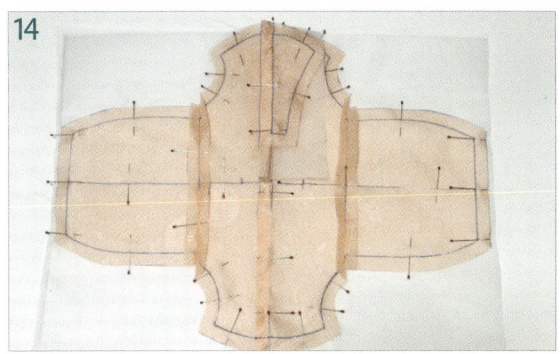

겉감과 안감 연결하기 (2겹 박기)
소매와 섶이 연결된 겉감과 13에서 펼친 안감의 겉면과 겉면을 맞대고 시침핀을 이용하여, 겉감과 안감 2겹을 바느질했을 때 움직이지 않도록 각 부분끼리 고정해주세요.

15

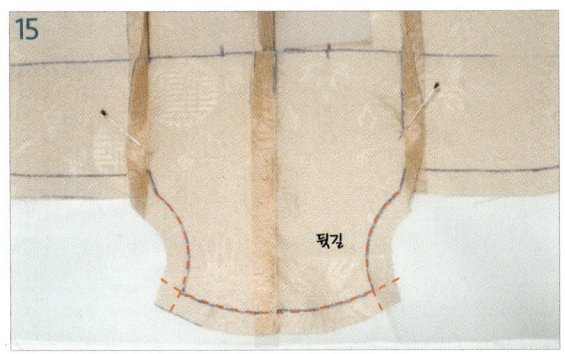

뒷길(뒷 몸판)의 뒷 도련선과 옆선의 직선을 제외한 곡선 부분만 홈질해 주세요.

16

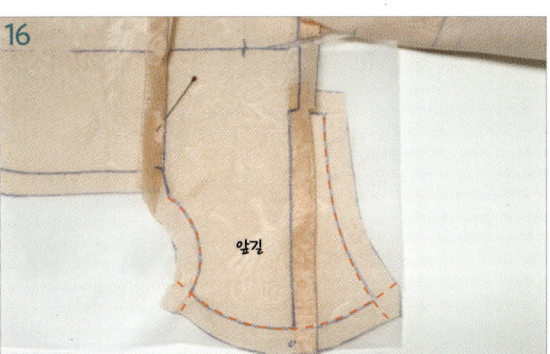

앞길의 앞도련선, 겉섶선, 옆선의 직선을 제외한 곡선 부분만 홈질해 주세요.

17

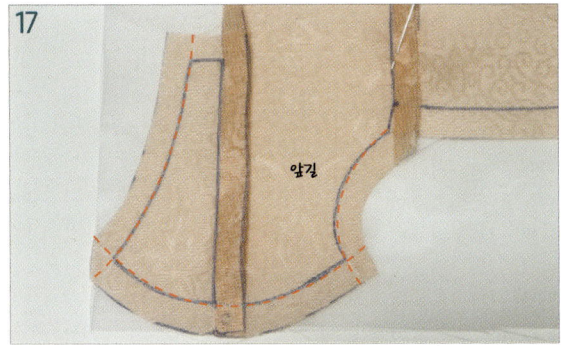

반대편 앞길의 앞도련선, 안섶선, 옆선의 직선을 제외한 곡선 부분만 홈질해 주세요.

18

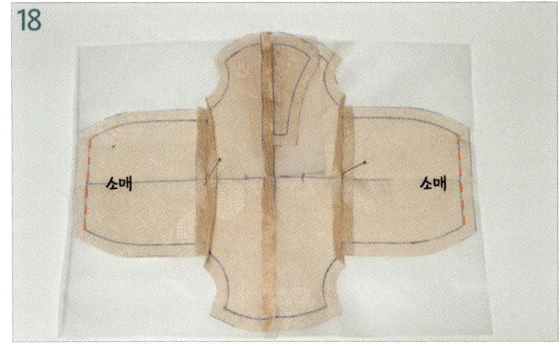

수구(소매의 입구)를 완성선까지 홈질해주세요.

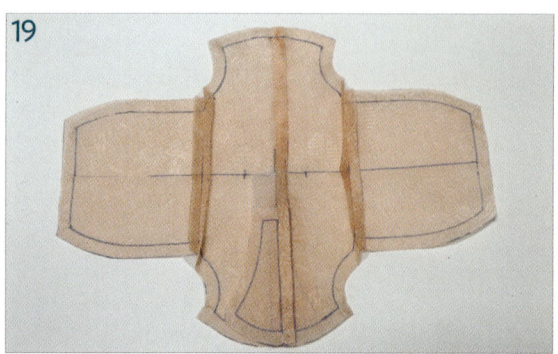

안감의 시접을 겉감과 같이 1cm만 남기고 잘라내 시접을 정리해주세요.

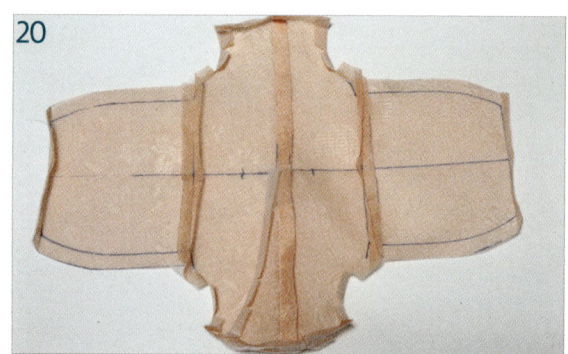

뒤집었을 때에 당의의 도련선, 섶선, 옆선이 예쁘게 나오도록 시접을 겉감 쪽으로 접어 낮은 온도로 다림질해주세요.

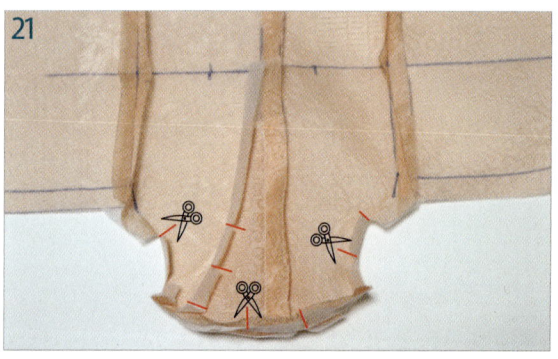

섶선과 옆선과 같은 곡선은 가윗밥을 주어 시접을 접어주세요.

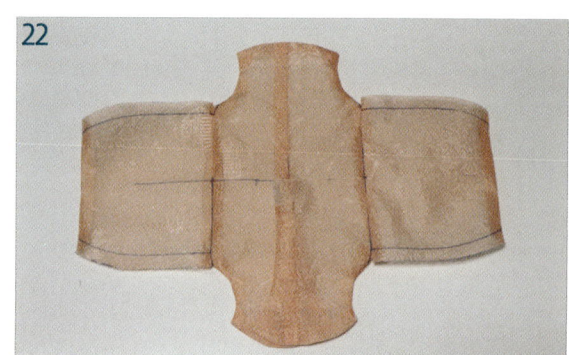

당의의 겉면이 밖으로 나오도록 전체를 뒤집고 낮은 온도로 다림질해주세요.

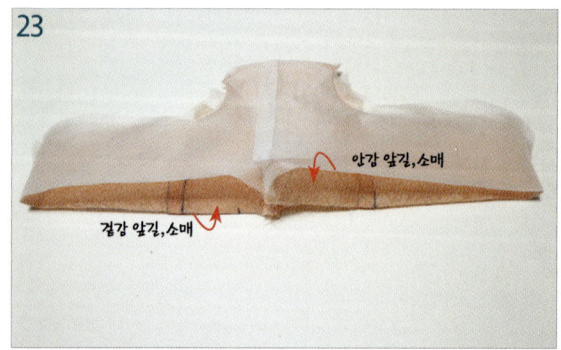

배래와 옆선 박기 (4겹 박기)

배래와 옆선을 바느질하기 위해 뒷길(뒷 몸판)과 소매의 뒷부분만 뒤집어, 뒤집어진 뒷길과 소매 사이로 뒤집어지지 않은 앞길(앞 몸판)과 앞 소매를 사진과 같이 넣어주세요.

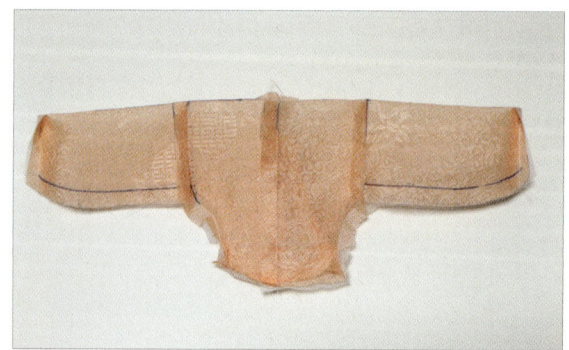

TIP 당의는 원래 저고리를 입고 그 위에 예의를 갖추기 위해 덧입는 옷으로서 앞길의 옆선과 뒷길의 옆선이 붙어 있지 않고 트여 있어요. 치마 위에 저고리를 입지 않고 당의만 입는 경우에는 4겹 박기를 하여 옆선을 바느질해서 치마의 말기가 많이 보이지 않도록 해주세요.

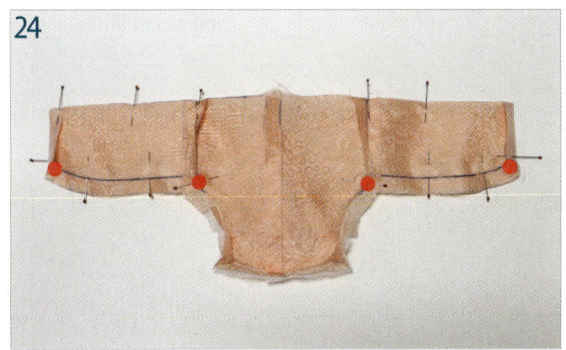

안감과 겉감이 잘 만나도록 시침핀으로 고정해주세요.
※ 배래의 끝인 수구 부분과 옆선의 끝에 도련선이 만나는 부분은 끝이 정확하게 맞아야 완성도가 높아집니다.

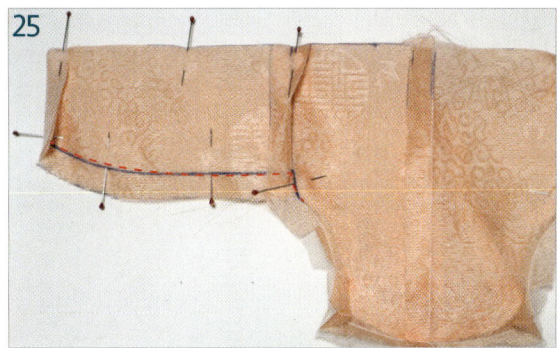

배래와 당의 옆선의 직선 부분(15에서 홈질하지 않은 곳)을 튼튼하게 홈질합니다.
※ 재봉틀이 있으신 분은 재봉틀로, 손바느질하는 경우에는 온박음질을 해주시면 더욱 튼튼하고 터지지 않게 만들 수 있어요.

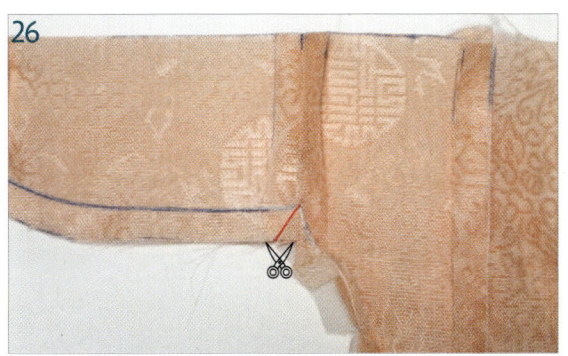

배래와 옆선이 만나는 부분에 대각선으로 가윗밥을 주세요.

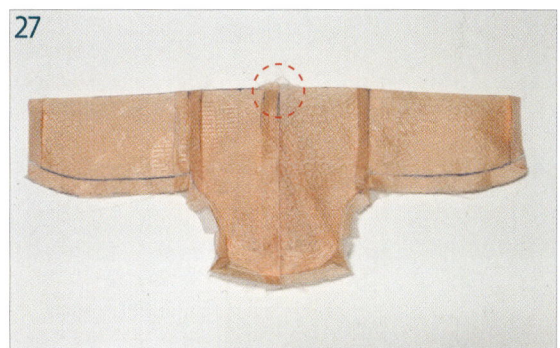

트인 고대에 손을 넣어서 겉면이 밖으로 나오도록 뒤집어주세요.

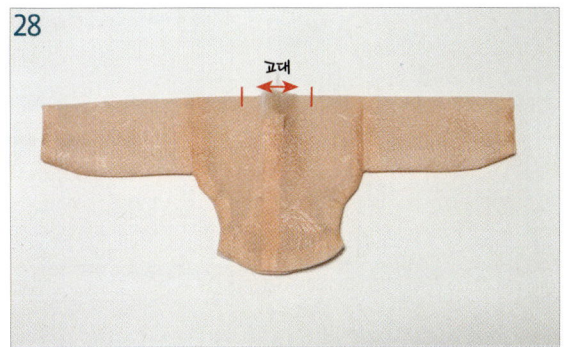

곡선 부분을 예쁘게 빼내고 길(몸판)과 소매를 다려주세요.

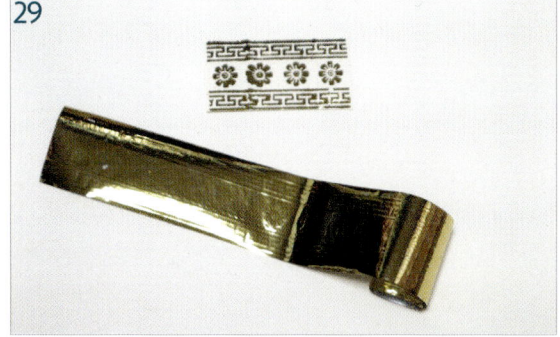

당의 금박 장식하기   베이비돌 당의 사이즈에 맞게 폭이 좁은 3~3.5cm 이내의 금박지를 준비해주세요.

TIP 금박은 길(몸판)의 아랫부분과 화장(길의 윗부분과 소매의 윗부분)에 앞뒤로 찍습니다. 깃이 있으면 깔끔하게 찍기가 어려우므로 깃을 달기 전에 미리 찍어주세요.

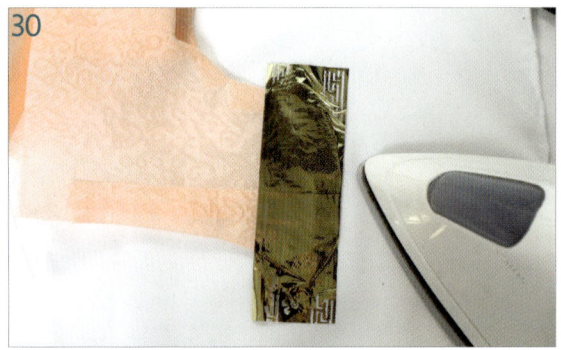

금박지를 앞길(앞 몸판)의 끝에 맞추어 붙이고 낮은 다리미 온도로 다려주세요.
※ 다리미 온도가 높으면 금박지 전체가 눌러 붙거나 녹을 수 있고, 금박은 한 번 붙이면 떼어낼 수 없으니 조심해주세요.

열을 식힌 뒤 끝에서부터 살살 금박지를 떼어내 주세요.

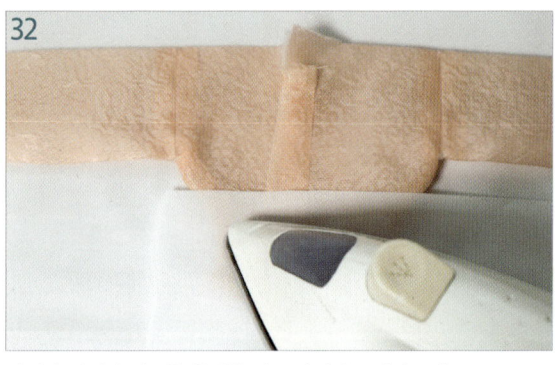

떼어낸 자리에 깨끗한 원단을 덮고 다리미로 다려주세요.
※ 금박을 옷에 고정시키는 과정입니다. 이때 원단을 덮지 않고 바로 다리미로 다리면 금박이 녹아 없어지고 다리미에 묻게 됩니다.

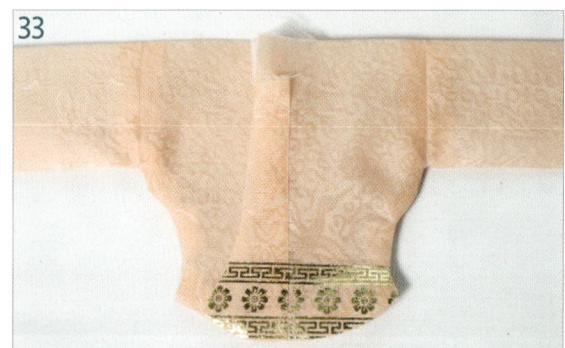

앞길에 금박이 찍힌 모습이에요.

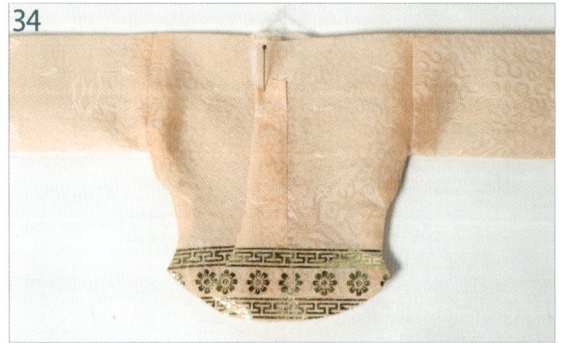

반대편 앞길과 뒷길에도 끝선에 맞추어 금박을 찍어주세요.

당의의 어깨와 소매는 완자(금박의 꽃무늬 위와 아래에 이어지는 무늬)의 윗부분을 잘라주세요.
※ 길과 소매가 골선으로 앞과 뒤가 연결되기 때문이에요.

어깨와 소매 화장에 윗 완자를 잘라낸 금박지를 다리미의 낮은 온도로 붙여주세요.

금박지를 끝에서부터 살살 떼어내고 원단을 덮어 다리미로 다려 금박을 찍어주세요.

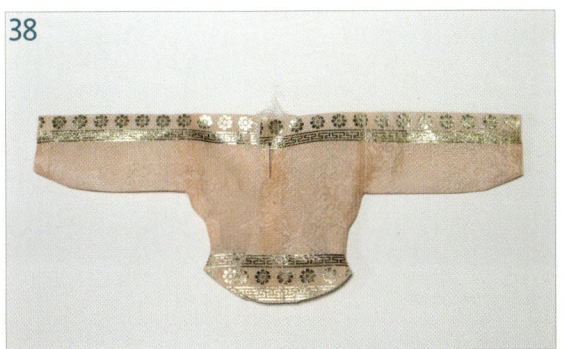

어깨와 소매에 금박이 찍힌 모습이에요.

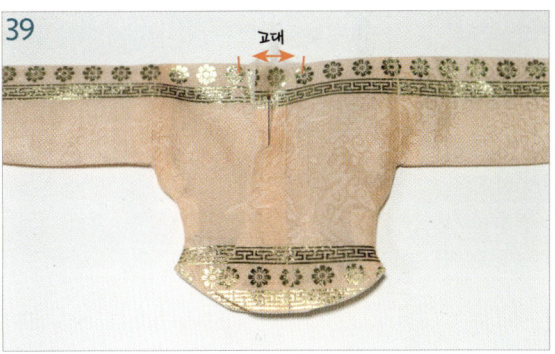

깃 달기-당코깃
깃을 달아주기 전 저고리에 고대를 표시하고 고대 위치까지 가위로 터주세요.

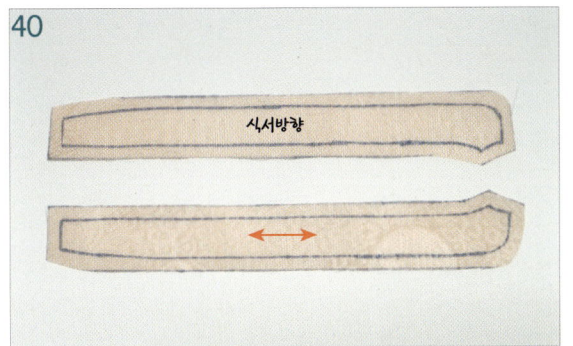

깃은 옷감에 깃본을 대고 식서 방향에 맞추어 완성선을 그리고 0.5cm를 더하여 시접선을 그려 겉깃과 안깃 2장을 재단해주세요.
※ 당코깃은 골선으로 패턴을 뜰 수 없어요.

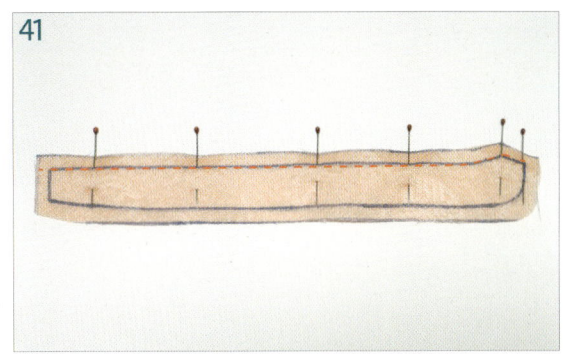

재단된 겉깃과 안깃의 겉면과 겉면을 맞대고 깃의 바깥쪽(목에 닿는 부분)을 홈질해 주세요.

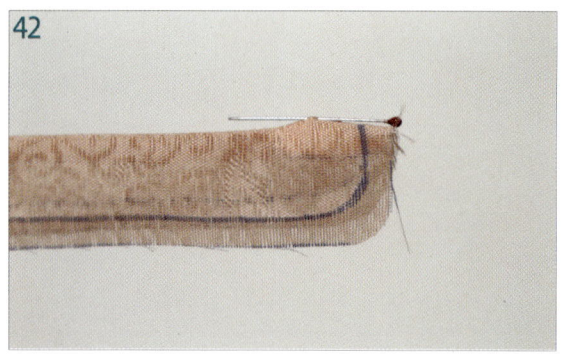

뒤집어 홈질된 깃의 코를 예쁘게 빼내어 주세요.

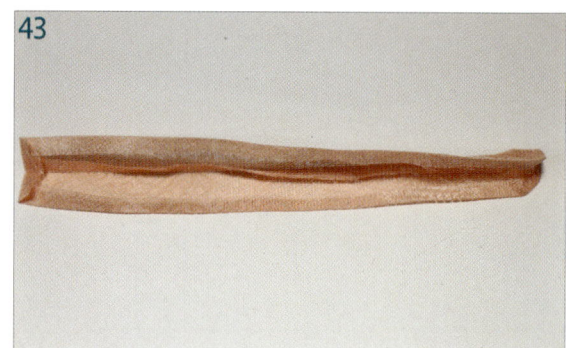

깃의 시접을 안쪽으로 접어서 다려 당코깃의 깃 모양을 만들어주세요.

깃 폭(1.5cm)에 맞는 금박지를 겉깃에 맞추어 낮은 온도의 다리미로 붙여주세요.
※ 안깃은 안감 쪽으로 들어가기 때문에 붙이지 않아도 됩니다.

금박지를 끝에서부터 살살 떼어내고 깨끗한 원단을 덮어 다리미로 다려 금박을 찍어주세요.

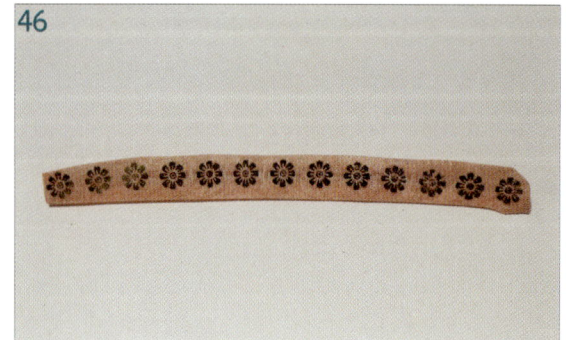

금박이 찍힌 당코깃이에요.

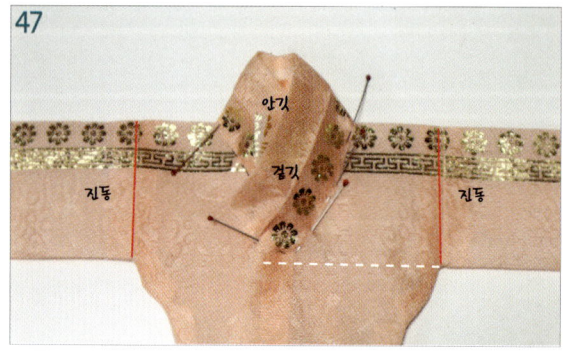

깃을 저고리에 놓고 시침핀을 이용하여 깃의 위치를 잡아주세요.
※ 깃의 끝은 진동의 끝과 나란하게 위치를 잡아주었습니다.

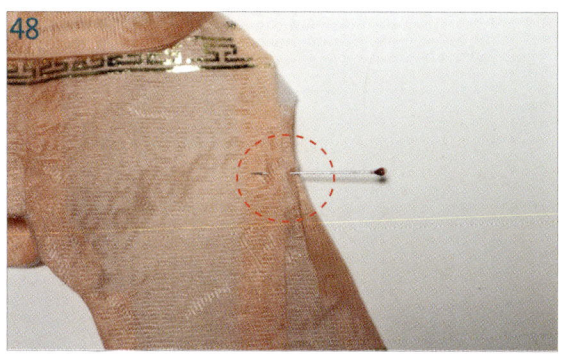

48

당의의 안섶은 섶 윗 너비가 넓으므로 사진과 같이 안섶의 윗쪽을 살짝 접고 깃의 위치를 잡아주세요.

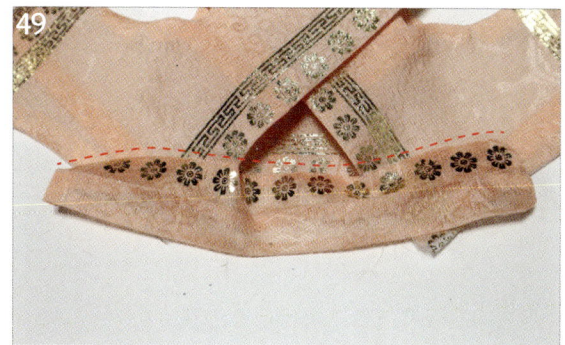

49

놓인 깃은 접이 있는 안쪽에서 완성선을 박아주거나 겉면에서 공그르기로 바느질해주세요.

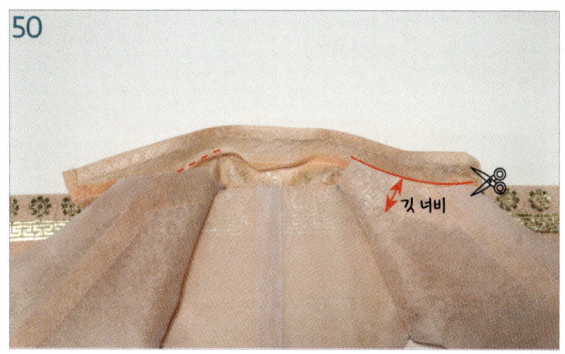

50

저고리의 길(몸판)은 깃의 너비만큼 시접을 남기고 잘라 정리해주세요.

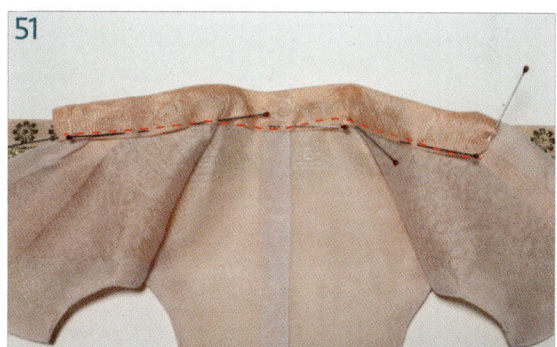

51

깃의 중심선(41에서 홈질된 부분)을 접어 깃 안쪽을 시침핀으로 고정하고 공그르기 해주세요.

52

동정, 고름, 보(자수) 달기
깃에 0.5cm 폭의 동정을 달아주세요.

 동정 만드는 법은 195쪽을 참고하세요.

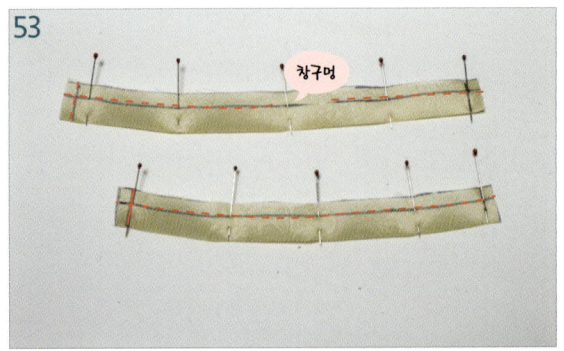

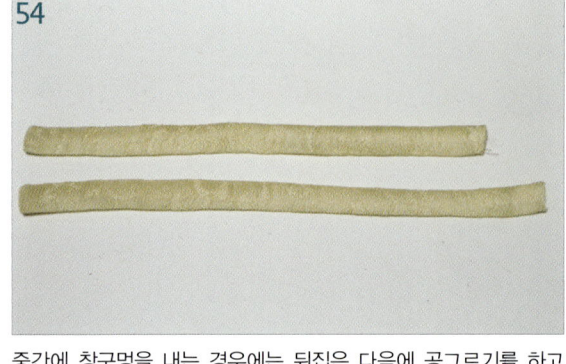

긴고름은 1cm×16cm, 짧은고름은 1cm×14cm이 되도록 긴고름은 3cm×17cm, 짧은고름 은 3cm×15cm 길이로 재단하여 반을 접어 창구멍을 내거나 폭의 한쪽을 남기고 홈질해 주세요.

 끈 만드는 법은 197쪽을 참고하세요.

중간에 창구멍을 내는 경우에는 뒤집은 다음에 공그르기를 하고 폭의 한쪽을 남긴 경우에는 긴 젓가락을 이용해서 뒤집고 공그르기 해주세요.

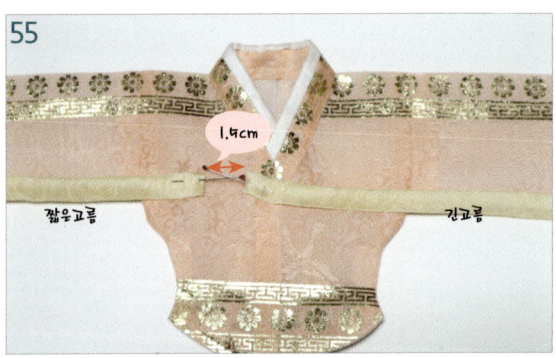

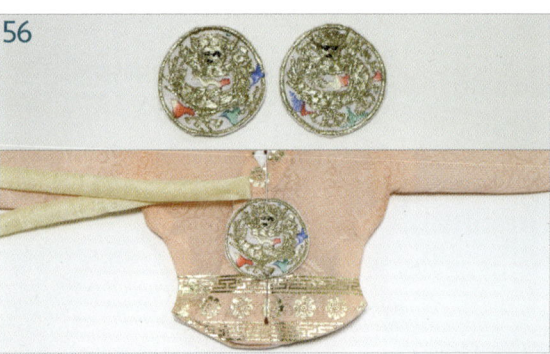

긴고름은 겉섶이 달린 오른쪽, 깃에 살짝 겹치는 위치에, 짧은 고름은 안섶이 달린 왼쪽에 깃 폭(1.5cm)만큼 떨어진 위치에 달아주세요.

지름 3.5cm 정도의 보(자수)를 2개 준비해주세요.
당의의 앞길(앞 몸판), 앞 중심선에 맞추어 보의 위치를 잡고 달아주세요.
※ 투명실을 이용하거나 보와 같은 색의 실로 공그르기 해주세요.

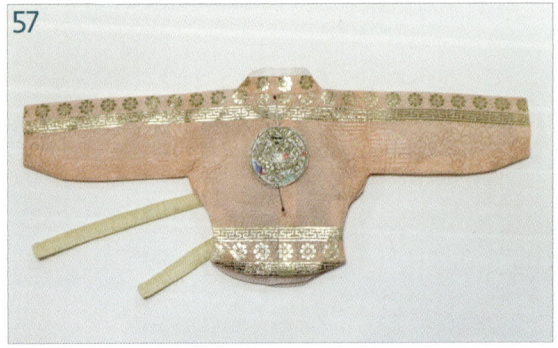

뒷길의 등솔(등의 중심솔기)에 맞추어 어깨 금박 아래에 보를 달아 주세요

금박과 보가 있는 고급스러운 당의가 완성되었습니다.

조끼허리 스란치마(깨끼치마)

실물 크기 도안 215쪽

원단	겉감 – 갑사 27×85cm (식서/폭)
	안감 – 노방 25×80cm (식서/폭)
	조끼허리 – 면 또는 갑사 30×15cm (식서/폭)
장식	금박지(다리미 열로 붙이는 스티커형)

How to Make

치마 재단하기 치마는 옷본을 사용하지 않고 원단에 직접 사이즈를 표시하여 재단하고, 조끼허리는 식서 방향에 맞춰서 옷본을 대고 재단해주세요.
치마 겉감은 25cm×27cm(식서/폭)으로 재단하여, 양쪽 옆선과 치마 아랫단에 0.5cm 시접을 그려주세요.

1번과 같은 방법으로 겉감을 총 3장 준비해주세요.

안감은 한 장으로 길게 23×76cm(식서/폭)으로 재단하여 옆선과 치마 아랫단에 0.5cm씩 시접을 그려주세요.

TIP 겉감과 안감의 아랫단을 붙이지 않는 깨끼치마를 만들었을 때 안감이 겉감 밖으로 튀어나오지 않도록 안감 길이를 겉감보다 짧게 재단해주세요.

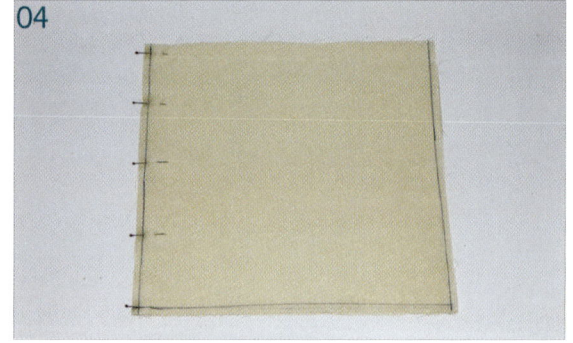

치마 겉감 연결하기_깨끼바느질(곱솔)
치마의 겉감의 겉면과 겉면을 맞대고 옆선을 고정해주세요.

TIP 깨끼바느질은 얇은 옷감에 주로 사용하는 바느질 방법이에요. 일반 재봉틀로도 인터로크 기계를 사용한 것처럼 시접을 얇고 깨끗하게 정리할 수 있어요.

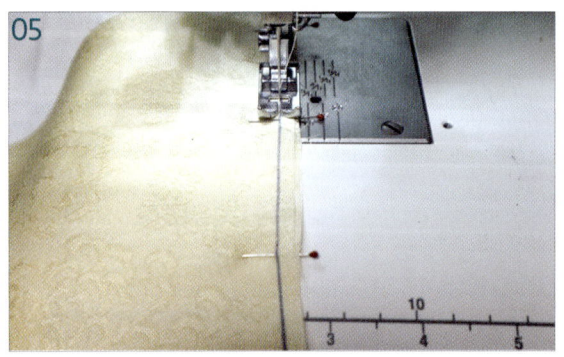

재봉틀로 옆선의 완성선을 따라 박아주세요. - 첫 번째 박음질
(※ 재봉틀을 이용할 때 치마 원단을 너무 잡아당기면 얇은 한복 원단은 늘어날 수 있습니다.)

시접을 접고 5번 과정에서 박은 완성선에서 0.1cm 떨어진 곳을 재봉틀로 눌러서 박아주세요. - 두 번째 박음질

두 번째 박음질을 하고 남은 시접을 최대한 바짝 잘라주세요.

잘라낸 시접을 한 번 더 접어 가운데를 재봉틀로 눌러서 박아주세요 - 세 번째 박음질

총 3번의 박음질을 하게 되는 깨끼바느질(곱솔)이 완성된 모습이에요.

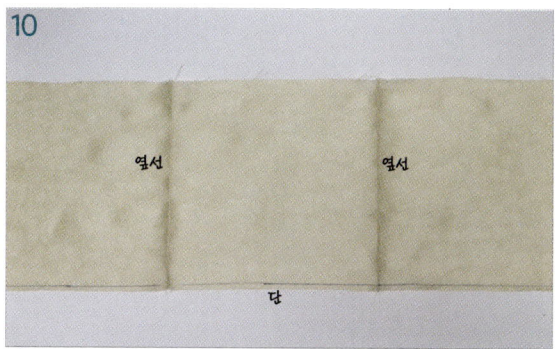

깨끼바느질로 옆선을 연결하여 3장의 치마 겉감을 연결해주세요.

치마 아랫단 정리하기_깨끼바느질 치마의 아랫단은 깨끼바느질을 하거나, 0.5cm씩 말아 접어 공그르기 해주세요.
재봉틀로 겉감 치마의 아랫단을 완성선을 따라 박아주세요. - 첫 번째 박음질

시접을 접고 앞서 박은 곳에서 0.1cm 떨어진 곳을 재봉틀로 눌러서 박아주세요. - 두 번째 박음질

두 번째 박음질을 하고 남은 시접을 최대한 바짝 잘라주세요.

잘라낸 시접을 한 번 더 접어 가운데를 재봉틀로 눌러서 박아주세요 – 세 번째 박음질

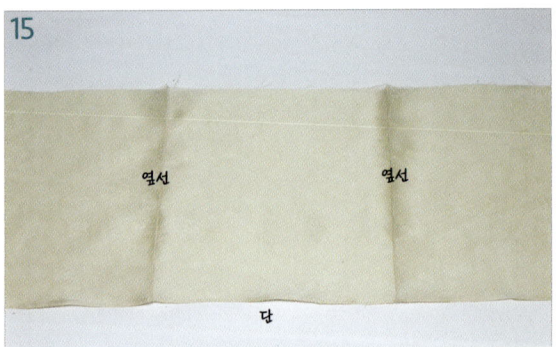
깨끼바느질(곱솔)이 된 치마 겉감입니다.

치마 안감도 겉감과 마찬가지로 깨끼바느질로 아랫단을 정리해주세요.
※ 치마 안감은 길게 재단했기 때문에 아랫단만 정리해주세요.

치마 겉감과 안감 연결하기(2겹 바느질_깨끼바느질) 겉감은 폭 27cm 3장을 깨끼바느질로 연결하여 약 78cm 내외, 안감은 76cm로 폭의 길이가 2cm 정도 차이가 나게 됩니다. 겉감의 2cm는 2겹 박기를 하고 뒤집었을 때, 안감으로 들어가 '선단'이 생깁니다.
치마 겉감과 안감을 각 겉면을 맞대고 양끝 옆선을 맞추어 0.5cm 시접을 표시해주세요.

양 끝 옆선을 완성선 따라 박아주세요. – 첫 번째 박음질

시접을 접고 앞서 박은 곳에서 0.1cm 떨어진 곳을 재봉틀로 눌러서 박아주세요. - 두 번째 박음질

두 번째 박음질을 하고 남은 시접을 최대한 바짝 잘라주세요.

잘라낸 시접을 한 번 더 접어 가운데를 재봉틀로 눌러서 박아주세요 - 세 번째 박음질

양 쪽 옆선의 깨끼바느질(곱솔)이 되면 사진과 같이 폭이 2cm 큰 겉감이 남아요.

겉감이 밖으로 나오도록 치마를 뒤집고, 2cm 큰 겉감을 안감의 양쪽으로 넘겨 다려주면 치마 양 끝에 '선단'이 생기고 겉감과 안감의 폭이 같아져요.

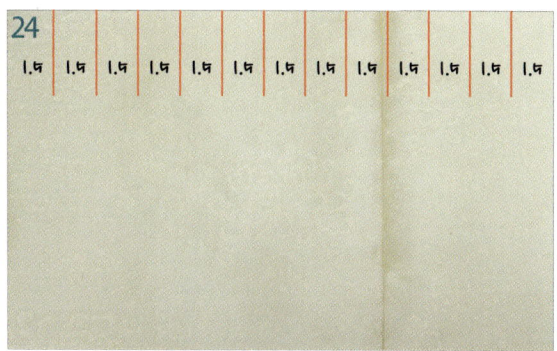

원하는 두께의 치마 주름을 겉감에 열 펜으로 표시해주세요.
※ 단, 주름을 잡았을 때 치마의 둘레가 24cm 내외가 나와야 조끼허리에 치마를 예쁘게 달 수 있습니다. 겉주름 1.5cm, 속주름1.5cm로 잡아주었습니다.

치마 겉면에서 주름을 잡아 시침핀으로 고정해주세요.

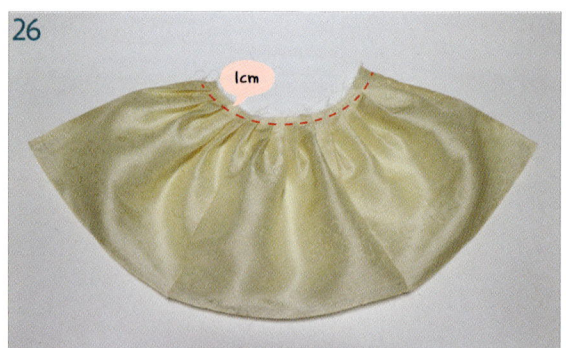

1cm 정도 시접을 남기고 고정된 주름을 따라 튼튼하게 홈질해 주세요.
※ 홈질 후 다리미 낮은 온도로 살짝 다려주면, 주름의 모양이 더 예쁘게 잡혀요.

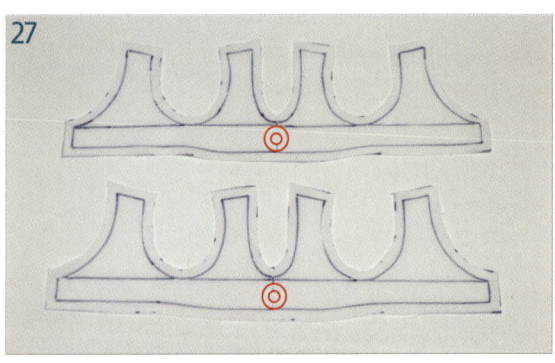

조끼허리 만들기
옷본을 대고 식서 방향에 맞추어 골선으로 조끼허리의 좌우 완성선과 0.5cm를 더한 시접선을 그려 총 2장을 재단해주세요.

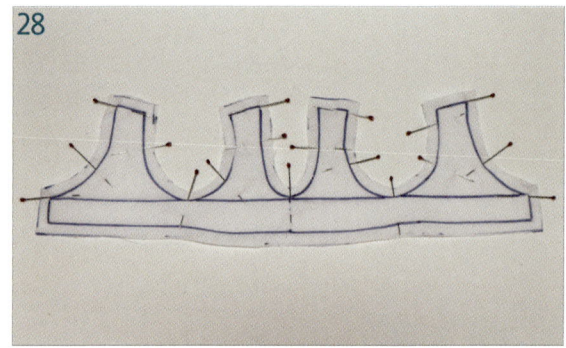

재단된 조끼허리의 겉감과 안감의 겉면과 겉면을 맞대고 시침핀으로 고정해주세요.

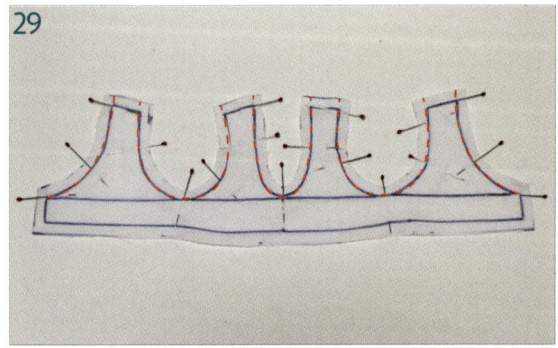

어깨를 제외하고 진동 둘레, 앞 목둘레, 뒷 목둘레를 홈질해 주세요.

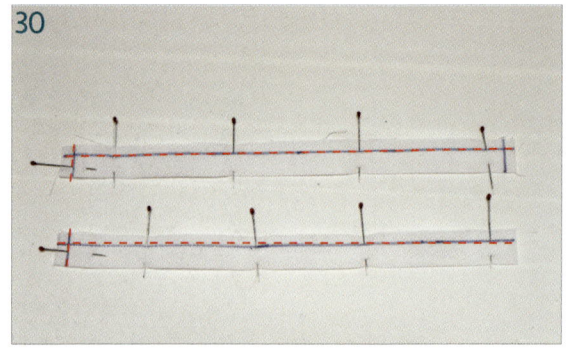

치마끈을 3×21cm(폭/식서) 크기로 2장 재단하여 반을 접고 0.5cm씩 시접을 주고 홈질해 주세요.

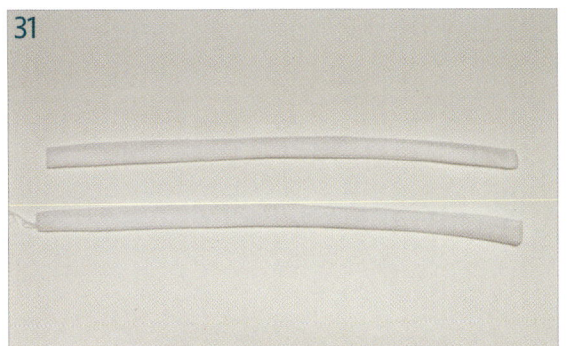

홈질한 치마끈을 뒤집어 낮은 온도로 살짝 다려주세요.

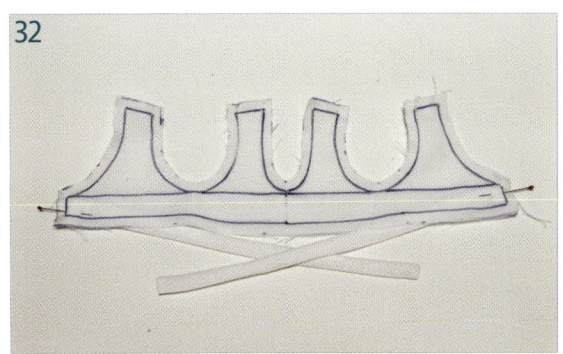

진동 둘레, 앞 목둘레, 뒷 목둘레가 홈질된 조끼허리의 양끝에 치마끈을 넣어주세요.
※ 겉감과 안감 사이에 넣어주세요.

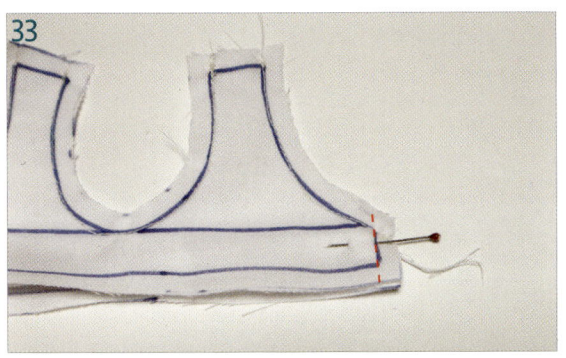

조끼허리의 양끝 옆선과 사이에 넣은 끈을 함께 홈질해 주세요.

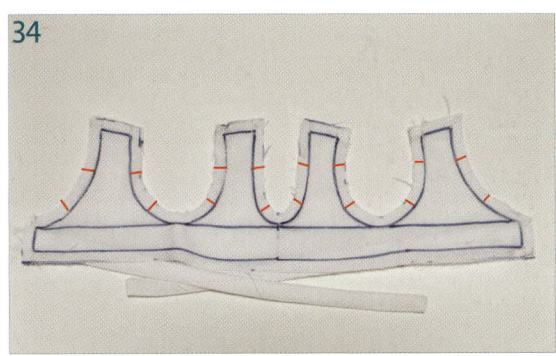

진동 둘레, 앞 목둘레, 뒷 목둘레의 곡선이 뒤집었을 때 예쁘게 나오도록 가윗밥을 주세요.

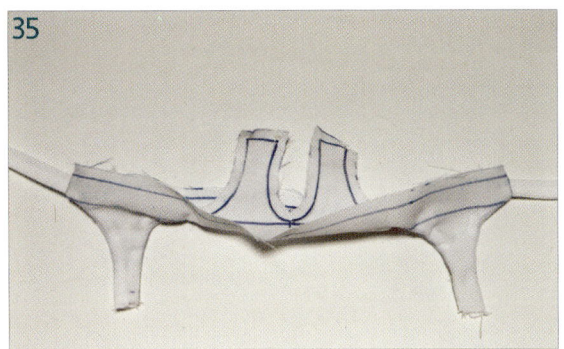

겉감이 밖으로 나오도록 조끼허리 양쪽의 뒤 어깨를 뒤집어주세요.

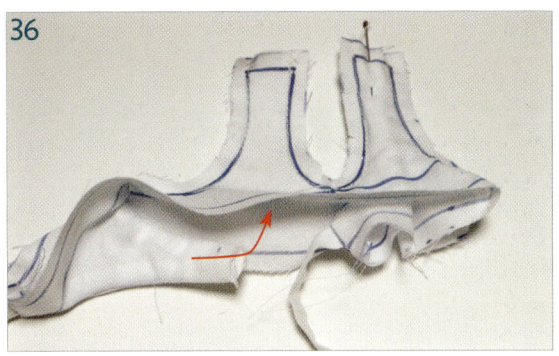

뒤집은 뒤 어깨를 뒤집어지지 않은 앞 어깨의 겉감과 안감 사이로 넣어 완성선에 맞추어 어깨를 함께 고정해주세요.

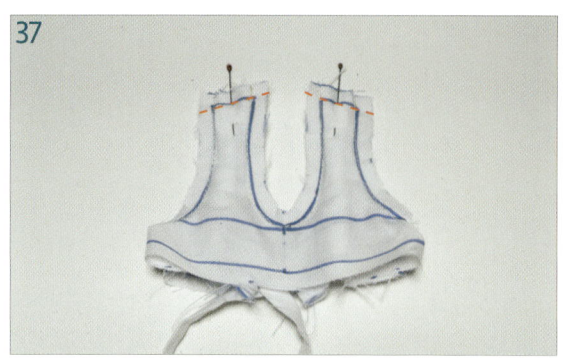

양쪽의 뒤 어깨를 각각 앞 어깨 사이에 넣고 홈질해주세요.
※ 총 4겹을 바느질해주세요.

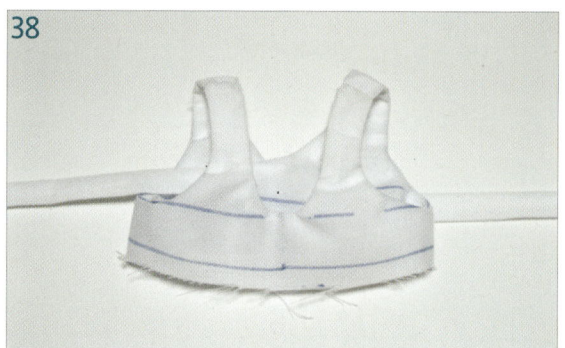

어깨를 홈질하고 뒤집으면 조끼허리가 완성됩니다.

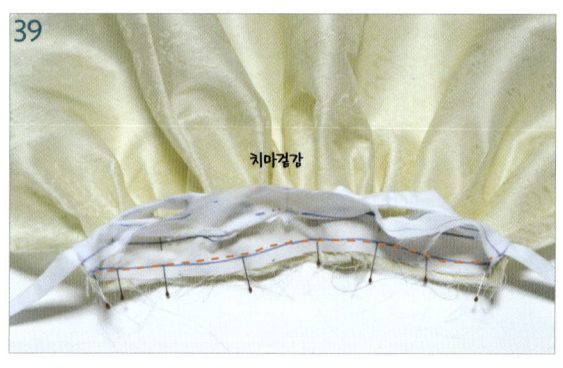

조끼허리와 치마 연결하기
주름 잡은 치마의 겉감 위에 만들어진 조끼허리 겉면을 맞대어 얹고 안쪽에서 튼튼하게 홈질해 주세요.

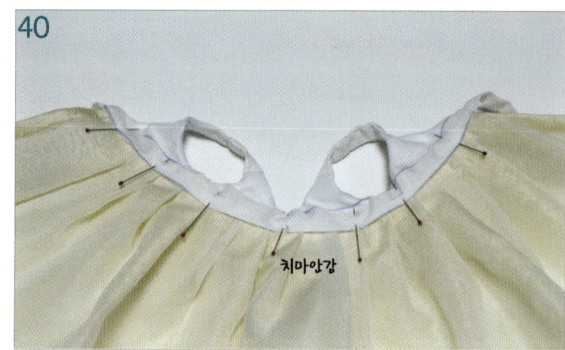

조끼허리 안감의 시접을 접어 치마 안쪽 면에서 시침핀으로 고정해 주세요.

공그르기 또는 세발뜨기로 마무리해주세요.

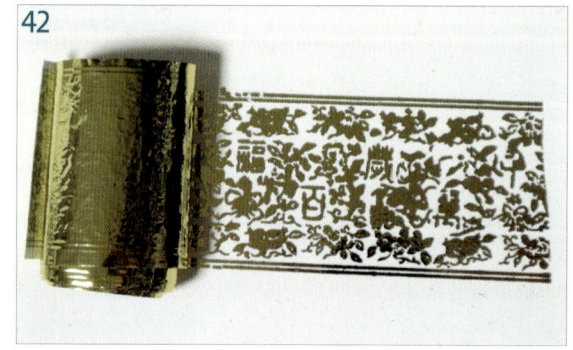

치마 금박 장식하기
베이비돌 치마 사이즈에 맞게 폭이 좁은 5cm 내외의 금박지를 준비해주세요.

금박지를 치마 겉감의 끝에 맞추어 붙이고 낮은 온도로 다림질해 주세요.

열을 식힌 뒤 끝에서부터 살살 금박지를 떼어주세요.

떼어낸 자리에 깨끗한 원단을 덮고 다리미로 다려주세요.

치마에 금박이 찍힌 모습이에요.

조끼허리가 달린 스란치마가 완성되었습니다.

남자 저고리

실물 크기 도안 1쪽(별지 수록), 216쪽

원단   겉감 : 갑사 40×50cm(식서/폭)
　　　　안감 : 노방 30×42cm(식서/폭)

How to Make

01
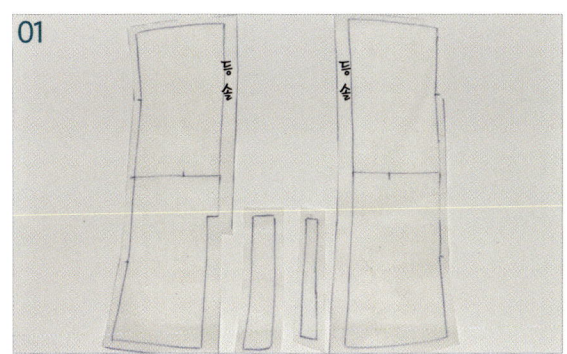

저고리 재단하기
저고리 겉감에 옷본을 대고 완성선과 0.5cm를 더한 시접선을 그려 재단하세요. 등솔(등의 중심 솔기) 시접은 완성선에서 1cm를 더하세요.

> **TIP** 남자의 경우에는 저고리만 단독으로 입기보다 배자나 답호, 철릭, 두루마기 등을 덧입기 때문에 어디에나 잘 어울리는 깔끔한 색의 원단을 사용하면 활용 가치가 높은 저고리를 만들 수 있습니다.

02
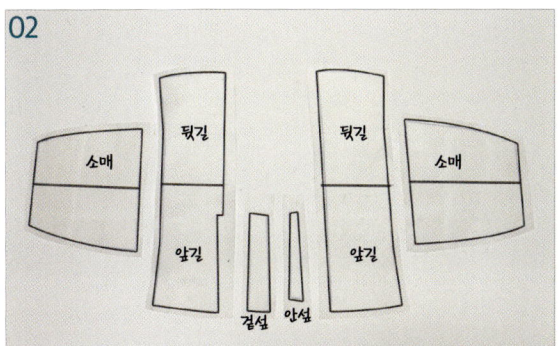

길(몸판) 좌우 2장, 소매 좌우 2장, 겉섶과 안섶은 1장씩 그려 총 6조각을 재단하세요.

03
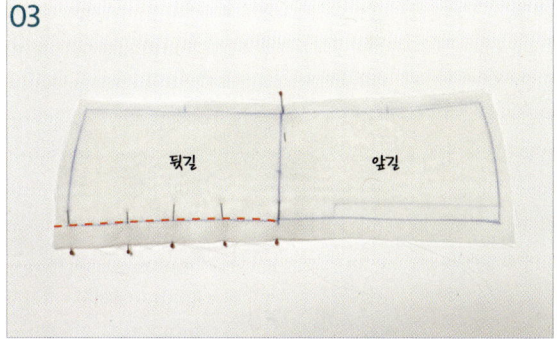

저고리 겉감 만들기
재단된 길의 좌우를 겉면끼리 맞대고 등솔 부분을 고정하여 홈질하세요.

04
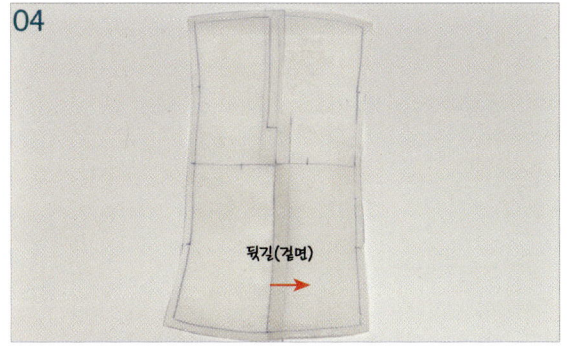

등솔을 박은 후 길을 펼쳐서 겉면에서 보았을 때 시접이 오른쪽으로 향하도록 시접을 꺾어주세요.
※안쪽 면에서 봤을 때 왼쪽으로 꺾어주세요.

05
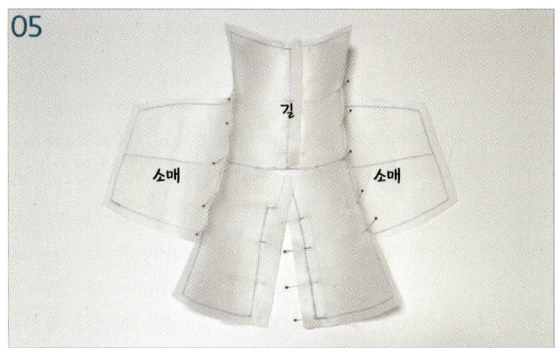

겉면과 겉면을 맞대고 길에 소매를 시침핀으로 고정하세요.

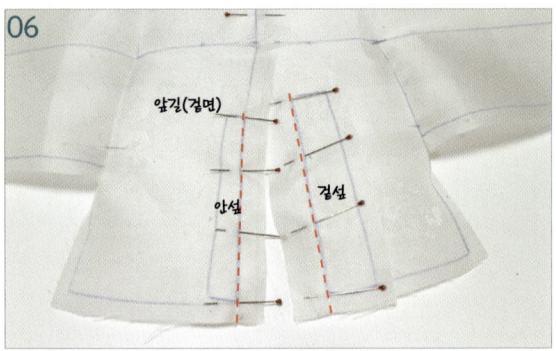

안섶과 겉섶을 앞길(앞 몸판)에 고정하여 시접 끝까지 홈질하세요.
※오른쪽에는 겉섶을, 왼쪽에는 안섶을 놓아주세요.

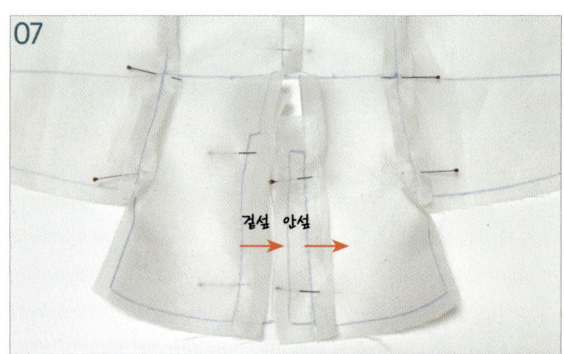

겉섶 시접이 겉섶 쪽으로, 안섶 시접이 길 쪽으로 향하도록 꺾어주세요.

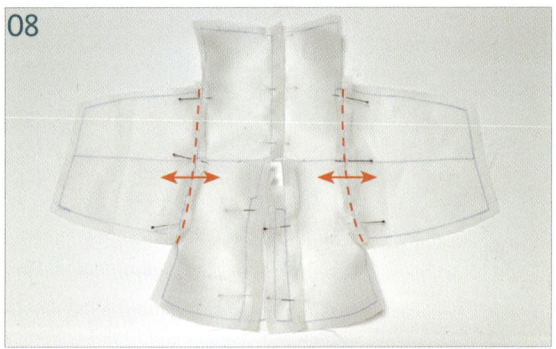

5에서 시침핀으로 고정한 길과 소매의 중심을 잘 맞추어 소매 진동을 완성선까지만 홈질하고, 가름솔로 시접을 정리하세요.

저고리 안감 만들기
저고리 안감은 원단에 직접 표시하여 재단합니다. 저고리 안감(30×42cm)을 식서 방향으로 한 번, 폭 방향으로 한 번 접으세요.

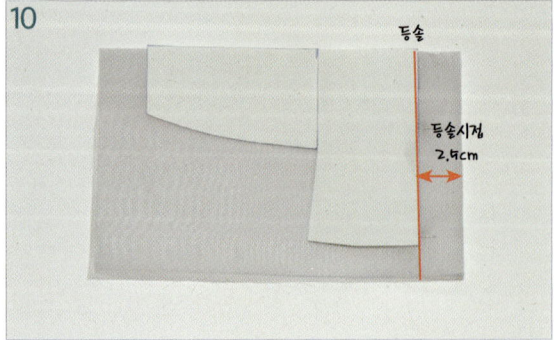

접은 상태에서 뒷길과 소매 옷본을 대고 등솔 시접을 2.5cm 남기고 등솔 선을 그리세요.

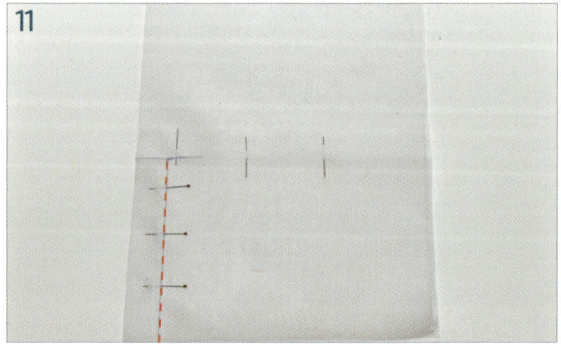

안감을 펼쳐 식서 방향으로 한 번만 접고 등솔을 고정하여 홈질하세요.

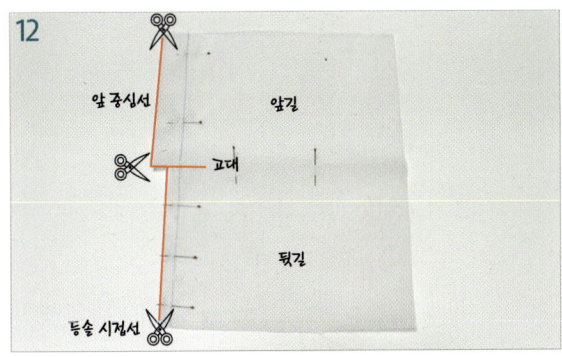

12

등솔을 박고 시접은 1cm만 남기고 자릅니다. 고대를 표시하여 자르고 좌우가 붙어 있는 앞 중심선을 잘라서 터주세요.

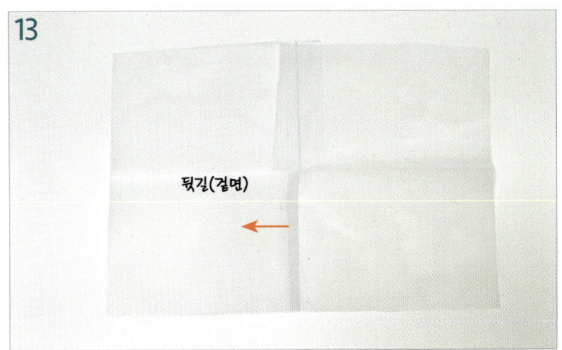

13

안감을 펼쳐 등솔은 시접이 겉감과 같은 방향이 되도록 꺾어주세요.
※ 겉면에서 보았을 때 왼쪽으로 꺾어 정리하세요.

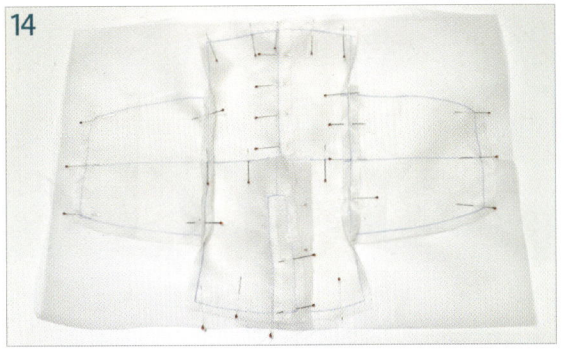

14

겉감과 안감 연결하기(2겹 박기)

겉감과 안감을 펼쳐 겉면과 겉면을 맞대고 등솔, 어깨 중심선, 도련선, 소매 등 전체를 바느질할 때 움직이지 않도록 시침핀으로 각 부분끼리 고정하세요.

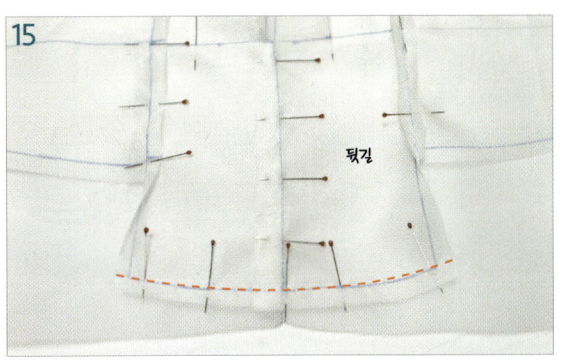

15

시침핀으로 고정된 뒷길의 뒤 도련선을 시접까지 홈질하세요.

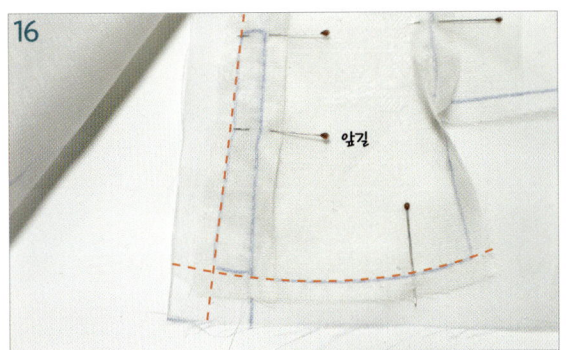

16

시침핀으로 고정된 앞길(앞 몸판)의 앞 도련선과 섶선을 홈질하세요.

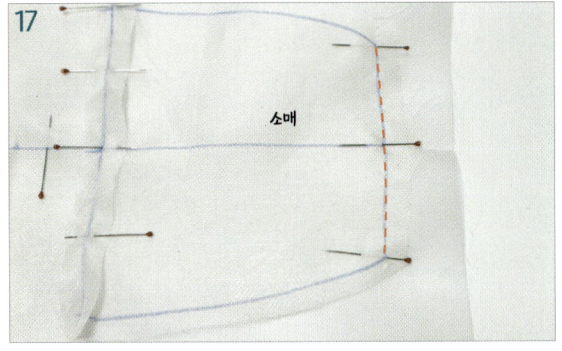

17

양쪽의 수구(소매 입구)를 완성선까지 홈질하세요.

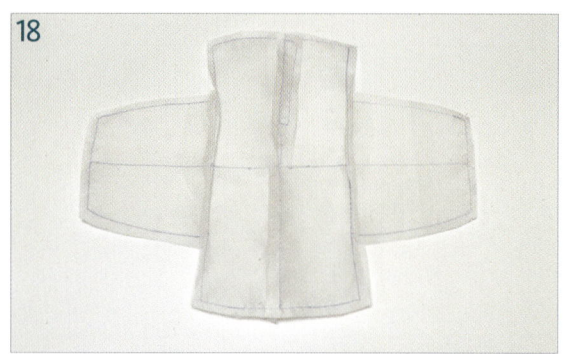

안감 시접을 0.5cm만 남기고 잘라내어 시접을 정리하세요.

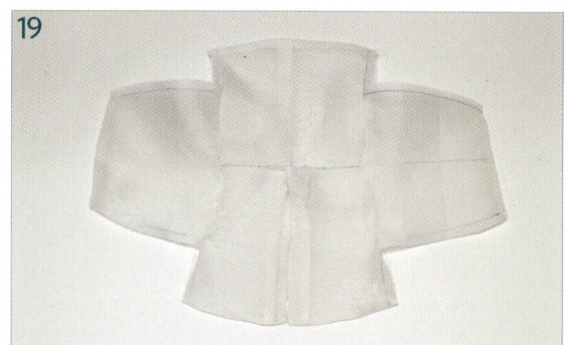

겉면이 밖으로 나오도록 전체를 뒤집고 낮은 온도로 다림질하세요.

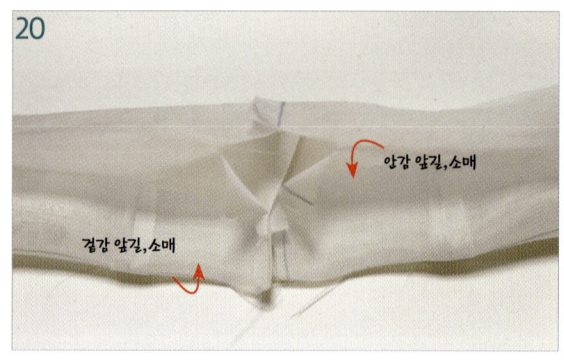

배래와 옆선 박기(4겹 박기)

배래와 옆선을 바느질하기 위해 뒷길과 소매 뒷부분만 뒤집어요. 뒤집어진 곳 사이로 뒤집어지지 않은 앞길과 소매를 넣고 시침핀으로 고정하세요.

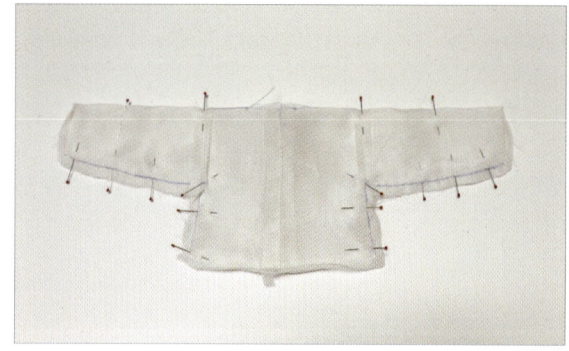

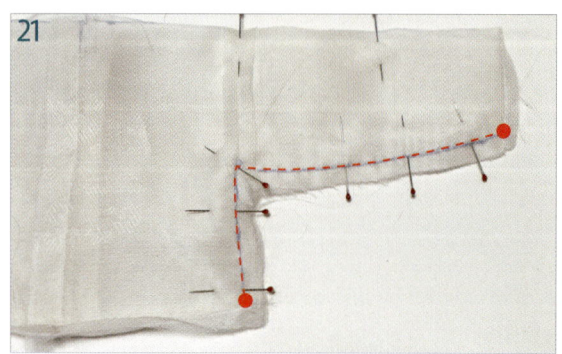

배래와 옆선의 끝을 잘 맞추어 튼튼하게 홈질하세요.

배래와 옆선이 만나는 곳에 대각선으로 가윗밥을 주세요.

트인 고대 부분으로 손을 넣어 겉면이 밖으로 나오도록 뒤집은 뒤 다림질하세요.

깃 달기_동그래깃

깃을 달기 위해 고대 위치까지 가위로 터주세요.

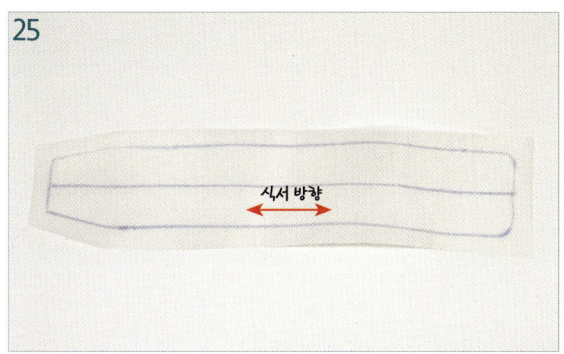

겉감 원단에 깃본을 대고 식서 방향에 맞추어 안과 겉을 그리고 시접을 주어 재단하세요.
※골선으로 안과 겉을 붙여서 그리세요.

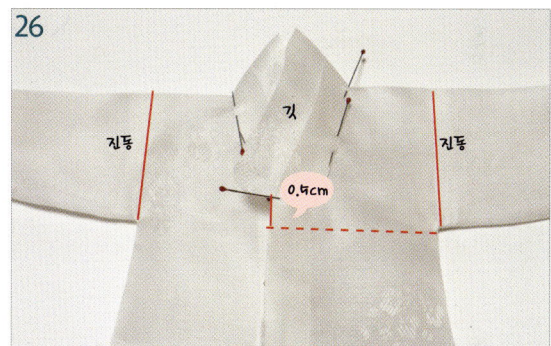

깃 모양을 접어 저고리에 깃의 위치를 잡고 시침핀으로 고정하세요.
※깃은 진동의 끝과 나란히 하거나 0.5cm 정도 올려 잡아주세요.

고정된 깃은 시접이 있는 안쪽에서 완성선을 바느질하거나 겉면에서 공그르기로 바느질하세요.

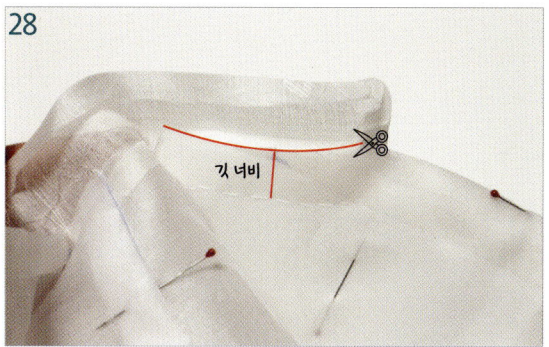

깃 너비

길 안쪽은 깃 너비만큼 시접을 남기고 잘라서 정리하세요.
※1.5cm 이내로 길의 시접을 잘라 깃을 달았을 때, 깃의 형태가 예쁘게 잘 잡힙니다.

깃의 중심선을 접어 깃 안쪽을 시침핀으로 고정하고 공그르기하여 길에 깃을 고정하세요.

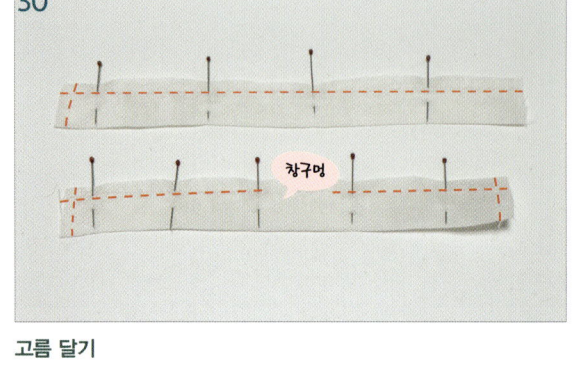

고름 달기

긴 고름(4×21cm), 짧은 고름(4×19cm)을 재단하여 반을 접고, 0.5cm 시접을 표시하여 폭의 한쪽을 남기거나 창구멍을 남기고 홈질하세요.

TIP 고름 만드는 법은 197쪽을 참고하세요.

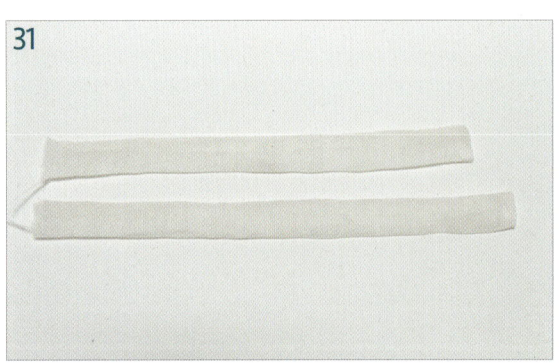

중간에 창구멍을 내는 경우에는 뒤집은 다음에 공그르기를 하고, 폭의 한쪽을 남긴 경우에는 긴 젓가락을 이용해서 뒤집고 공그르기하세요.

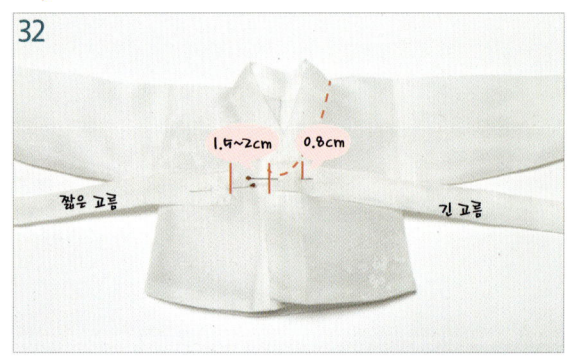

만들어진 긴 고름은 긴 고름 폭의 1/2 정도(0.8cm)가 오른쪽 겉깃 위에 겹쳐지게 달고, 짧은 고름은 왼쪽 앞길에 깃 너비(1.5~2cm)만큼 떨어진 위치에 달아주세요.

마무리

깃에 0.5cm 폭의 동정을 달아주세요.

TIP 동정 다는 법은 195쪽을 참고하세요.

어디에도 잘 어울리는 깔끔한 흰색 저고리가 완성되었습니다.

남자 철릭

실물 크기 도안 217, 218쪽

원단　　겉감 - 옥사 22인치 1마

　　　　TIP 44인치는 대폭 원단, 22인치는 소폭 원단이에요. 원단의 1마는 90cm입니다.

How to Make

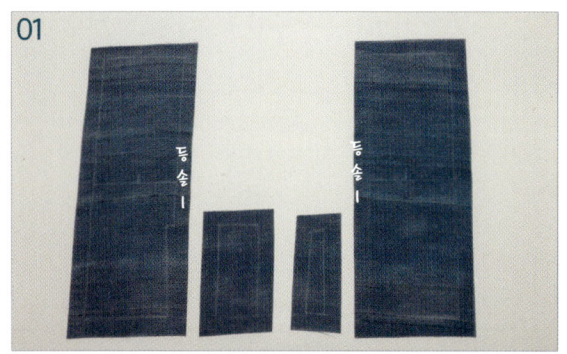

철릭 상의(저고리) 재단하기
철릭 상의의 옷본을 대고 완성선과 1cm를 더하여 시접선을 그려주세요.
등솔 (등의 중심솔기) 시접도 1cm를 더해주세요.

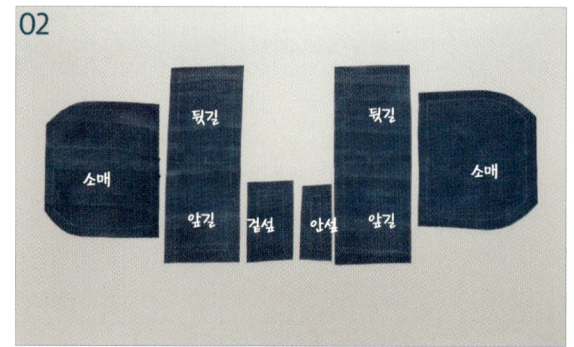

길(몸판) 좌우 2장, 소매 좌우 2장을 그려주고 겉섶과 안섶은 1장씩 그려 총 6조각을 재단해주세요.

철릭 상의 만들기
재단된 좌우 길은 겉면과 겉면을 맞대고 등솔을 시침핀으로 고정해주세요.

> **TIP** 안감을 넣지 않고 홑겹의 철릭을 만들기 때문에 시접을 '쌈박기'로 해주세요.

고정된 등솔을 홈질해주세요.

등솔 시접의 한쪽을 0.3cm 남기고 잘라주세요.

잘라내지 않은 곳의 시접으로 잘라낸 시접을 감싸 홈질하거나, 재봉틀로 눌러 박아주세요.

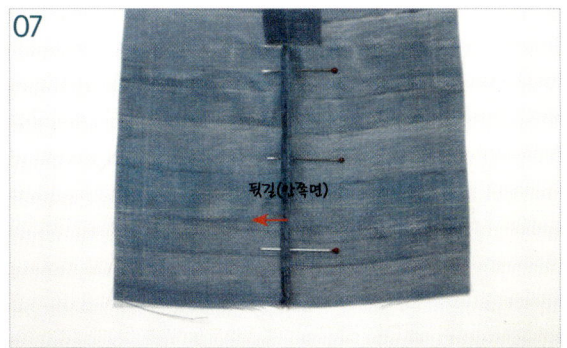

07

길(몸판)을 펼쳐서 안쪽 면에서 봤을 때 싸박은 시접을 왼쪽으로 꺾어주세요.

08

앞길과 섶의 겉면과 겉면을 맞대고 앞길의 오른쪽에는 겉섶을 왼쪽에는 안섶을 놓고 홈질해 주세요.

09

등솔과 마찬가지로 섶의 한쪽 시접을 0.3cm 남기고 잘라주세요.

10

다른 한쪽 시접으로 감싸서 시접을 싸박아 정리해주세요.

11

시접은 다리미로 다려주세요. 이때 겉섶은 섶쪽으로 안섶은 길쪽으로 넘겨주세요.

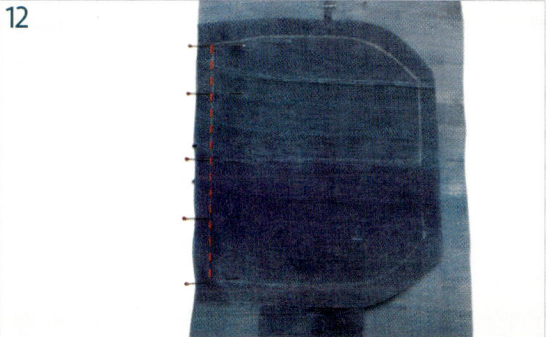

12

길 중심선과 소매의 중심을 맞추어 겉면과 겉면을 맞대고 진동선을 완성선까지 홈질해 주세요.

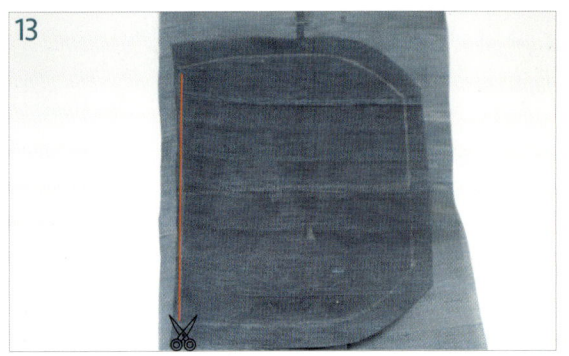

소매 쪽 시접을 0.3cm 남기고 잘라주세요.

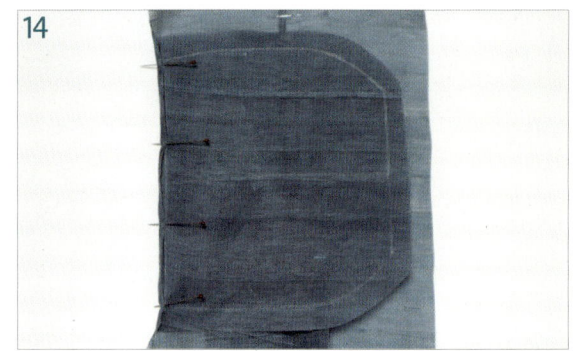

다른 한쪽 시접으로 감싸서 시접을 싸박아 정리해주세요.

반대편 소매도 길(몸판)과 연결하고, 시접을 길쪽으로 꺾어주세요.

수구(소매의 입구)의 시접을 0.5cm씩 말아 접어 안쪽 면에서 공그르기해주세요.

어깨 중심선을 기준으로 길을 접어 시침핀으로 배래와 옆선을 고정한 후 홈질해 주세요.

배래와 옆선의 한쪽 시접을 0.3cm 남기고 잘라주세요.

다른 한쪽 시접으로 감싸 시접을 싸박아 정리해주세요.

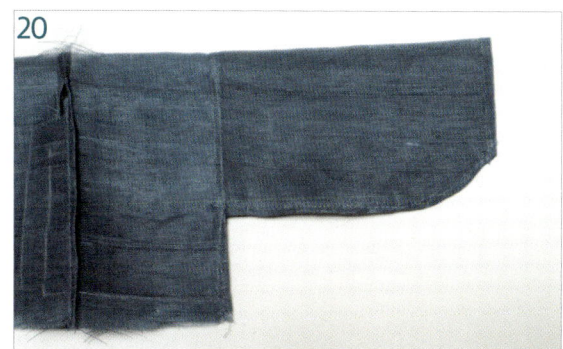

배래와 옆선의 시접을 싸박은 모습이에요.

뒤집어서 낮은 온도로 살짝 다려주세요.

겉섶의 바깥쪽 시접을 0.5cm씩 말아 접어 안쪽 면에서 공그르기 해주세요.

안섶의 바깥쪽 시접을 0.5cm씩 말아 접어 안쪽 면에서 공그르기 해주세요.

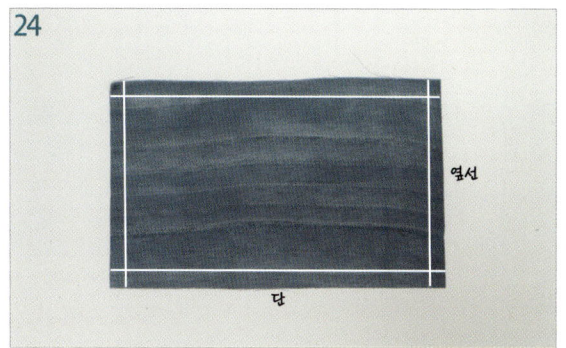

철릭 하의(치마) 재단하기

철릭에 달릴 하의를 만들기 위해 원단을 15×28cm로 재단하여 상하좌우 1cm 시접을 표시해주세요.

24와 같은 방법으로 겉감을 총 3장 준비해주세요.

철릭 하의(치마) 만들기
철릭치마 겉감의 겉면과 겉면을 맞대고 옆선을 고정 후 홈질해주세요.

한쪽 시접을 0.3cm 남기고 잘라주세요.

다른 한쪽 시접으로 감싸서 시접을 싸박아 정리해주세요.

시접을 싸박는 방법으로 겉감 3장의 옆선을 연결해주세요.

철릭치마의 옆선 양쪽 시접을 0.5cm씩 말아 접어 공그르기 해주세요.

철릭치마 아랫단 시접도 0.5cm씩 말아 접어 공그르기 해주세요.

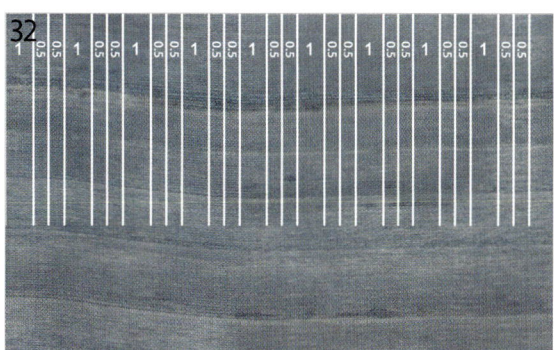

원하는 두께의 철릭치마 주름을 겉감에 열 펜으로 표시해주세요.
※ 단, 주름을 잡았을 때 치마의 둘레가 28cm 내외가 나와야 철릭 상의의 둘레에 맞추어 연결할 수 있습니다. 겉주름 1cm, 속주름 0.5cm로 잡아주었습니다.

철릭치마 겉면에서 주름을 잡아 시침핀으로 고정해주세요.
※ 철릭치마는 치마 끝까지 주름을 잡아 시침핀으로 고정해주세요.

1cm 정도 시접을 남기고 고정된 주름을 따라 튼튼하게 홈질해주세요.
※ 홈질 후 다리미를 낮은 온도로 맞추어 주름 모양을 잡아가며 다려주세요.

철릭 상의, 하의 연결하기 (두 번 곱솔)
주름잡은 철릭치마 겉감위에 만들어진 철릭 상의를 얹고, 겉감과 겉감을 맞대어 완성선을 따라 안쪽 면에서 홈질해 주세요. – 첫번째 박음질

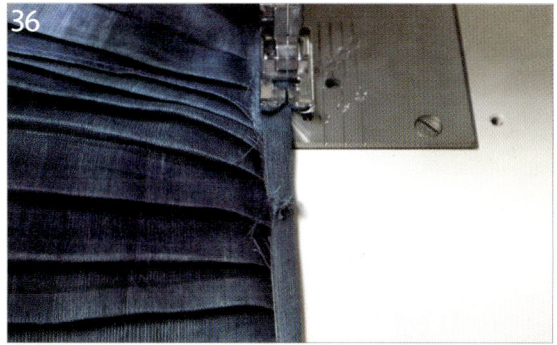

시접을 접어 홈질한 곳에서 0.1cm 떨어진 곳을 재봉틀로 박아주세요. – 두 번째 박음질

두 번째 박음질을 하고 남은 시접을 최대한 바짝 잘라 두 번 박음질하는 곱솔로 시접을 정리해주세요.
※ 철릭치마의 주름 때문에 세 번 곱솔이 예쁘게 되지 않으므로, 두 번 곱솔을 해서 시접을 깨끗하게 잘라내 주세요.

깃 달기 – 동그래깃
깃을 달아주기 전 철릭 상의(저고리)에 고대를 표시하고, 고대 위치까지 가위로 터주세요.

깃은 옷감에 깃본을 대고 식서 방향에 맞추어 완성선을 그리고 1cm를 더하여 시접선을 그려주세요.
※ 골선으로 안깃과 겉깃을 붙여서 그려주세요.

깃의 완성선을 따라 시접을 안쪽으로 접어 깃 모양을 만들어주세요.

철릭 상의에 만들어진 깃을 올려 위치를 잡아주세요.
※ 깃의 끝이 진동선과 나란하게 하거나 0.5cm 정도 올려 위치를 잡아주세요.

놓인 깃은 시접이 있는 안쪽에서 완성선을 박아주거나 겉면에서 공그르기로 바느질해주세요.

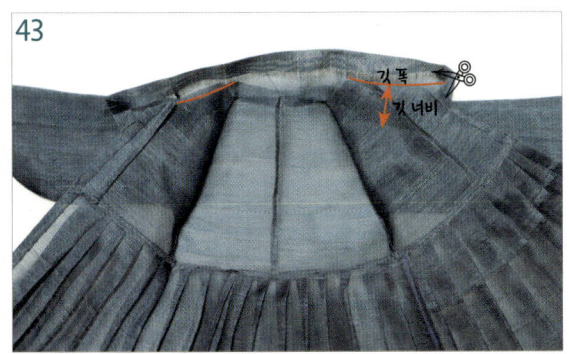

길(몸판)은 깃의 폭 만큼 시접을 남기고 잘라 정리해주세요.

깃의 골선을 접어 안깃을 시침핀으로 고정하고 공그르기 해주세요.

고름달기

철릭에 달릴 고름 끈을 18×3cm(식서/폭) 크기로 2장 재단해주세요.

> **TIP** 고름 만드는 법은 197쪽을 참고하세요.

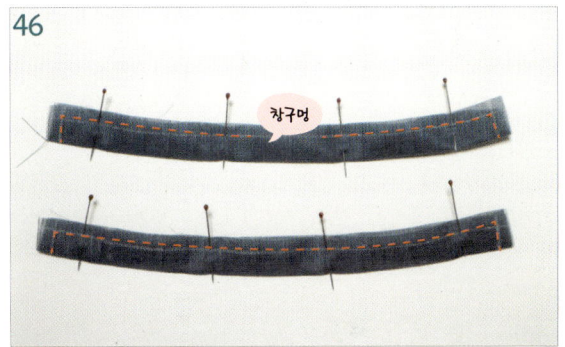

반을 접어 시접을 0.5cm을 표시하고 창구멍을 내거나 폭의 한쪽을 남기고 홈질해주세요.

중간에 창구멍을 내는 경우에는 뒤집은 다음에 공그르기를 하고 폭의 한쪽을 남긴 경우에는 긴 젓가락을 이용해서 뒤집고 공그르기 해주세요.

고름을 겉섶이 달린 오른쪽에 깃에 살짝 겹치는 위치와 안섶이 달린 왼쪽에 길에 깃 폭(1.5cm)만큼 떨어진 위치에 달아주세요.

깃에 0.5cm 폭의 동정을 달아주세요.

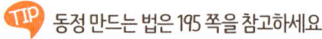 동정 만드는 법은 195쪽을 참고하세요.

고급스러운 느낌의 남자 철릭이 완성되었습니다.

매듭단추 사폭바지

실물 크기 도안 1쪽(별지 수록)

원단　　　겉감 - 갑사 22인치 1마
　　　　　안감 - 겉감과 같은 갑사 또는 산탄 80×40cm (식서/폭)

TIP 연봉매듭을 만들 때 원단을 바이어스 방향으로 사용하게 되므로 넉넉하게 22인치 소폭원단으로 1마를 준비해주세요.

How to Make

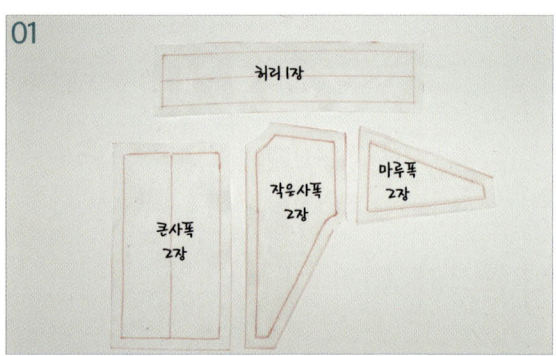

01 바지 재단하기
옷감에 마루폭, 큰사폭, 작은사폭 옷본을 대고 식서 방향에 맞추어 완성선과 1cm를 더하여 시접선을 그려 각각 2장씩 재단해주세요.
※ 사폭바지는 앞, 뒤가 나오도록 옷본을 뒤집어 그려 마루폭, 큰사폭, 작은사폭을 2장씩 만들어줍니다.

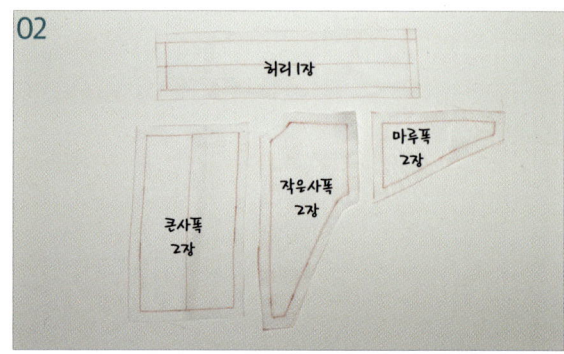

02
안감은 겉감과 마찬가지로 큰사폭, 작은사폭, 마루폭을 2장씩 재단해주세요.
※ 허리는 겉감 1장, 안감 1장씩 그려주세요.

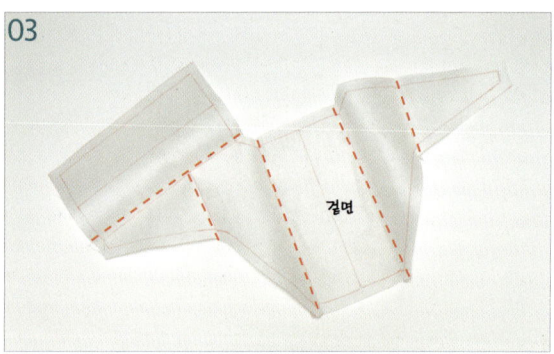

03 바지 겉감, 안감 만들기
재단된 겉감과 안감은 마루폭-큰사폭-작은사폭 순으로 겉면과 겉면을 맞대고 홈질하여 사진과 같이 연결해주세요.
TIP 크기가 큰 조각부터 작은 조각 순으로 연결해주는 것이 바느질하기 수월합니다.

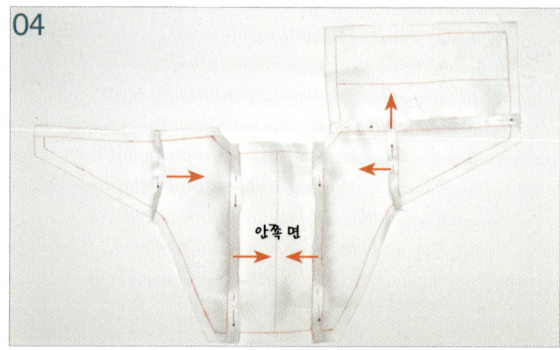

04
시접의 방향은 겉감과 안감 같은 방법으로 큰사폭과 작은사폭이 만나면 큰사폭 쪽으로 꺾어주고, 큰사폭과 마루폭이 만나면 마루폭 쪽으로 꺾어주세요.
※ 시접의 방향은 크기가 큰 조각과 작은 조각이 만나면 큰 조각 쪽으로 꺾어주세요.

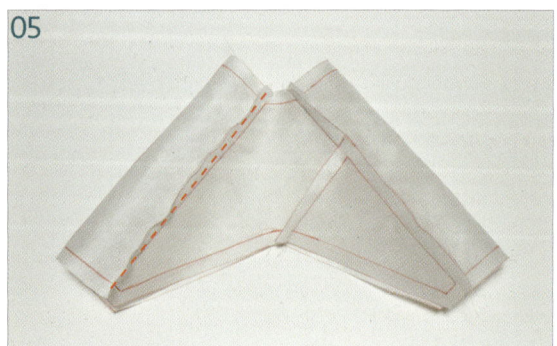

05
시접이 정리되면 안감과 겉감을 각각 마루폭과 반대편의 사폭에 연결해 바지 모양으로 만들어주세요.

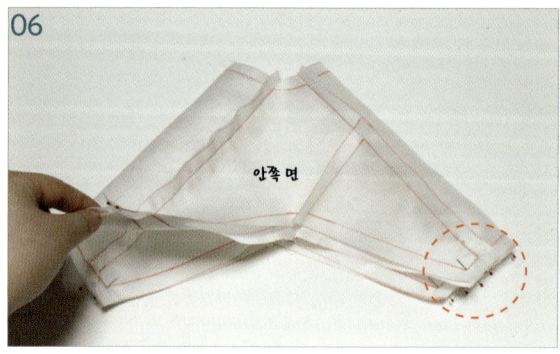

06 바지 겉감, 안감 연결하기 (2겹 박기)
겉감 사이에 안감을 넣어 겉면과 겉면이 마주보도록 겹쳐주고 바짓부리(발이 들어가는 곳)를 시침핀으로 고정해주세요.

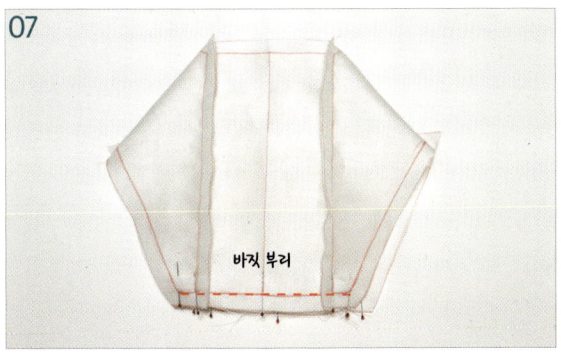

바느질하기 편하게 바짓부리(발이 들어가는 곳) 둘레를 펴서 홈질 해주세요.

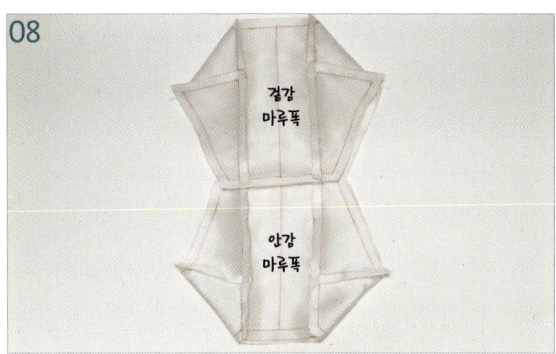

겉감 사이에 넣었던 안감을 빼서 마루폭이 중심에 오도록 사진과 같이 펼쳐주세요.

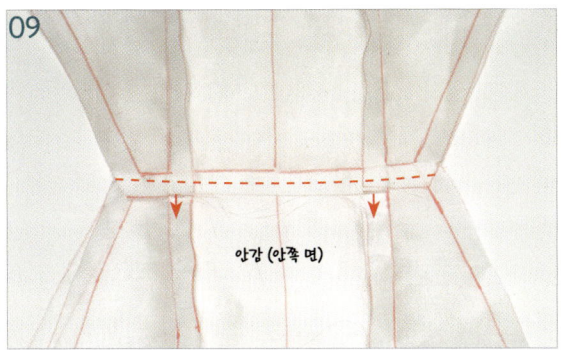

겉감과 안감이 연결된 바짓부리의 시접은 안감 쪽으로 넘겨서 홈질 해주세요.
※ 바지가 완성되었을 때 시접이 빠지지 않아요.

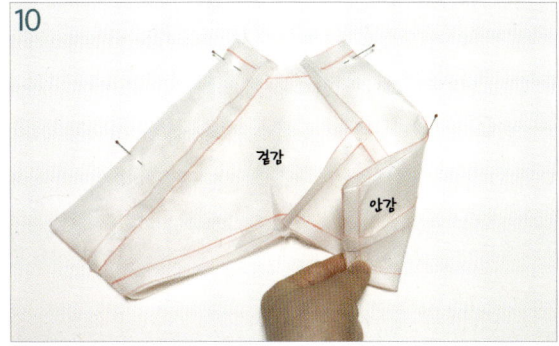

바지 배래 바느질하기(4겹 박기)
바지의 배래를 박기 위해서 다시 바지의 형태로 만들어, 겉감 뒤에 안감이 나오도록 접어주세요.
※ 겉감끼리 2겹, 안감끼리 2겹이 같이 포개어져 있습니다.

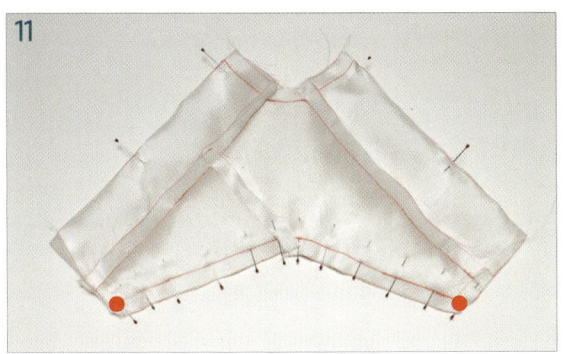

바짓부리의 끝은 안감과 겉감을 정확히 맞추고, 바지 배래를 시침 핀으로 고정해주세요.

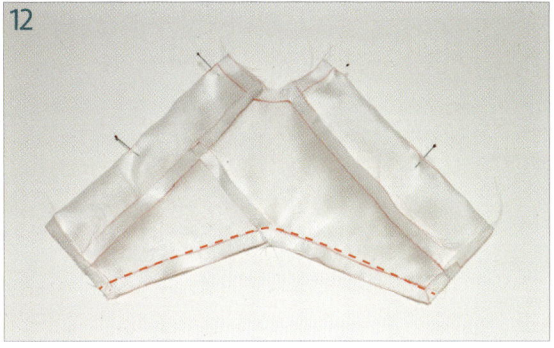

바지 배래를 튼튼하게 홈질해 주세요. 밑 부분은 잘 터질 수 있으므로 온박음질하면 좋아요.

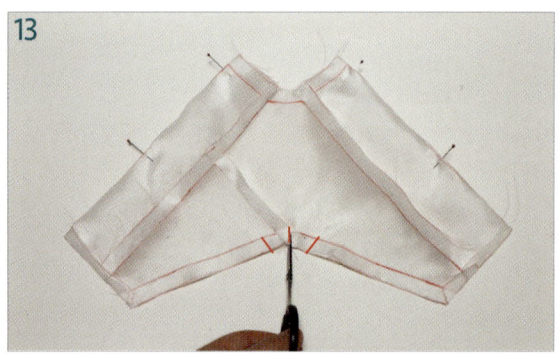

뒤집었을 때에 바지의 모양이 예쁘게 나오도록 밑 부분의 시접에 가윗밥을 주세요.

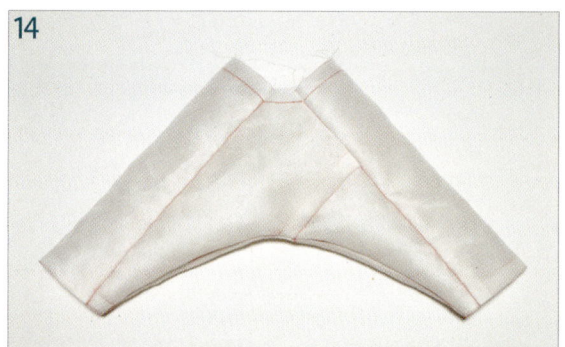

뒤집어 주면 바지의 모양이 완성됩니다.

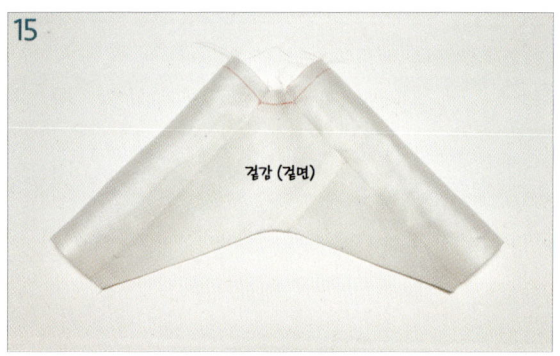

다리미를 낮은 온도로 맞추어 바지 배래를 다려주세요.

TIP 마루폭은 세게 눌러 다리면 입었을 때 줄이 생기므로, 구겨진 부분만 살짝 다려주세요.

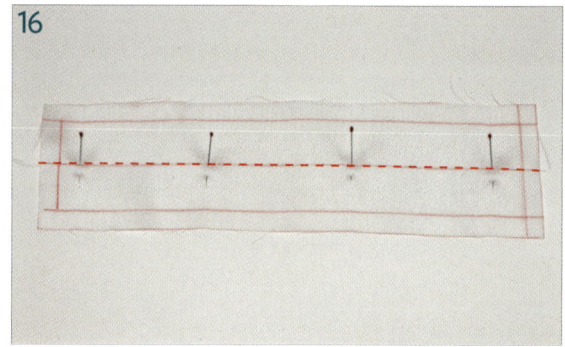

허리 달기
허리는 안감을 심지로 사용하여 겉감과 안감을 대고 중심선을 크게 시침질 해주세요.

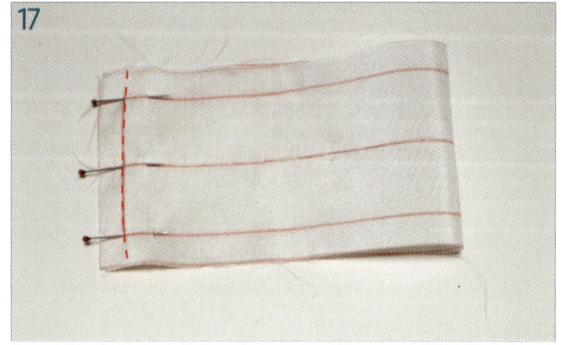

중심을 시침한 허리의 반대편 끝과 끝을 홈질하여 통으로 만들어 주세요.

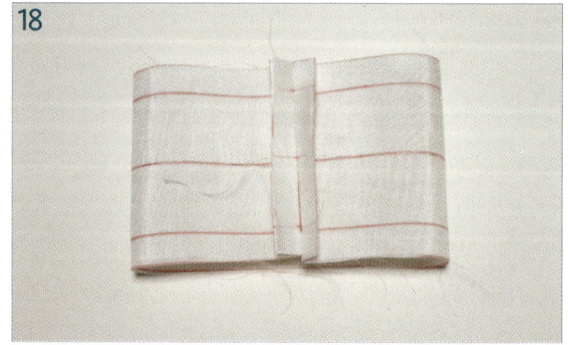

시접은 가름솔로 정리합니다.

TIP 허리에 생기는 봉제선은 허리와 바지를 연결할 때 바지 뒷중심으로 보내주세요.

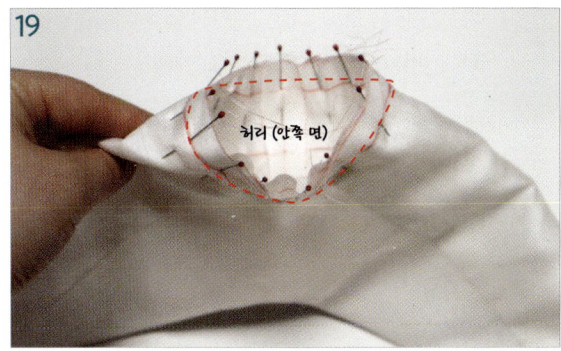

통으로 만든 허리는 바지 안에 넣어서 겉면과 겉면을 마주대어 시침핀으로 고정하고, 허리둘레를 따라 홈질해주세요.

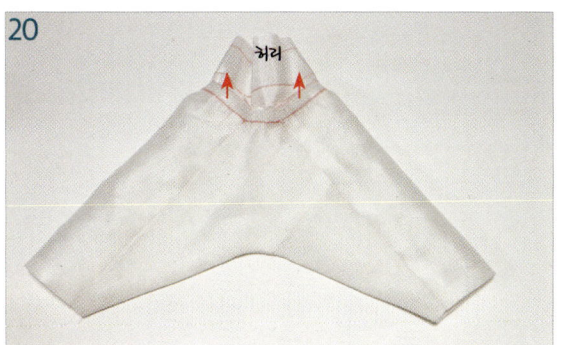

안에 넣은 허리를 밖으로 빼서 시접을 허리 쪽으로 넘겨주세요.

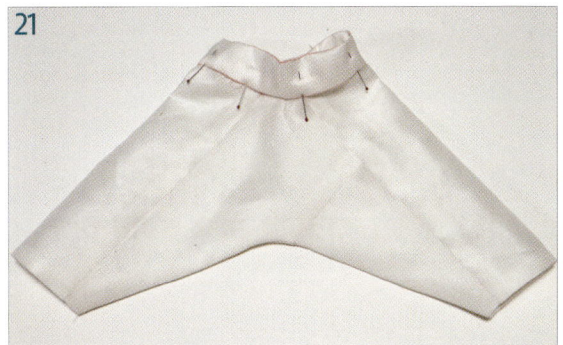

시침질 한 허리 중심선을 접고 시접을 안으로 넣어 바지 겉감에 시침핀으로 고정해주세요.

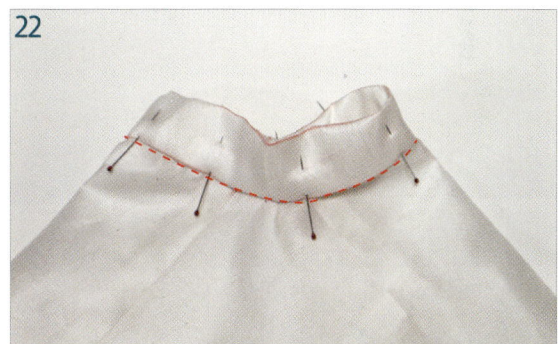

겉감에서 촘촘하게 공그르기를 해서 허리와 바지 겉을 연결합니다.

허리띠 만들기
허리띠는 5×40cm로 1장을 재단하여 시접을 상하좌우 1cm씩 표시해주세요.

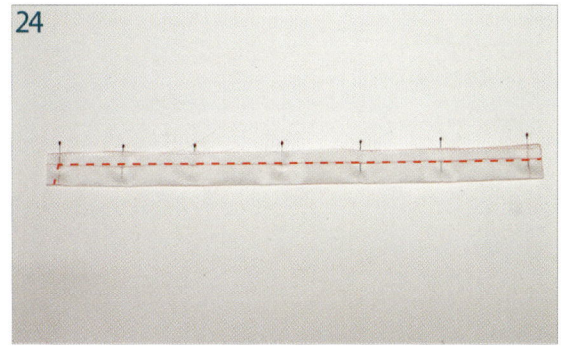

허리띠는 반을 접어 한쪽 폭을 남기고 홈질해 주세요.

홈질한 허리띠를 뒤집고 끝을 공그르기 해주세요.

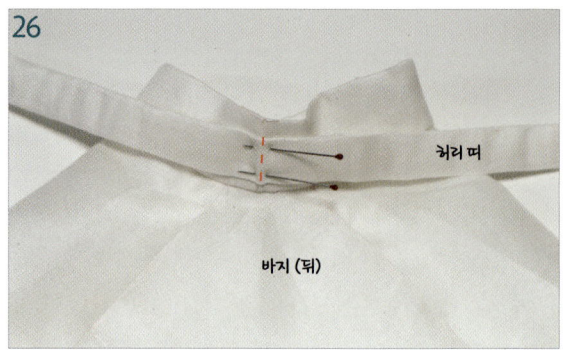

허리띠는 바지허리의 뒷중심에 홈질하여 봉제선을 가려주세요.

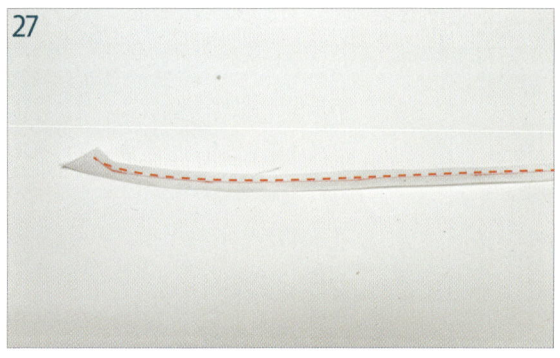

연봉매듭 끈 만들기 대님을 대신하여 바짓부리를 오므릴 수 있는 연봉매듭을 만들어주세요.
바이어스 방향으로 3×25cm(폭/길이), 길게 재단하여 반을 접어 0.5cm 완성선을 그리고 촘촘하게 홈질해주세요.

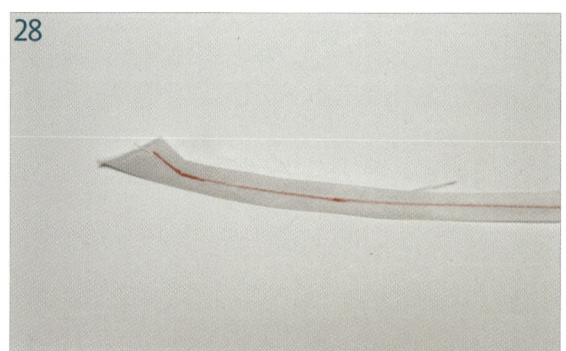

완성선을 그릴 때 한쪽 끝은 깔때기 모양으로 그려주세요.

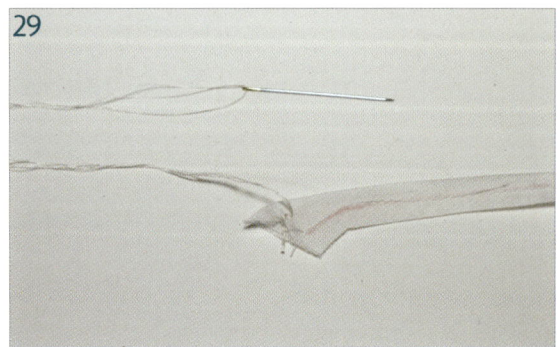

깔때기의 끝에 실을 4겹 정도 바늘에 끼워 연결해주세요.

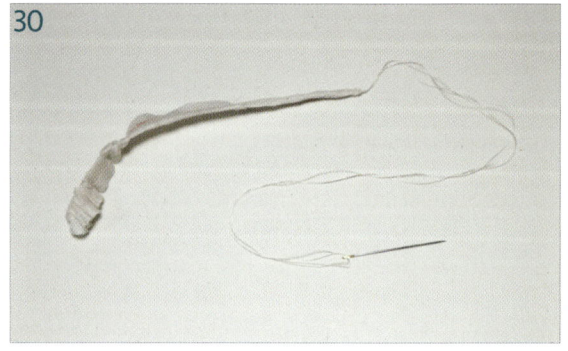

바늘 속으로 넣어 반대편 끝까지 통과시키며 끈을 뒤집어 주세요.

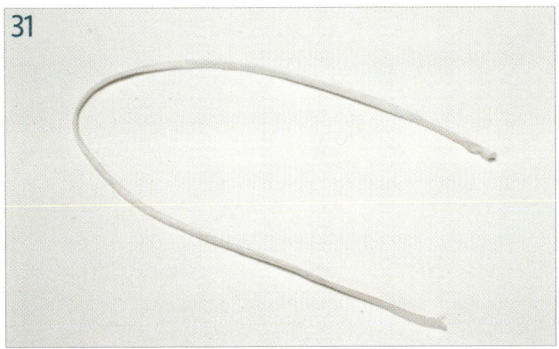

끈을 뒤집은 모습이에요.

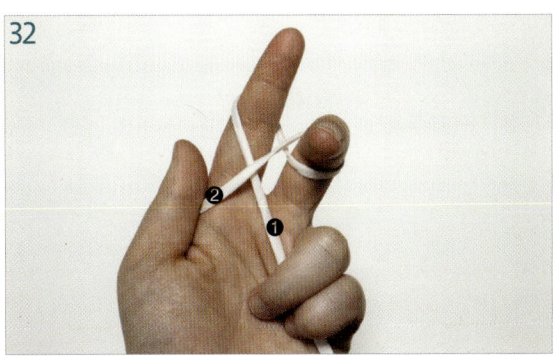

매듭단추 달기 (연봉매듭 만들기)
매듭 끈을 검지와 중지 사이에 8자로 감고 중지를 감았던 끈의 끝부분은 엄지로 잡아주세요.

끈의 ❶은 검지로 가져가 묶어주듯이 아래에서 위로 통과시키고, 엄지로 잡고 있던 ❷번 끈은 중지로 가져가 묶어주듯이 아래에서 위로 통과시켜주세요.

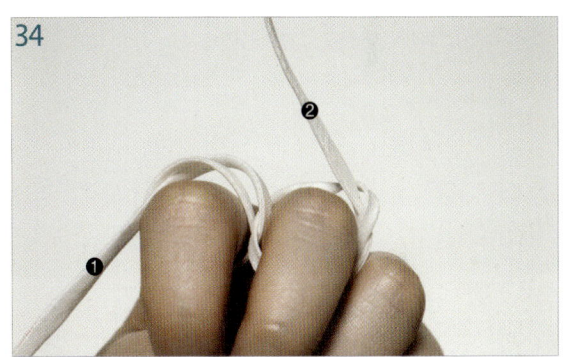

위쪽에서 본 모습이에요.

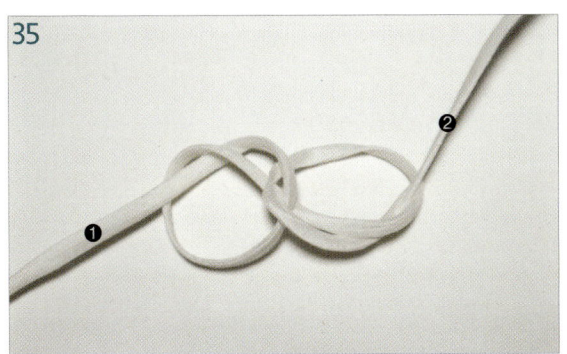

두 손가락에서 살살 빼면 '∞' 모양이 나옵니다.

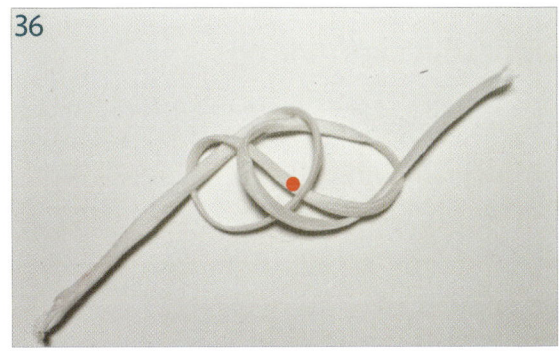

양 옆을 살짝 눌러 끈을 느슨하게 만들면 가운데를 지나가는 중심 끈이 보입니다.

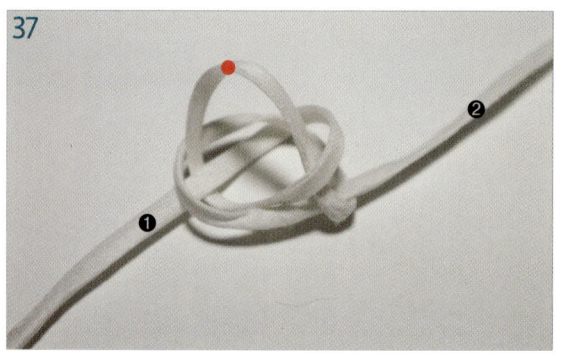

중심 끈을 위로 들어 올리면 기둥이 생깁니다.

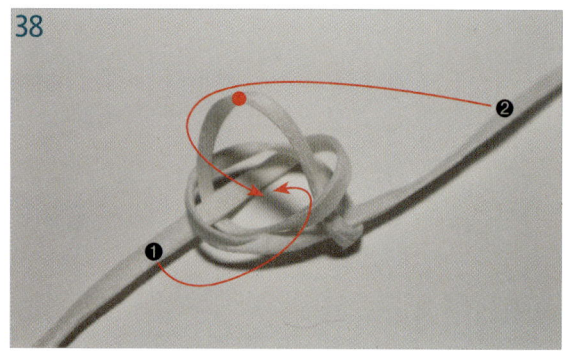

기둥을 기준으로 ❶ 끈은 앞을 지나 뒤에서 아래의 원으로 통과시키고 ❷ 끈은 뒤를 지나 앞에서 아래의 원으로 통과시켜주세요.

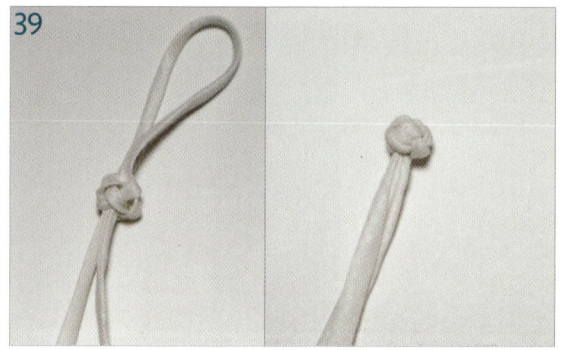

통과 시킨 ❶, ❷ 끈을 살살 잡아당기면 사진과 같은 모양이 나옵니다. 기둥 끈을 없애주기 위해 연결되어있는 끈을 움직여서 아래로 빼내면 구형태의 연봉매듭이 완성됩니다.

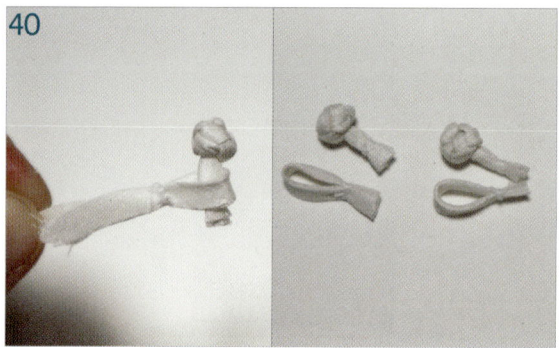

끝을 실로 묶어 연봉매듭을 잘라내고 남은 끈으로 연봉매듭이 통과되는 크기의 고리를 실로 묶어 만들어주세요. 바지 양쪽에 달릴 연봉매듭과 고리를 2세트 만들어주세요.

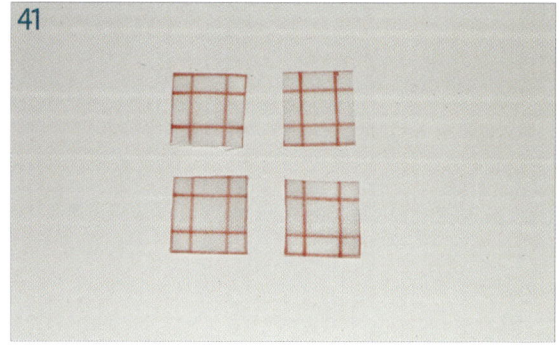

바지에 매듭단추 달기
바대를 만들기 위해 바지 겉감 원단을 2×2cm로 4장을 재단해주세요.
※바대: 옷이 헤지기 쉬운 곳에 덧대어 주는 원단

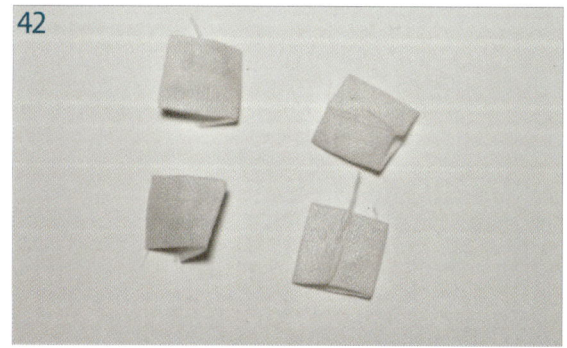

1×1cm가 되도록 접어 매듭의 바대를 만들어주세요.

만들어진 바지를 베이비돌에 입혀 바짓부리를 오므리고 시침핀으로 고정해주세요.

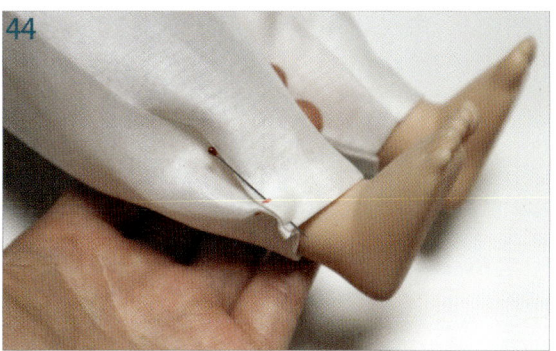

매듭단추와 매듭고리가 달릴 위치를 열 펜으로 표시해주세요.

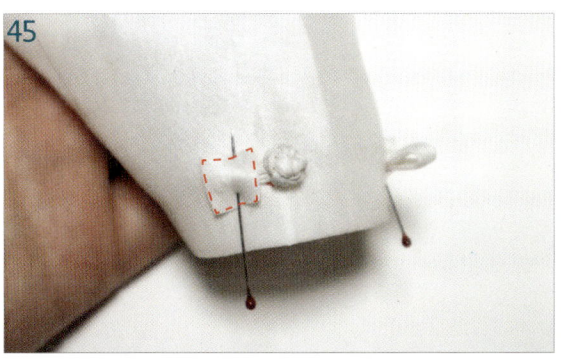

표시한 위치에 연봉매듭을 얹고 바대를 얹어 시침핀으로 고정 후 온박음질 해주세요.

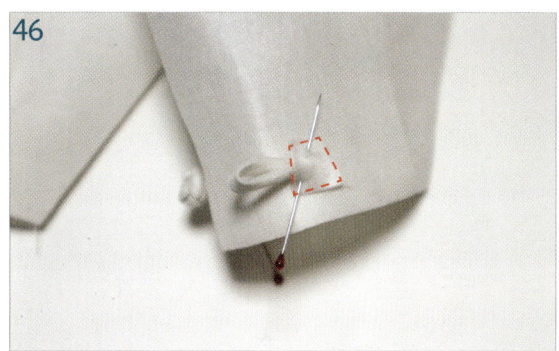

표시한 위치에 매듭고리를 얹고 바대를 얹어 시침핀으로 고정 후 온박음질해주세요.

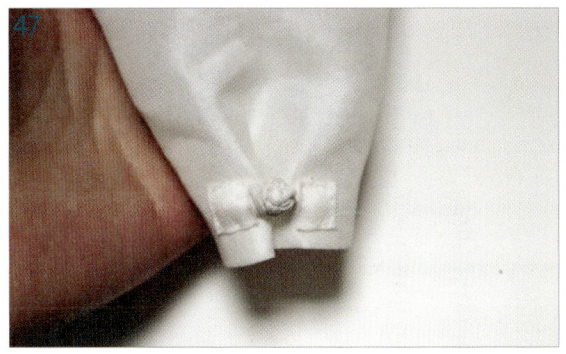

매듭단추가 달린 모습이에요.

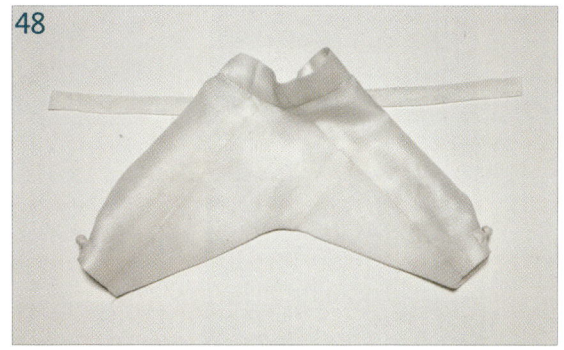

대님 없이 편하게 입을 수 있는 매듭단추 사폭바지가 완성되었습니다.

허리띠

원단   겉감 - 갑사 25cm×15cm(식서/폭)
       심지 - 노방 21cm×7cm(식서/폭)

> **TIP** 철릭의 허리띠는 치마의 말기와 비슷한 방법으로 만들어주면 쉽게 만들 수 있습니다.

How to Make

01

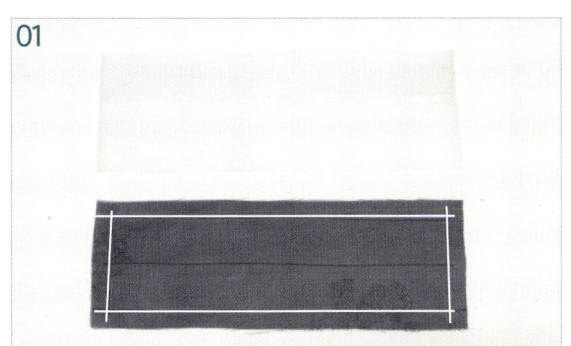

허리띠 재단하기
허리띠는 2×7cm(식서/폭)로 재단해 중심선과 상하좌우 1cm 시접을 그려주세요.
※ 원단이 얇은 경우에는 노방원단으로 심지를 한 장 더 재단해주세요.

02

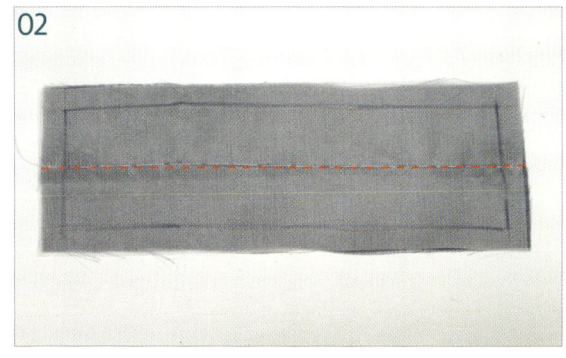

허리띠 만들기
겉감에 심지를 겹쳐 중심선을 실크사로 시침해주세요.

03

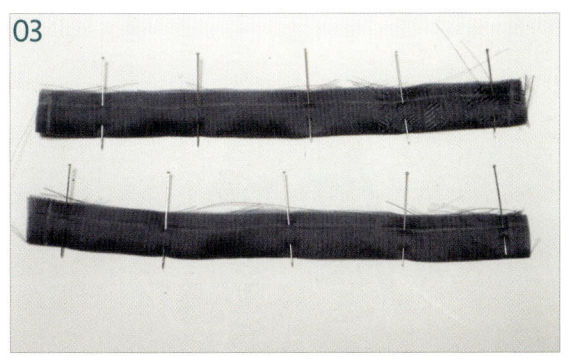

허리띠에 달릴 끈을 17×3cm(식서/폭)으로 2장을 재단하여 반을 접어 0.5cm 시접을 표시하고 홈질해 주세요.

04

허리띠에 달릴 끈을 뒤집은 모습이에요.

05

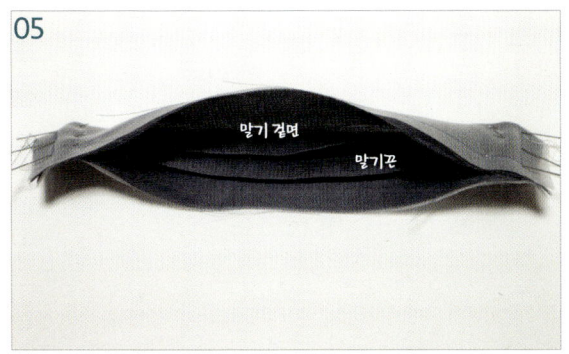

허리띠 겉감은 겉면과 겉면이 마주치도록 반을 접어 그 사이에 만들어진 끈을 끼워주세요.

06

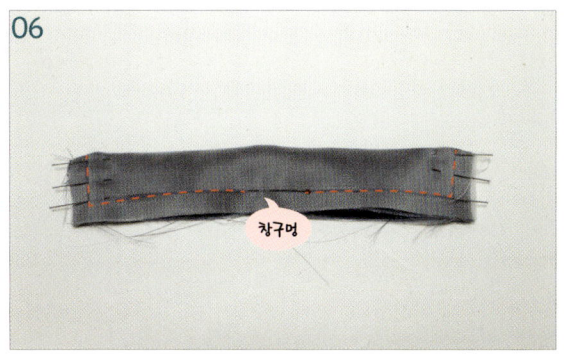

끈이 끼워진 허리띠의 옆선을 홈질하고 완성선을 따라 창구멍을 남기고 홈질해 주세요.

창구멍을 이용해 겉감이 밖으로 나오도록 뒤집고 낮은 온도의 다리미로 살짝 다려주세요.

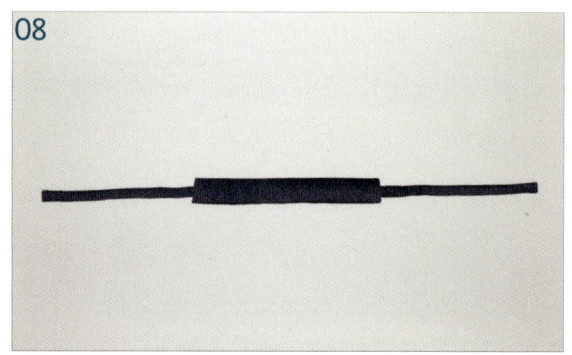

창구멍을 공그르기 해주세요.

허리띠는 철릭의 뒤에서 리본으로 묶어주세요.

철릭의 허리띠가 완성되었습니다.

베이비돌 패션한복 1

심부름을 하러 떠나는 빨간모자

퍼프소매 저고리 + 면 치마 + 조바위

빨간색 조바위를 쓰고 깜찍한 한복을
입은 빨간모자는 편찮으신 할머니에게
가기 위해 숲길을 지나고 있습니다.
빨간모자는 늑대를 만나지 않고
무사히 할머니 댁에 도착할 수 있을까요?

퍼프소매 저고리

실물 크기 도안 219, 220쪽

원단 겉감 : 면 30×50cm(식서/폭)
부자재 장식용 레이스, 스냅단추

How to Make

01

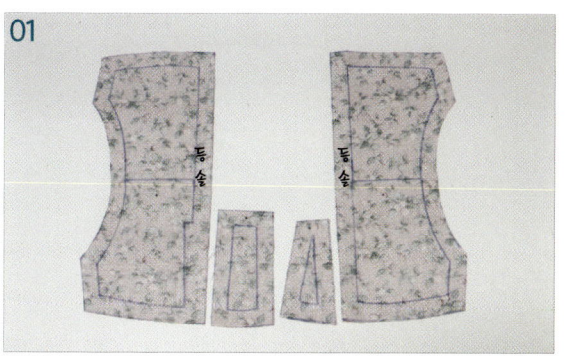

저고리 재단하기
저고리의 옷본을 대고 완성선과 1cm를 더한 시접선을 그려 재단해주세요. 등솔(등의 중심 솔기) 시접도 1cm 주세요.

02

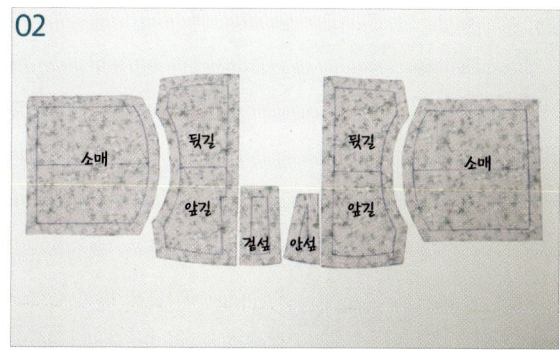

길(몸판) 좌우 2장, 소매 좌우 2장, 겉섶과 안섶은 1장씩 그려 총 6조각을 재단하세요.

03

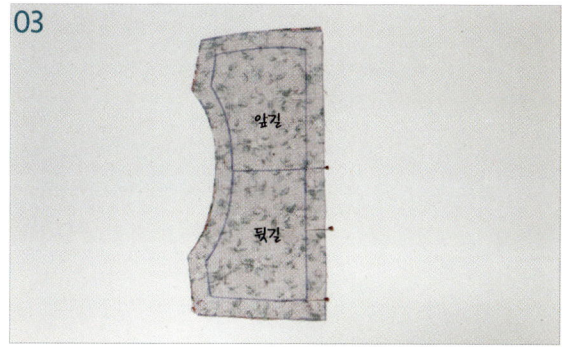

저고리 만들기
재단된 길은 겉면끼리 맞대고 등솔을 시침핀으로 고정하세요.

TIP 면 원단으로 홑겹 저고리를 만들기 때문에 시집을 싸박이시 정리하세요.

04

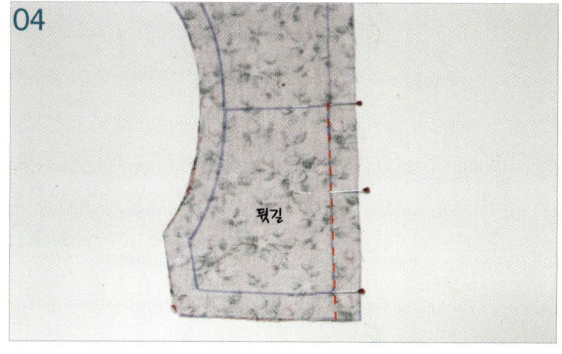

고정된 등솔을 홈질하세요.

05

등솔 시접의 한쪽을 0.3cm 남기고 잘라주세요.

06

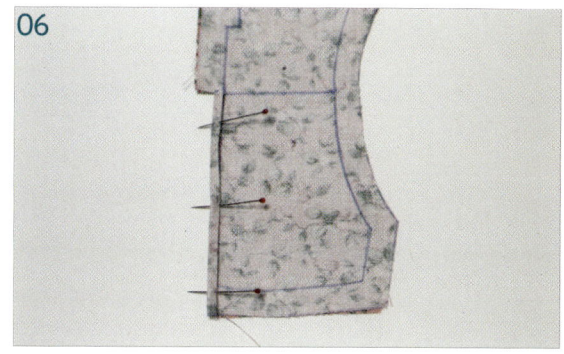

잘라내지 않은 곳의 시접으로 잘라낸 시접을 감싸 홈질하거나, 재봉틀로 눌러 박으세요.

07

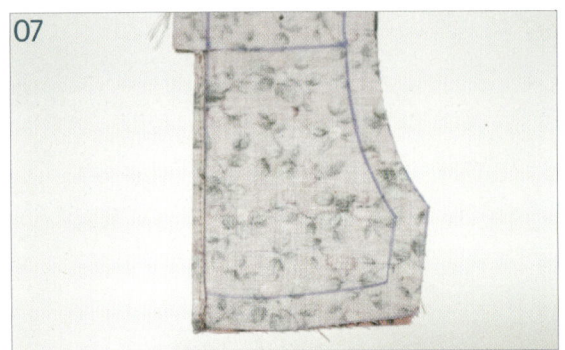

시접을 싸박은 모습이에요.

08

길을 펼쳐서 겉면에서 보았을 때 시접이 오른쪽을 향하도록 꺾어주세요.
※안쪽 면에서 봤을 때 왼쪽으로 꺾어주세요.

09

앞길(앞 몸판)과 섶의 겉면끼리 맞대고 앞길의 오른쪽에는 겉섶을, 왼쪽에는 안섶을 놓아 홈질하세요.

10

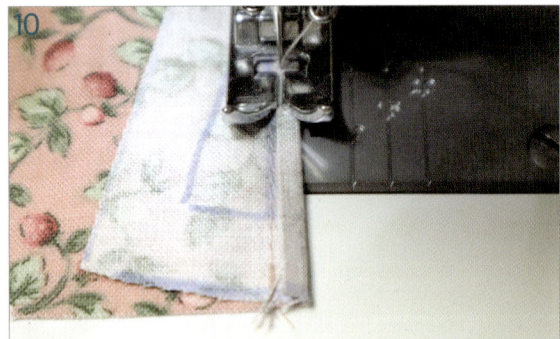

등솔과 마찬가지로 섶의 한쪽 시접을 잘라내고 다른 한쪽 시접으로 감싸 시접을 싸박아 정리하세요.

11

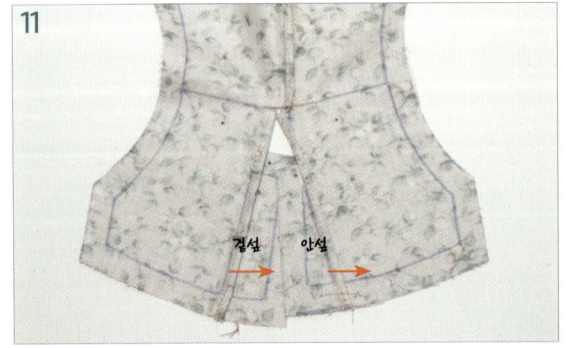

겉섶은 섶 쪽으로, 안섶은 길 쪽으로 시접을 넘겨 낮은 온도로 살짝 다림질하세요.

12

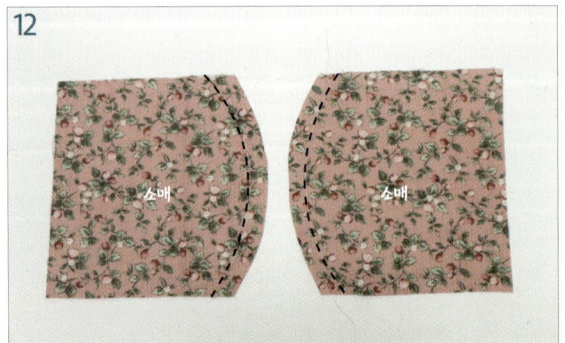

소매의 진동선과 길의 진동선이 같은 방향의 곡선이기 때문에 바느질하기 어려우므로 실크실로 소매의 진동선을 시침하세요.

길의 진동선도 시침하세요.

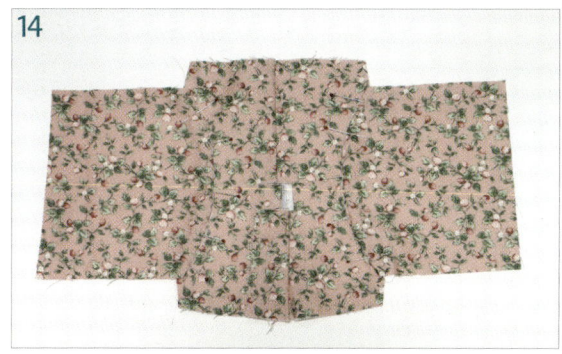

소매 진동선의 시접을 접어 길의 진동선과 중심에 맞춰 시침핀으로 고정하세요.

안쪽 면에서 바느질하기 편하도록 시침핀으로 고정된 길과 소매를 함께 시침하세요.

시침으로 소매가 달린 모습이에요.

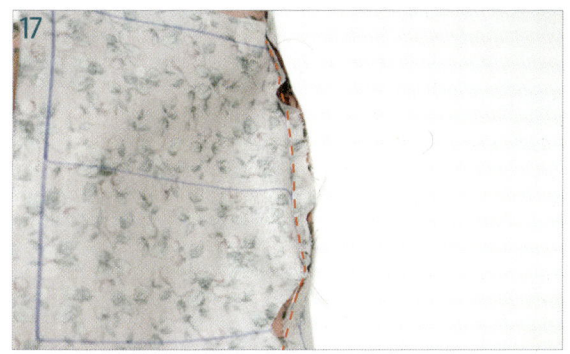

시접 안쪽에서 튼튼하게 홈질하여 소매를 길에 연결해주세요.

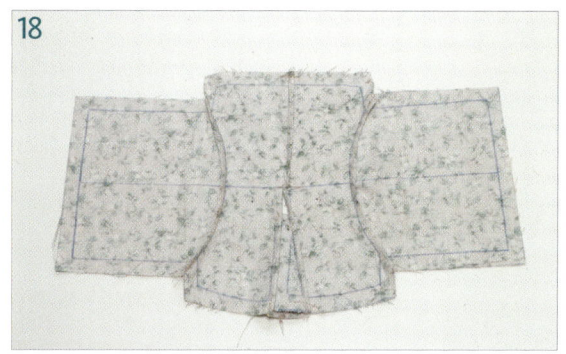

시접의 한쪽을 0.3cm 남기고 잘라낸 뒤 다른 한쪽 시접으로 감싸 싸박아 정리하세요.

겉섶과 안섶의 바깥쪽 시접과 앞 도련선 시접을 0.5cm씩 말아 접어 공그르기하세요.

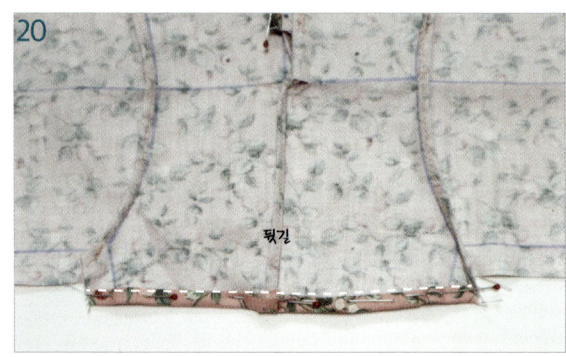

뒷길(뒷 몸판)의 뒤 도련선 시접도 0.5cm씩 말아 접어 공그르기하세요.

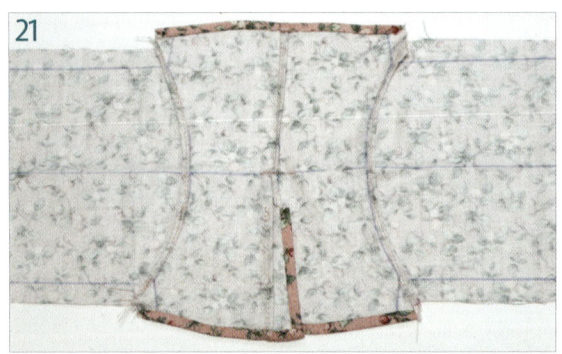

시접이 정리된 모습이에요.

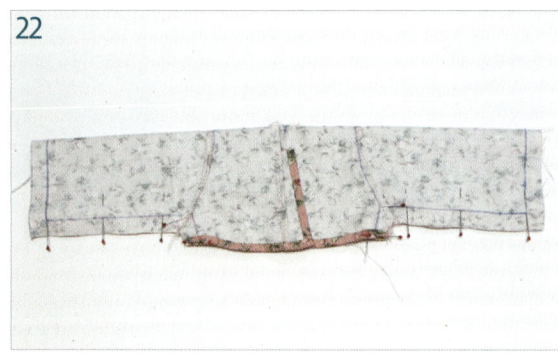

배래와 옆선 박기(2겹 박기)
어깨 중심선을 기준으로 길과 소매를 접어 시침핀으로 배래와 옆선을 고정하세요.

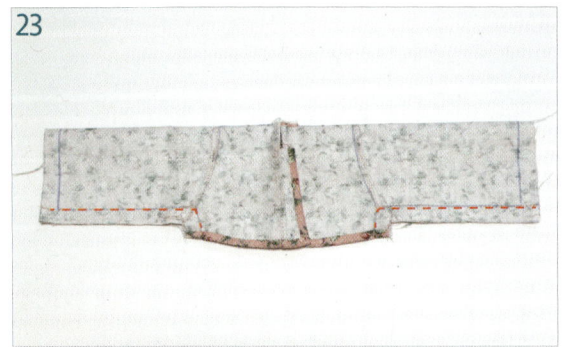

배래와 옆선을 홈질하세요.

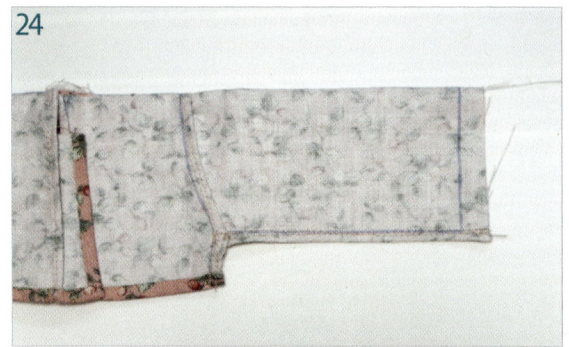

배래와 옆선의 한쪽 시접을 0.3cm 남기고 잘라낸 뒤 다른 한쪽 시접으로 감싸 싸박아 정리하세요.

25

뒤집어서 낮은 온도로 살짝 다림질하세요.

26

퍼프소매 만들기
수구에 셔링(실을 당겨 만든 주름)을 만들기 위해 홈질하세요.

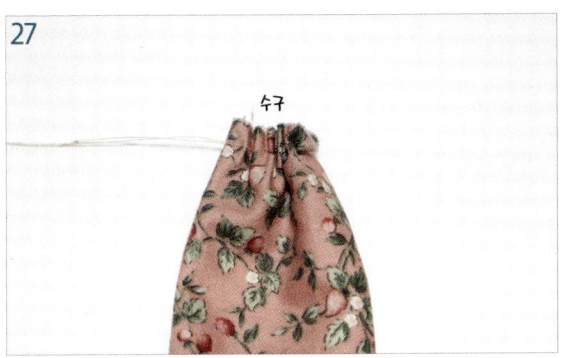

27

실을 당겨 수구에 셔링을 만드세요.

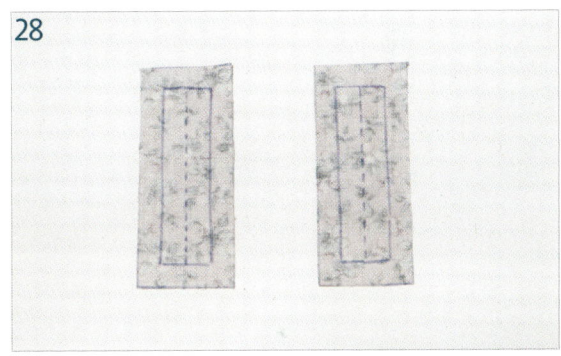

28

수구에 달릴 커프스를 4×10.5cm(폭/식서)로 재단하여 사방에 시접 1cm를 주세요.

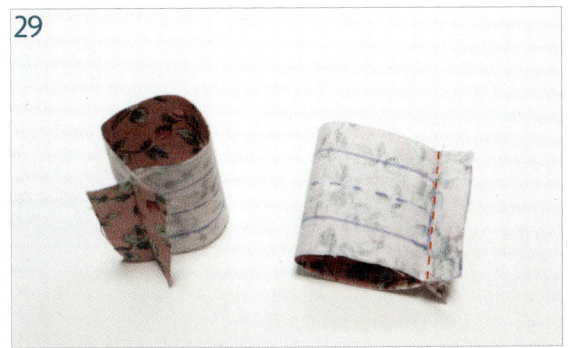

29

커프스를 반으로 접어 양끝 완성선을 맞대고 시접선까지 홈질하여 가름솔로 정리하세요.

30

소매와 커프스가 겉면끼리 맞닿도록 끼워 시침핀으로 고정하세요.

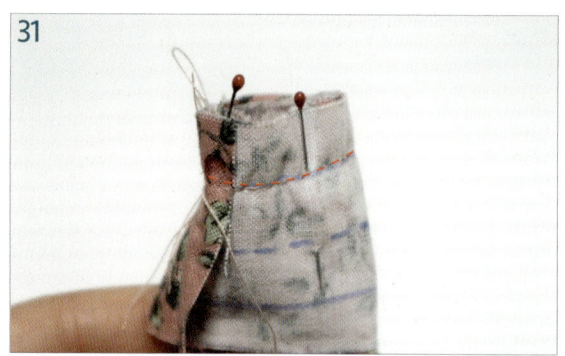

완성선을 홈질하세요.

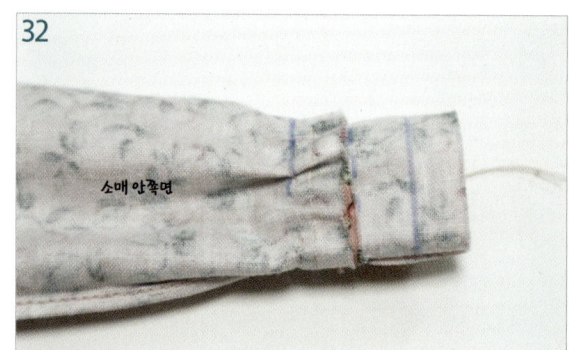

커프스를 바깥쪽으로 빼 안쪽 면이 보이도록 저고리를 뒤집으세요.

남은 시접을 안쪽으로 말아 접어 커프스 안쪽을 소매에 공그르기 하여 고정하세요.

저고리의 수구에 커프스가 달린 모습이에요.

깃 달기_목판깃
깃을 달기 전 옷본을 대고 고대를 표시하고, 고대 위치까지 가위로 터주세요.

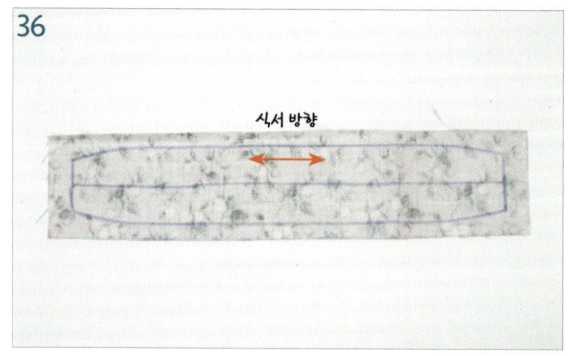

옷감에 깃본을 대고 식서 방향에 맞추어 완성선을 그리고 0.5cm를 더한 시접선을 그리세요.
※골선으로 안과 겉을 붙여서 그리세요.

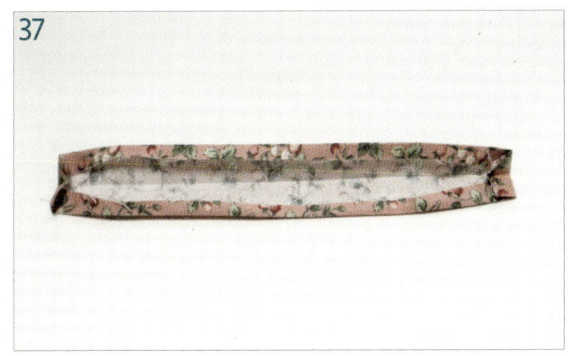

깃의 완성선을 따라 시접을 안쪽으로 접어 깃 모양을 만드세요.

저고리에 만들어진 깃을 올려 위치를 잡아주세요.
※깃의 끝이 진동선과 나란히 되도록 달아주세요.

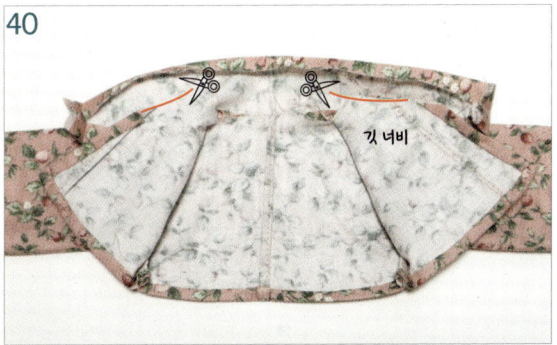

놓인 깃은 시접이 있는 안쪽에서 완성선을 바느질하거나 겉면에서 공그르기로 바느질하세요.

길은 깃 너비만큼 시접을 남기고 잘라 정리하세요.
※1.5cm 이내로 길의 시접을 잘라 깃을 달았을 때, 깃의 형태가 예쁘게 잘 잡힙니다.

깃의 골선을 접어 깃 안쪽을 시침핀으로 고정하고 공그르기하여 길에 고정하세요.

마무리하기
폭이 좁은 레이스를 이용하여 깃을 장식하세요.

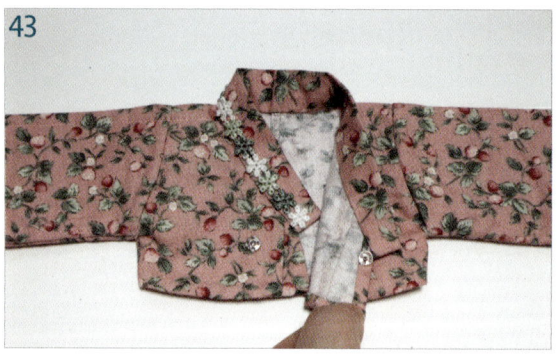

고름을 대신하여 길 안쪽에 스냅단추를 달아주세요.

빨간모자에게 잘 어울리는 퍼프소매 저고리가 완성되었습니다.

면 치마

원단 겉감 : 면 30×90cm(식서/폭)
퍼프소매 저고리와 같은 원단을 사용하여 짧은 길이의 면 치마를 만듭니다.

How to Make

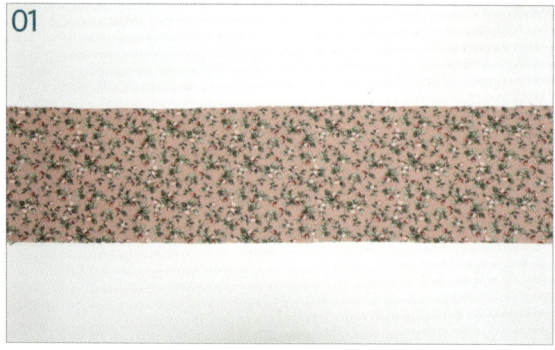

치마 재단하기
치마는 옷본을 사용하지 않고 원단에 직접 사이즈를 표시하여 재단합니다. 치마 겉감은 14×75cm(식서/폭)로 길게 재단하세요.

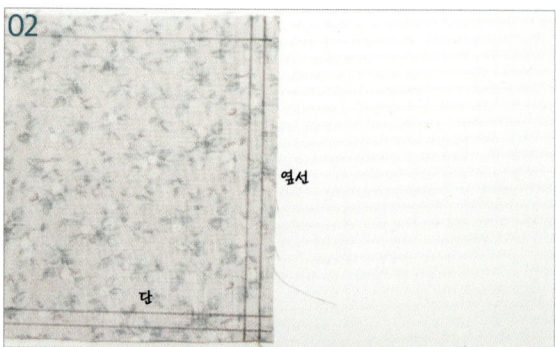

안쪽 면의 사방에 시접을 1cm씩 표시하세요.
※ 치마 아랫단과 양끝 옆선은 0.5cm씩 두 번 그려 1cm를 표시하세요.

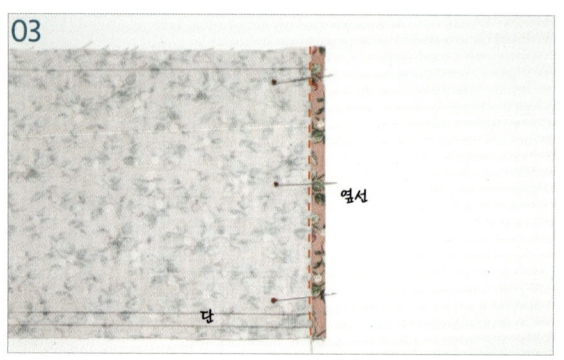

치마 만들기
치마의 옆선 양쪽 시접을 0.5cm씩 말아 접어 공그르기하세요.

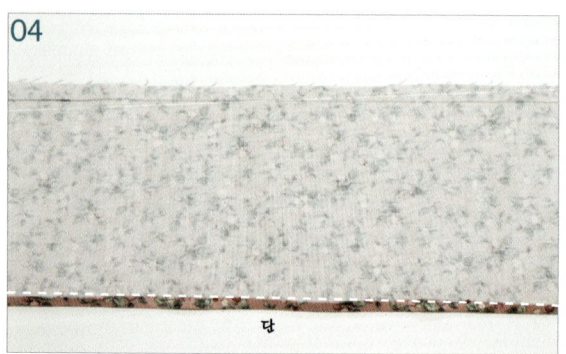

치마 아랫단 시접도 0.5cm씩 말아 접어 공그르기하세요.

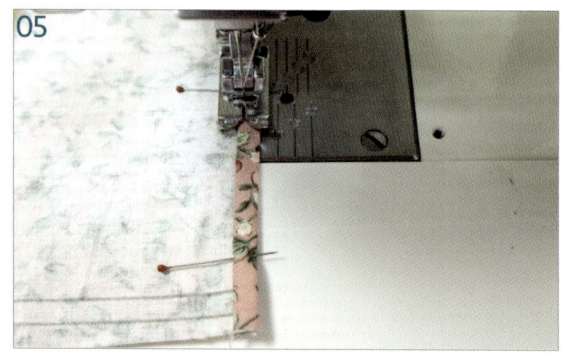

면 원단이기 때문에 원단과 같은 색 실을 이용해서 재봉틀로 눌러 박아도 괜찮아요.

옆선과 아랫단 시접을 정리한 모습이에요.

겉면에 원하는 두께의 치마 주름을 초크나 펜으로 표시하세요.
※ 겉주름 1.5cm, 속주름 1cm로 잡았습니다.

치마 겉면에서 주름을 잡아 시침핀으로 고정하세요.

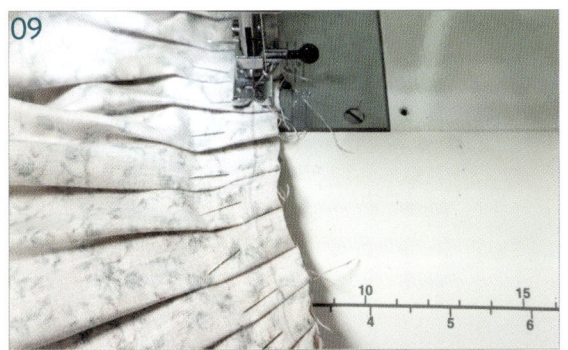

그려놓았던 1cm 시접선을 따라 주름을 홈질하거나, 재봉틀로 눌러 박으세요.

박음질한 후 낮은 온도로 살짝 다림질하면 주름 모양이 더 예쁘게 잡혀요.

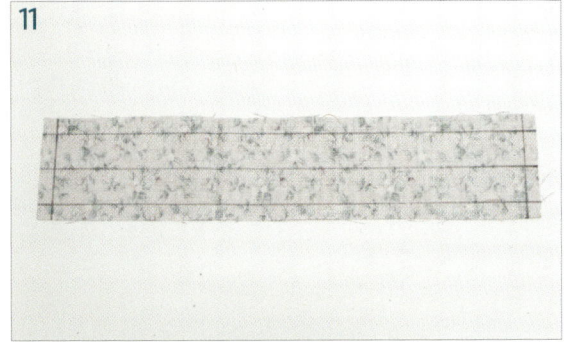

치마 말기 만들기

치마 말기는 6×29cm(폭/식서)로 재단해 중심선과 시접을 1cm 표시하세요.

TIP 주름 잡은 치마 둘레가 27cm가 나와 시접을 1cm씩 더하여 29cm를 식서 방향에 맞게 재단했어요. 치마를 만들고 둘레를 재어 치마의 말기를 재단하세요.

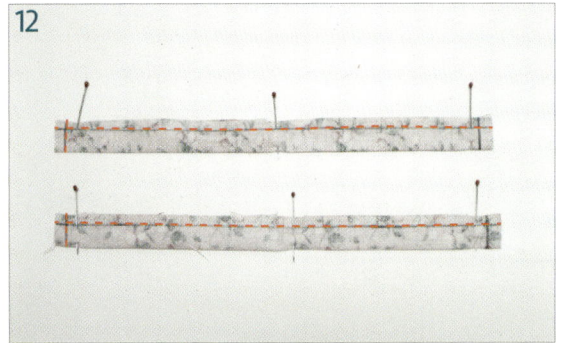

치마 말기 끈은 3×21cm(폭/식서)로 2장을 재단하여 말기 끈의 반을 접어 0.5cm 시접을 표시하고 홈질하세요.

TIP 끈 만드는 법은 197쪽을 참고하세요.

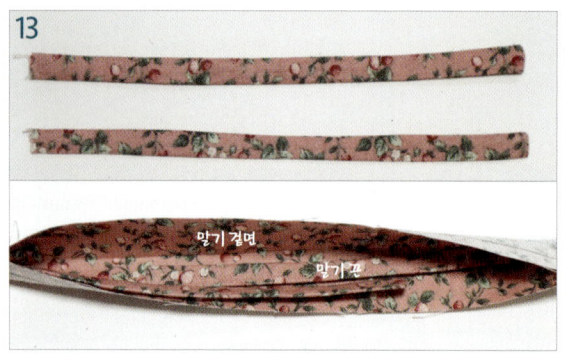

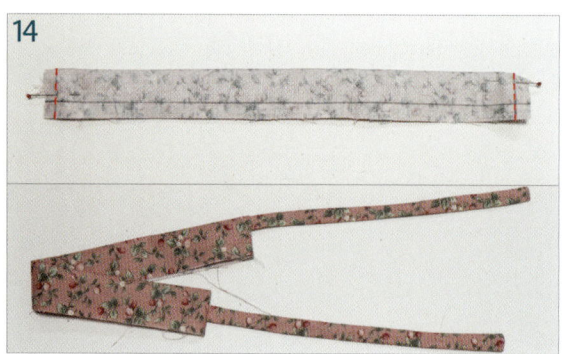

말기 끈을 뒤집은 모습이에요. 말기는 겉면과 겉면이 마주치도록 반을 접고 그 사이에 만들어진 말기 끈을 끼우세요.

말기 끈이 끼워진 말기의 양 옆선을 홈질하세요. 뒤집으면 치마 말기에 말기 끈이 깔끔하게 달린 상태가 됩니다.

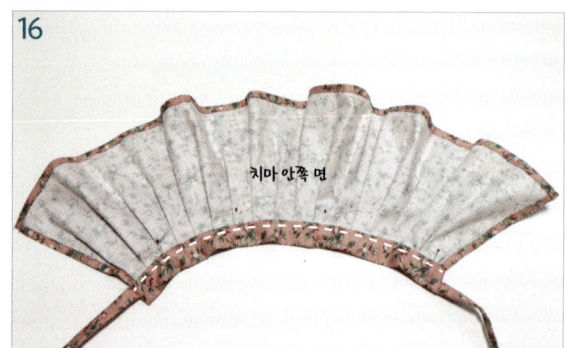

치마와 말기 연결하기
주름 잡은 치마 겉면 위에 만들어진 말기를 얹고 안쪽에서 튼튼하게 홈질하세요.

치마 안쪽 면으로 남은 말기 시접을 접어 공그르기로 마무리하세요.

겉면에서 본 모습이에요.

퍼프소매 저고리와 세트인 짧은 길이의 면 치마가 완성되었습니다.

조바위

실물 크기 도안 221쪽

원단	겉감 : 양단 20×45cm(식서/폭)
	안감 : 사 20×45cm(식서/폭)
	바이어스 : 면 25×25cm(식서/폭)
장식	진주구슬, 테슬, 자수 등

How to Make

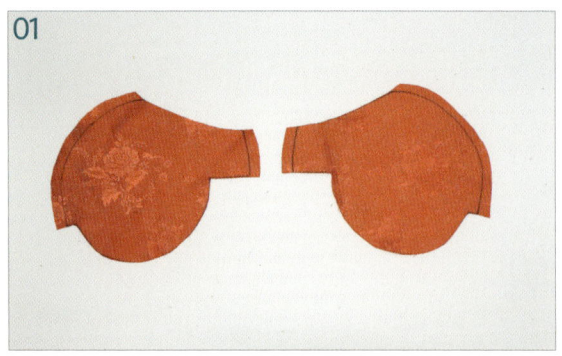

조바위 재단하기
겉감에 조바위의 옷본을 대고 완성선을 그리고 이마와 머리둘레에 1cm 시접을 더하여 2장을 재단하세요.

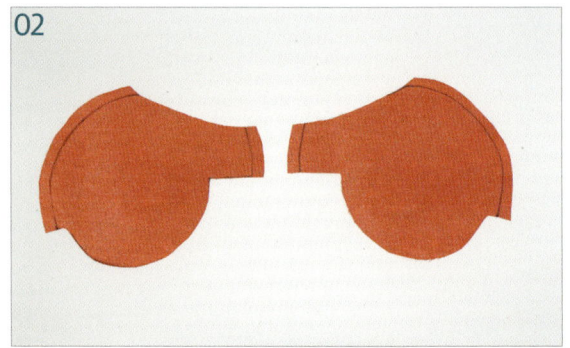

안감도 이마와 머리둘레에 1cm 시접을 더하여 2장을 재단하세요.

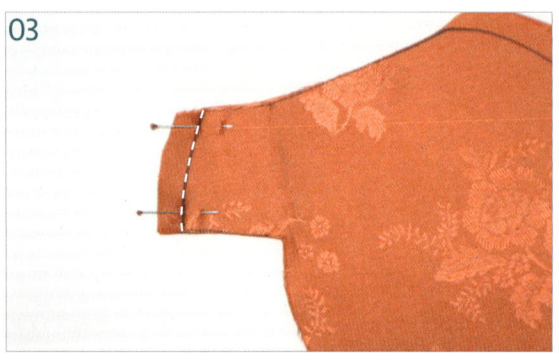

조바위 만들기
겉감 2장의 겉면끼리 맞대어 이마를 고정하고 홈질하세요.

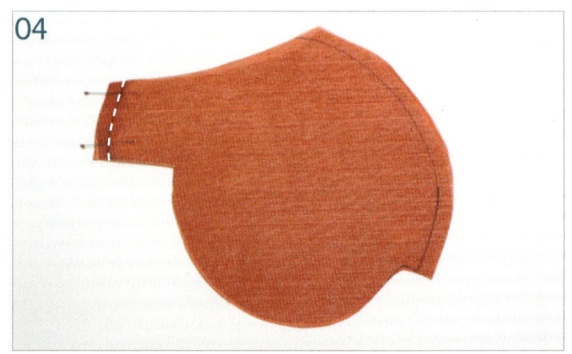

안감 2장의 겉면끼리 맞대어 이마를 고정하고 홈질하세요.

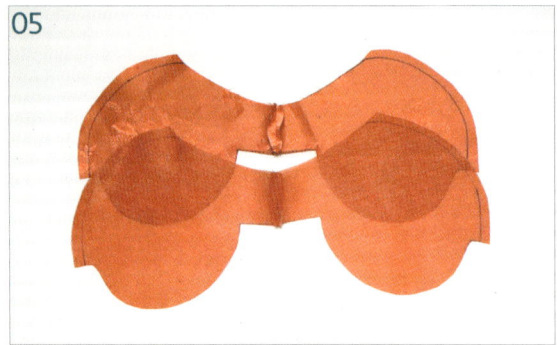

겉감과 안감 모두 시접을 가름솔로 정리하세요.

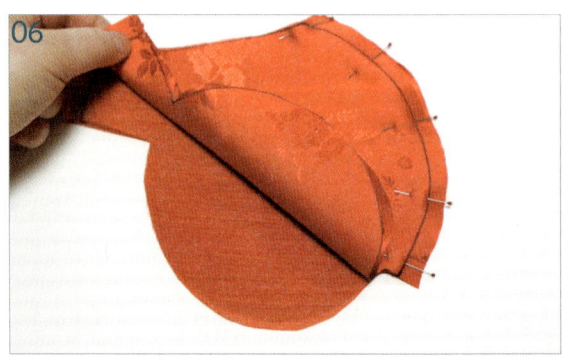

안감 2장 위에 겉감 2장을 얹어 머리둘레를 시침핀으로 고정하세요.

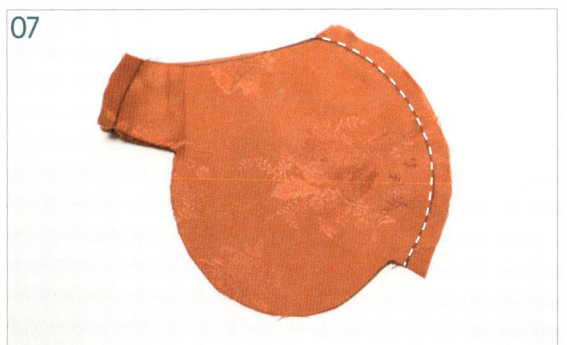

머리둘레를 촘촘히 홈질하세요.

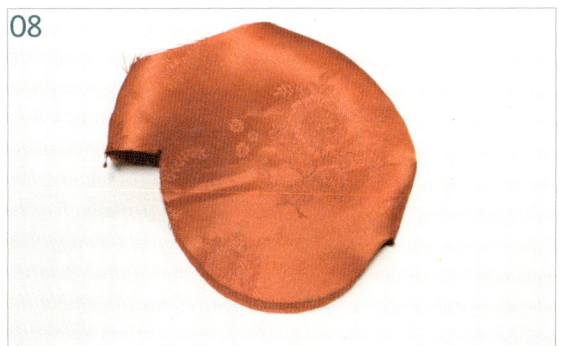

겉감의 겉면이 밖으로 나오도록 뒤집고 살짝 다림질하세요.

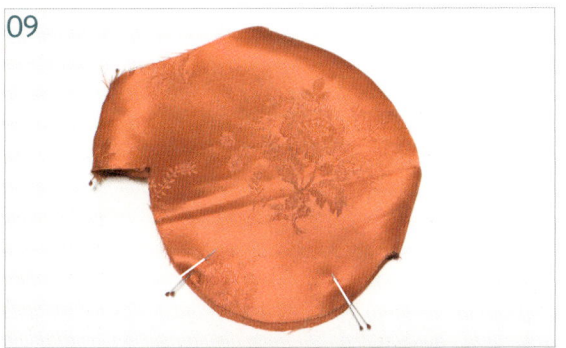

조바위를 썼을 때 얼굴의 곡선에 맞게 오므려지도록 시침핀으로 볼선의 오므릴 곳을 표시하세요.

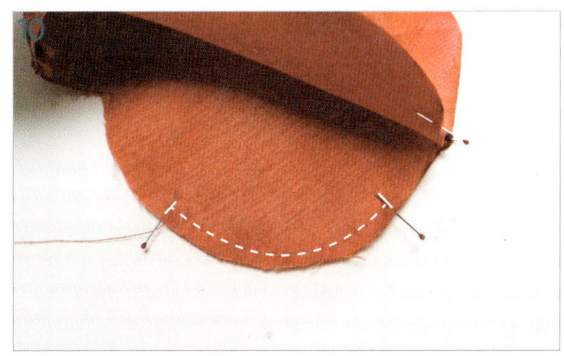

겉감 1장과 안감 1장, 총 2장의 볼선 끝을 함께 홈질하세요.

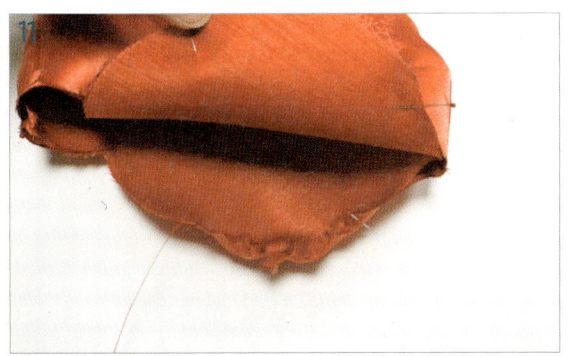

홈질한 실을 당겨 볼선을 안감 쪽으로 오므려주세요.

겉에서 본 모습이에요.

반대편 볼선도 홈질하고 실을 당겨 볼선을 오므려주세요.

바이어스 두르기
면 원단을 바이어스 방향으로 3cm 폭으로 길게 재단해 반을 접어 폭이 1.5cm가 되게 만드세요.

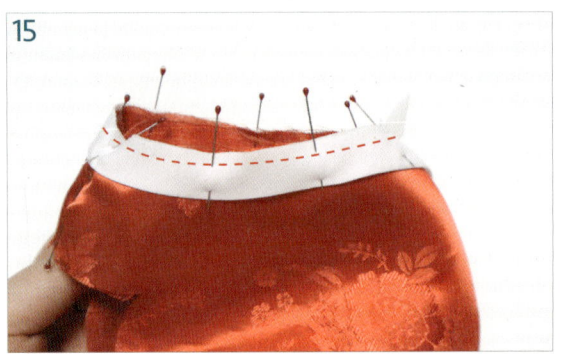

바이어스를 둘러야 하는 조바위의 정수리 겉면에 바이어스를 대고 1/3(0.5cm) 지점을 홈질하세요.

바이어스의 남은 부분을 정수리 안감 쪽으로 넘겨 공그르기하세요.
※14에서 접었을 때 생기는 골선으로 공그르기하세요.

정수리와 같은 방법으로 볼선에도 바이어스를 대고 1/3(0.5cm) 지점을 홈질하세요.

바이어스의 남은 부분을 볼선 안감 쪽으로 넘겨 공그르기하세요.
※14에서 접었을 때 생기는 골선으로 공그르기하세요.

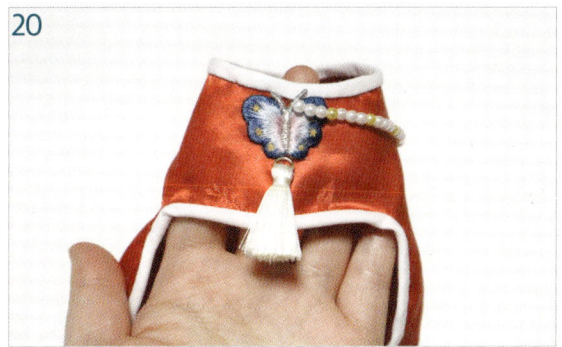

조바위 장식하기
진주 구슬을 실에 끼워 이마 중심선과 머리둘레 중심선의 끝에 달 아주세요.

이마 중심선 앞에 자수와 테슬을 장식하세요.

빨간모자의 조바위가 완성되었습니다.

베이비돌 패션한복 2

야수에게 잡혀간 벨

철릭 원피스 + 허리치마

가난하지만 아름다운 외모를 가지고 있는
마음씨 착한 벨은 아버지를 대신해서
저주를 받은 야수에게 붙잡히게 됩니다.

노란색의 철릭 원피스에 잘 어울리는
하늘하늘한 허리치마가 소박하면서도
매력 있는 패션한복입니다.

철릭 원피스

실물 크기 도안 222, 223쪽

원단   겉감 : 패턴이 있는 면 44인치 대폭 원단 1/2마

TIP 면 원단은 보통 44인치의 대폭 원단이에요. 연봉매듭을 재단하고 허리 시접을 정리할 때 바이어스 방향으로 원단을 재단하여 사용하기 때문에 넉넉하게 44인치 대폭 원단으로 1/2마(식서 방향으로 45cm 내외)를 준비하세요.

How to Make

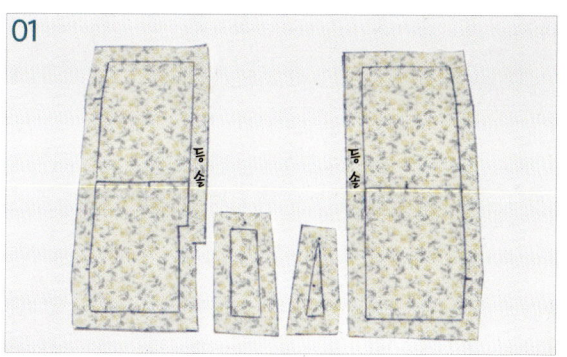

철릭 원피스 상의(저고리) 재단하기
철릭 상의의 옷본을 대고 완성선과 1cm를 더한 시접선을 그려 재단하세요. 등솔(등의 중심 솔기) 시접도 1cm를 주세요.

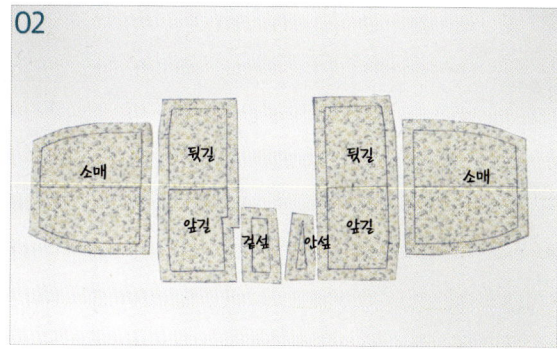

길(몸판) 좌우 2장, 소매 좌우 2장, 겉섶과 안섶은 1장씩 그려 총 6조각을 재단하세요.

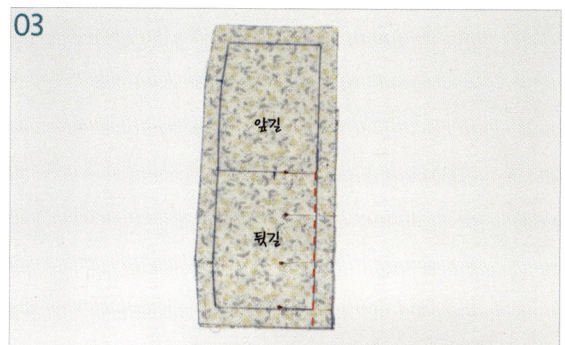

철릭 원피스 상의 만들기
재단된 좌우 길은 겉면끼리 맞대고 등솔을 시침핀으로 고정해 홈질하세요.

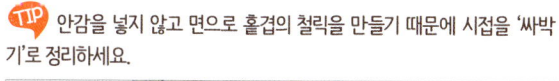
TIP 안감을 넣지 않고 면으로 홑겹의 철릭을 만들기 때문에 시접을 '싸박기'로 정리하세요.

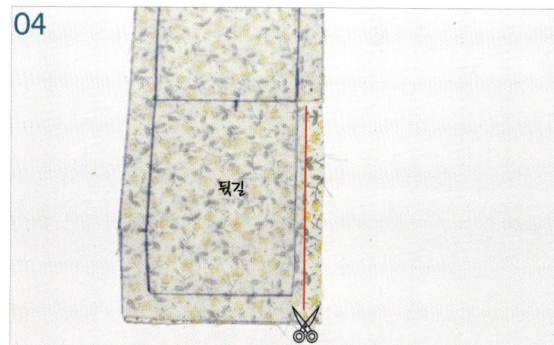

등솔 시접의 한쪽을 0.3cm 남기고 잘라주세요.

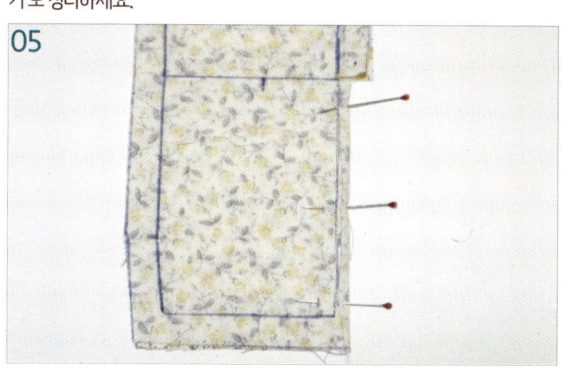

잘라내지 않은 곳의 시접으로 잘라낸 시접을 감싸 홈질하거나, 재봉틀로 눌러 박으세요.

시접을 싸박은 모습이에요.

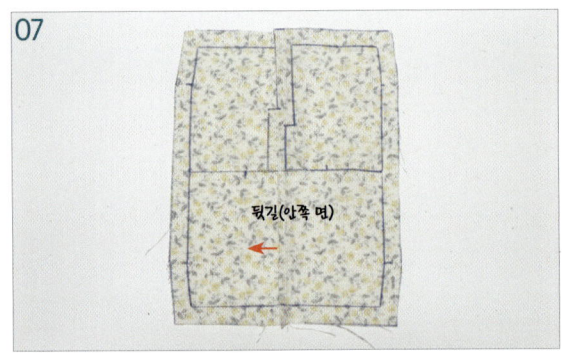

07

길을 펼쳐서 안쪽 면에서 봤을 때 싸박은 시접을 왼쪽으로 꺾어주세요.

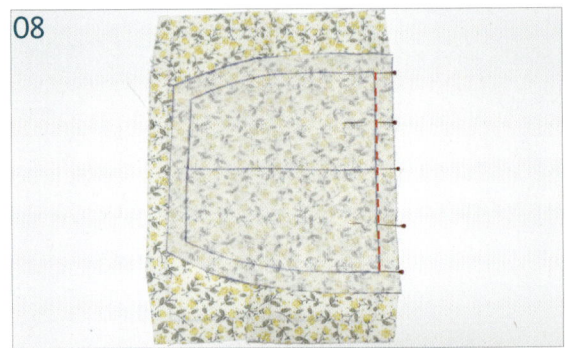

08

길의 중심선과 소매의 중심을 맞추어 겉면끼리 맞대고 진동선을 완성선까지 홈질하세요.

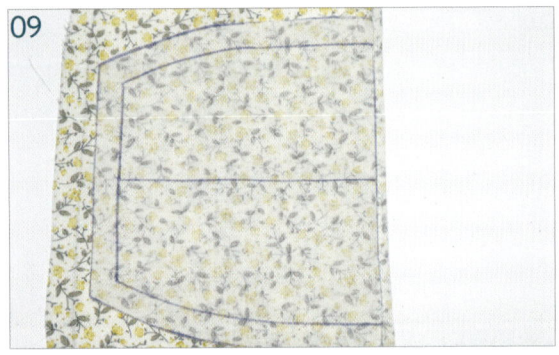

09

소매 시접도 길과 마찬가지로 한쪽 시접을 잘라내고 다른 쪽 시접으로 감싸 시접을 싸박아 정리하세요.

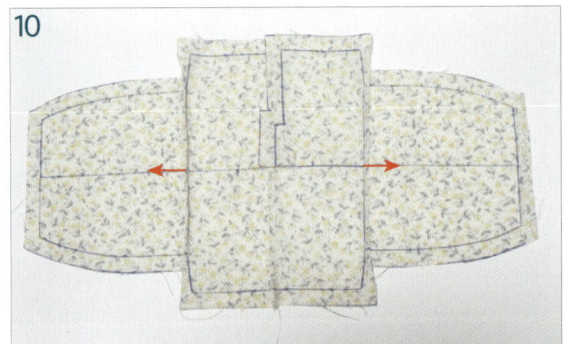

10

반대편 소매도 길과 연결하고, 시접을 소매 쪽으로 꺾어주세요.

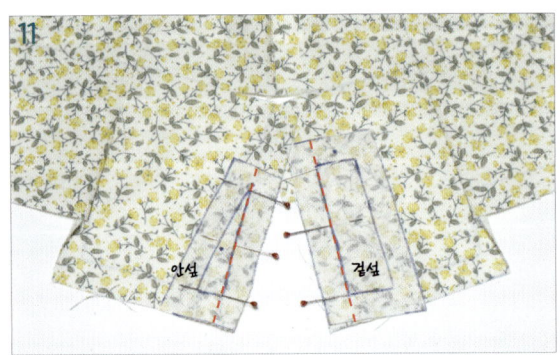

11

앞길(앞 몸판)과 섶의 겉면끼리 맞대고 앞길의 오른쪽에는 겉섶을, 왼쪽에는 안섶을 놓아 홈질하세요.

12

섶의 한쪽 시접을 잘라내고 다른 쪽 시접으로 감싸 시접을 싸박아 정리하세요.

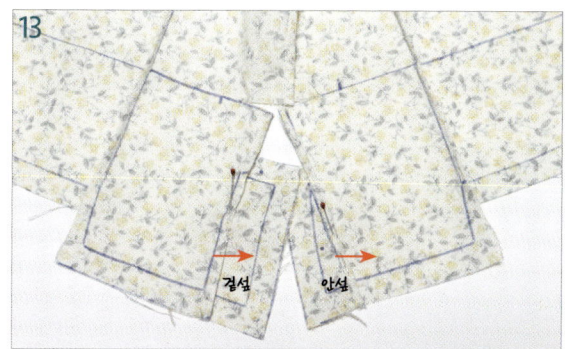

싸박은 섶의 시접을 겉섶은 섶 쪽으로, 안섶은 길 쪽으로 넘겨 다림질하세요.

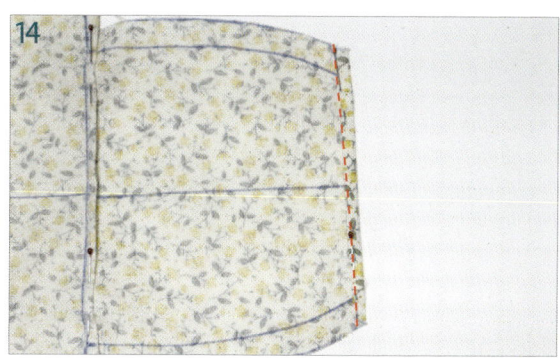

수구(소매 입구)의 시접을 0.5cm씩 말아 접어 안쪽 면에서 공그르기하세요.

겉섶과 안섶의 바깥쪽 시접을 0.5cm씩 말아 접어 안쪽 면에서 공그르기하세요.

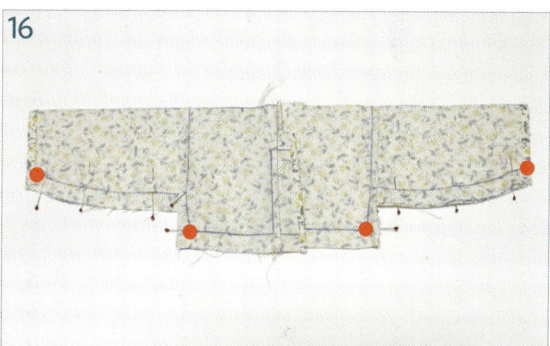

어깨 중심선을 기준으로 길과 소매를 접어 배래와 옆선을 시침핀으로 고정하세요.

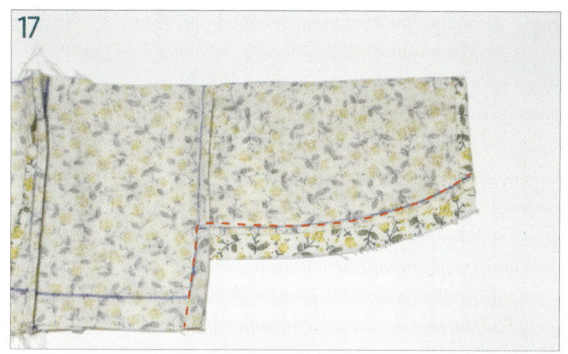

배래와 옆선을 홈질한 뒤 한쪽 시접을 0.3cm 남기고 자르세요.

다른 쪽 시접으로 감싸 싸박아 정리하세요.

겉면이 밖으로 나오도록 뒤집어서 낮은 온도로 살짝 다림질하세요.

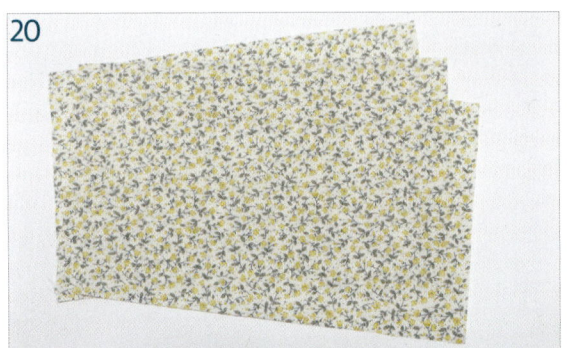

철릭 원피스 하의(치마) 재단하기
철릭에 달릴 하의를 만들기 위해 원단을 17×25cm(식서/폭)로 3장을 재단하세요.

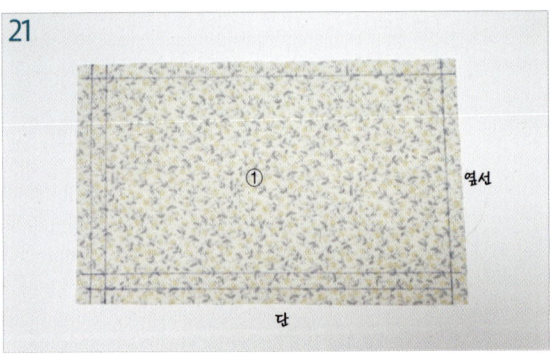

①번 치마폭에서 치마 아랫단과 옆선의 왼쪽에 시접을 2cm 주어 1cm씩 표시하고, 옆선의 오른쪽은 시접을 1cm만 주세요.

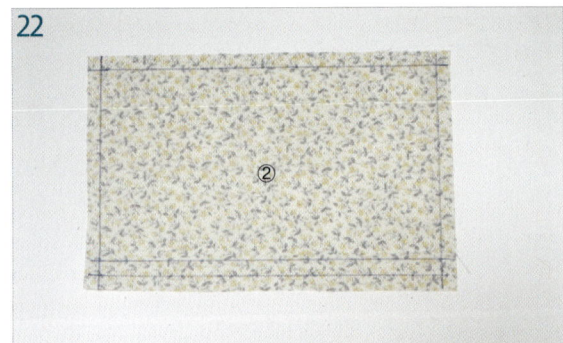

②번 치마폭에서 치마 아랫단은 시접을 2cm 주어 1cm씩 표시하고, 양쪽 옆선의 시접은 1cm만 주세요.

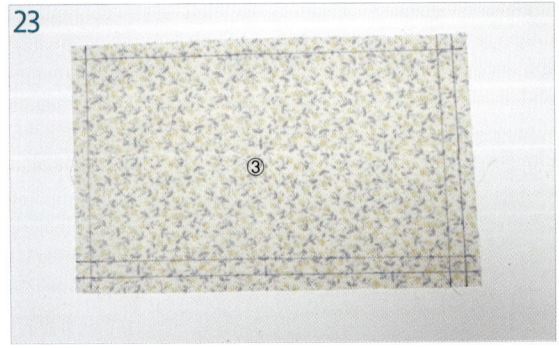

③번 치마폭에서 치마 아랫단과 옆선의 오른쪽에 시접을 2cm 주어 1cm씩 표시하고, 옆선의 왼쪽은 시접을 1cm만 주세요.

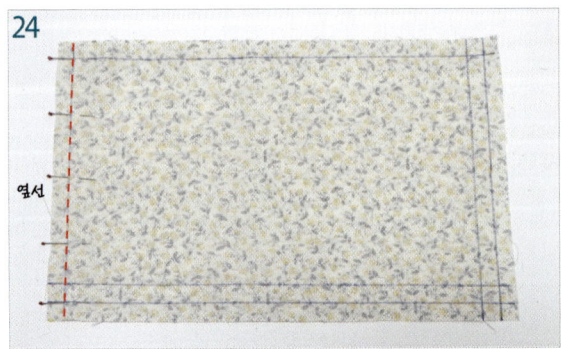

철릭 원피스 하의 만들기
철릭 치마 겉감의 겉면끼리 맞대고 옆선을 고정한 후 홈질하세요.
※시접이 1cm인 옆선끼리 연결하세요.

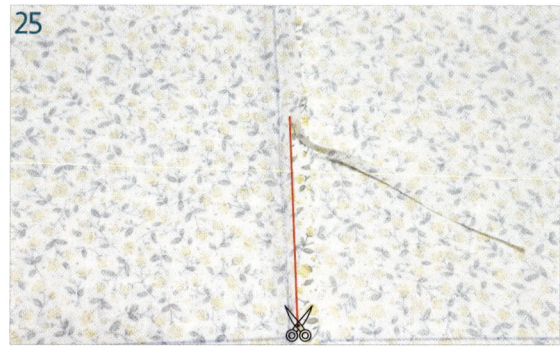

한쪽 시접을 0.3cm 남기고 자르세요.

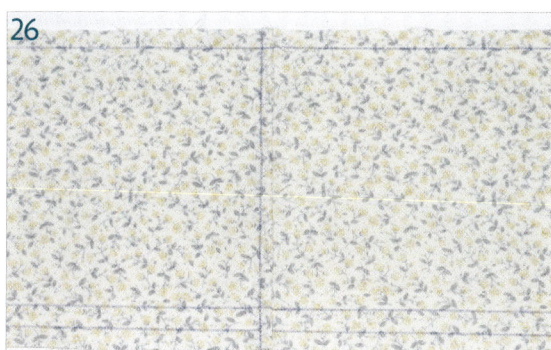

다른 쪽 시접으로 감싸서 시접을 싸박아 정리하세요.

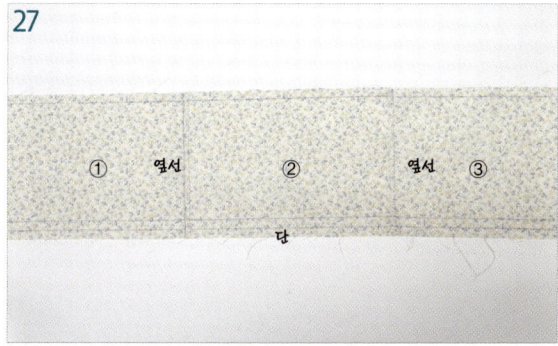

시접을 싸박는 방법으로 겉감 3장의 옆선을 연결하세요.
※안쪽 면에서 보았을 때 ①번 폭이 왼쪽, ②번 폭이 가운데, ③번 폭이 오른쪽입니다.

철릭 치마의 옆선 양쪽 시접을 1cm씩 말아 접어 공그르기하세요.

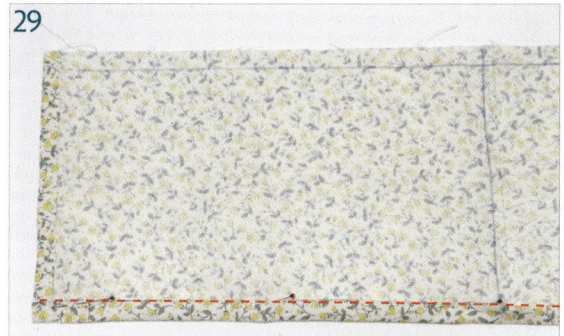

철릭치마 아랫단 시접도 1cm씩 말아 접어 공그르기하거나, 재봉틀로 눌러 박으세요.

겉감에 원하는 두께의 철릭 치마 주름을 초크나 펜으로 표시하세요.
※단, 주름을 잡았을 때 치마의 둘레가 26cm 이내가 나와야 철릭 상의의 둘레에 맞추어 연결할 수 있습니다. 겉주름 1.5cm, 속주름 1cm로 잡았습니다.

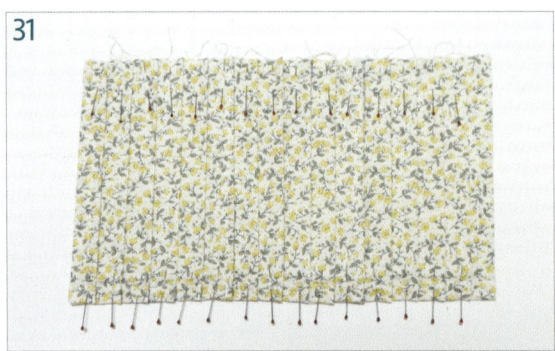

철릭 치마 겉면에서 주름을 잡아 시침핀으로 고정하세요.
※철릭 치마는 치마 끝까지 주름을 잡아 시침핀으로 고정하세요.

1cm 시접을 남기고 고정된 주름을 따라 홈질하거나 재봉틀로 눌러 박으세요.

홈질한 후 주름 모양을 잡아가며 낮은 온도로 다림질하세요.

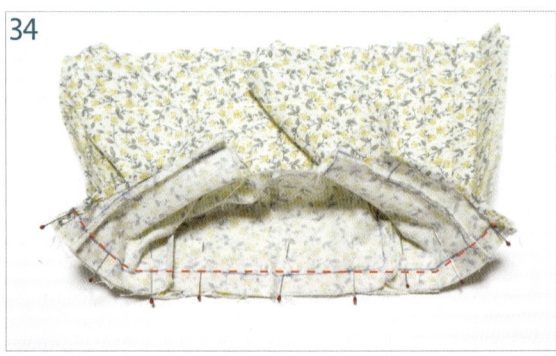

철릭 상의, 하의 연결하기
주름 잡은 치마 겉감 위에 만들어진 철릭 상의를 얹고, 겉감끼리 맞대어 안쪽 면에서 홈질하세요.

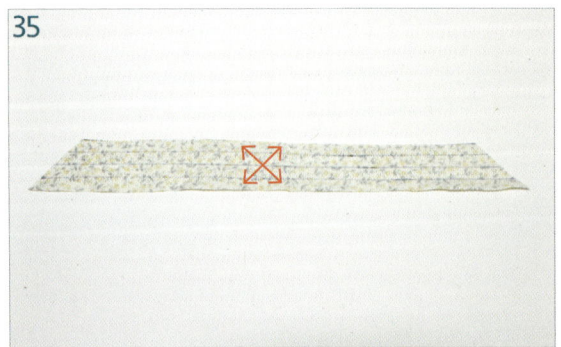

상의와 하의를 연결하면 생기는 시접을 정리하기 위해 4×28cm(바이어스 방향) 크기로 재단하여 시접을 1cm씩 표시하세요.

중심선을 접고 1cm 시접을 안으로 접어 바이어스 테이프를 만드세요.

바이어스 테이프로 철릭 상의와 하의를 연결하여 생긴 허리 시접을 감싸 공그르기 또는 재봉틀로 눌러 박으세요.

깃 달기_목판 깃
깃을 달기 전 철릭 상의(저고리)에 고대를 표시하고, 고대 위치까지 가위로 터주세요.

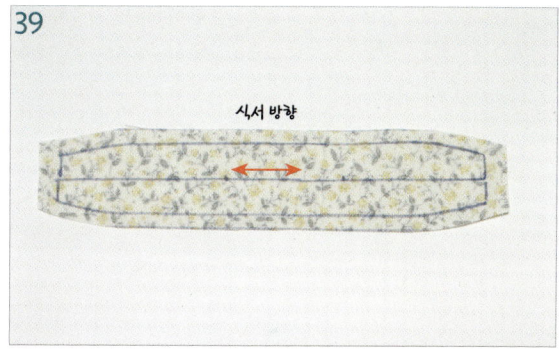

옷감에 깃본을 대고 식서 방향에 맞추어 완성선을 그리고 0.5cm 를 더한 시접선을 그리세요.
※골선으로 안과 겉을 붙여서 그리세요.

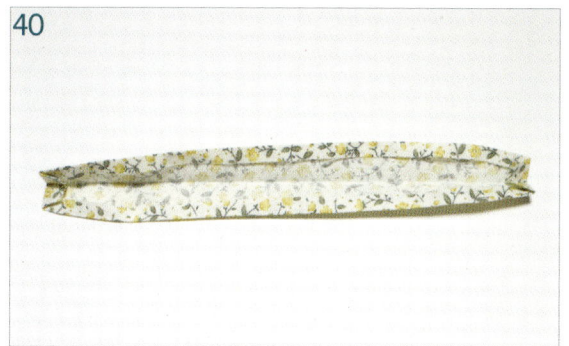

깃의 완성선을 따라 시접을 안쪽으로 접어 깃 모양을 만드세요.

철릭 상의에 만들어진 깃을 올려 위치를 잡아주세요.
※깃의 끝이 진동선과 나란히 되도록 달아주세요.

놓인 깃은 시접이 있는 안쪽에서 완성선을 바느질하거나 겉면에서 보이지 않게 공그르기하세요.

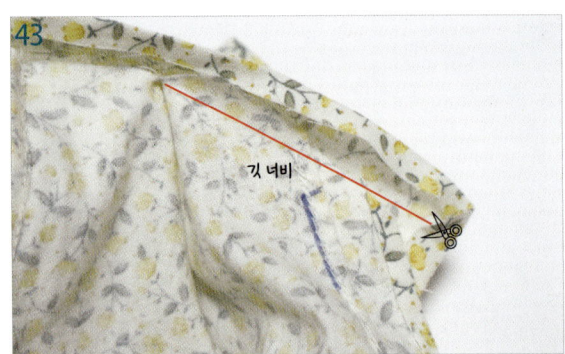

길은 깃 너비만큼 시접을 남기고 잘라 정리하세요.
※1.5cm 이내로 길의 시접을 잘라 깃을 달았을 때, 깃의 형태가 예쁘게 잘 잡힙니다.

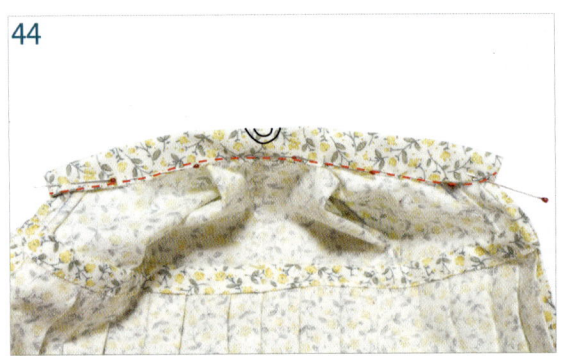

깃의 골선을 접어 깃 안쪽을 시침핀으로 고정하고 공그르기하세요.

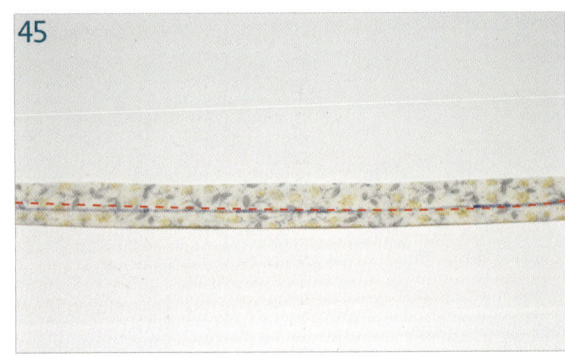

연봉매듭 끈 만들기
철릭 원피스에 고름을 대신하여 연봉매듭으로 여밈을 만듭니다. 연봉매듭 끈을 만들기 위해 바이어스 방향으로 3~4×25cm(폭/길이)로 재단하여 반을 접어 0.5cm 완성선을 그린 뒤 홈질하세요.

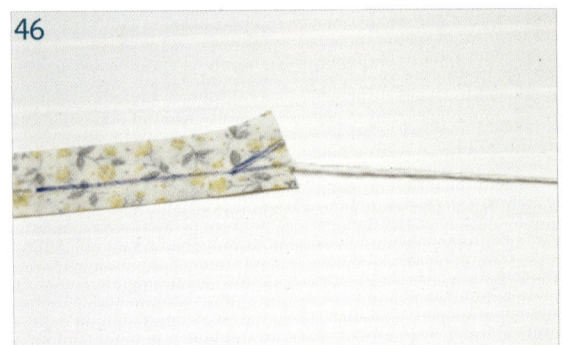

완성선을 그릴 때 한쪽 끝은 깔때기 모양으로 그리세요.

깔때기 끝에 실을 4겹 정도 바늘에 끼워 연결하세요.

바늘을 속으로 넣어 반대편 끝까지 통과시키고 끈을 뒤집으세요.

연봉매듭 만들기
매듭 끈을 검지와 중지 사이에 8자로 감고 중지를 감았던 끈의 끝부분은 엄지로 잡으세요.

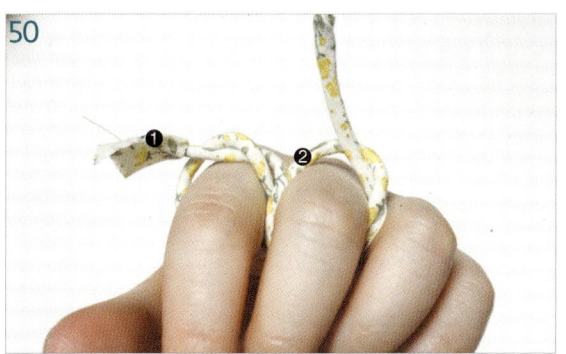

❶은 검지로 가져가 묶어주듯이 아래에서 위로 통과시키고, 엄지로 잡고 있던 ❷는 중지로 가져가 묶어주듯이 아래에서 위로 통과시키세요.

두 손가락을 살살 빼면 ∞ 모양이 나옵니다.

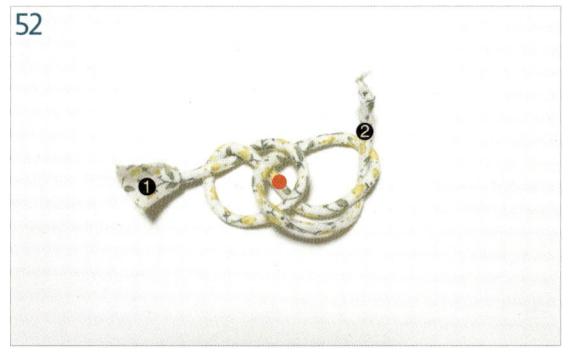

양옆을 살짝 눌러 끈을 느슨하게 만들면 가운데를 지나는 중심 끈이 보입니다.

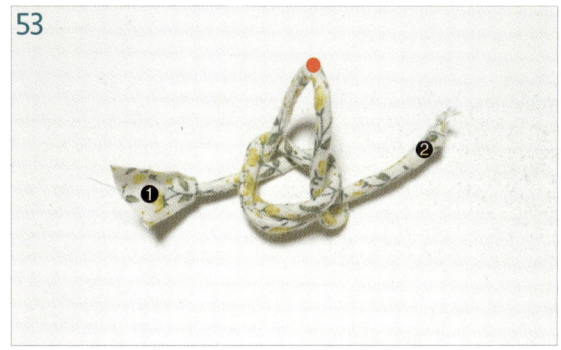

중심 끈을 위로 들어 올리면 기둥이 생깁니다.

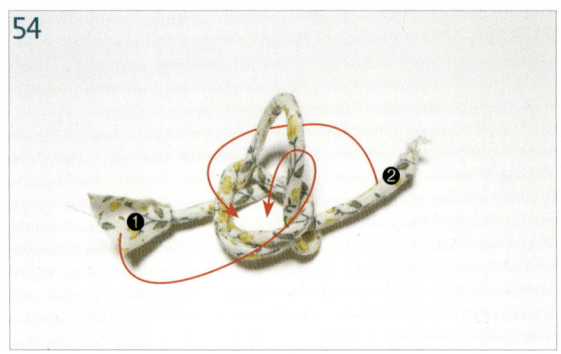

54

기둥을 기준으로 ❶ 끈은 앞을 지나 뒤에서 아래의 원으로 통과시키고 ❷ 끈은 뒤를 지나 앞에서 아래의 원으로 통과시키세요.

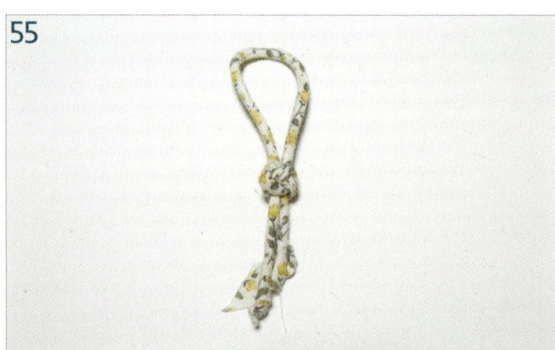

55

통과시킨 ❶, ❷ 끈을 살살 잡아당기면 사진과 같은 모양이 나옵니다.

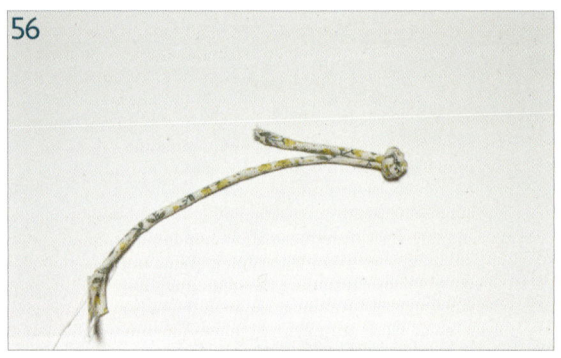

56

기둥 끈을 없애기 위해 연결되어 있는 끈을 움직여서 아래로 빼내면 구 형태의 연봉매듭이 완성됩니다.

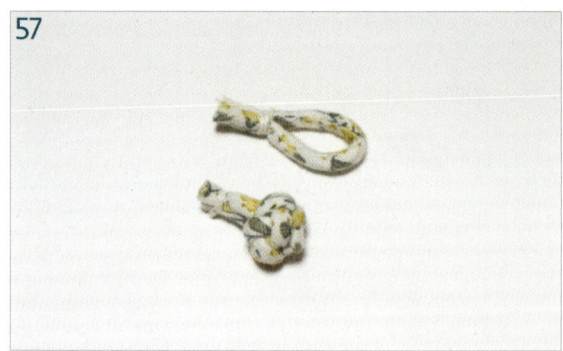

57

끝을 실로 묶어 연봉매듭을 잘라내고 남은 끈으로 연봉매듭이 통과되는 크기의 고리를 실로 묶어 만드세요.

58

철릭 원피스에 매듭단추 달기_연봉매듭
깃 바로 아래의 안쪽 면에서 매듭고리를 달아요.

59

철릭 원피스를 평평한 곳에 두어 매듭고리와 맞는 연봉매듭의 위치를 잡아주세요.
※연봉매듭을 사진과 같이 바깥쪽을 향하게 하여 길에 달아주세요.

연봉매듭을 여미면 연봉매듭의 끝이 보이지 않고 깔끔하게 여며져요.

깃에 0.5cm 폭의 동정을 달아주세요.

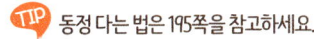
동정 다는 법은 195쪽을 참고하세요.

귀여운 패턴의 철릭 원피스가 완성되었습니다.

허리치마

| 원단 | 겉감: 노방 30×85cm(식서/폭) |

TIP 철릭 위에 입는 허리치마는 얇고 비침이 있는 노방 원단을 이용해 홑겹으로 만드세요.

How to Make

허리치마 재단하기
허리치마는 옷본을 사용하지 않고 원단에 직접 사이즈를 표시하여 재단합니다. 치마 겉감은 14×75cm(식서/폭)로 길게 재단하세요.

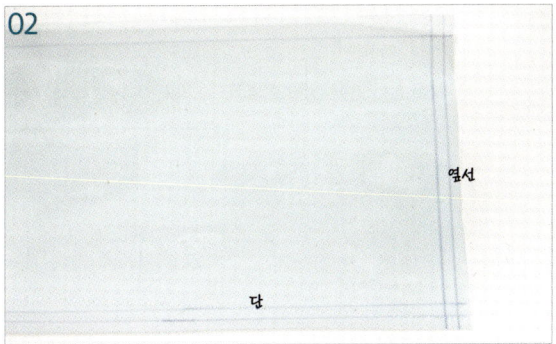

사방에 시접을 1cm씩 표시하세요. 허리치마 아랫단과 양끝 옆선은 0.5cm씩 2번 그려 1cm 시접을 표시하세요.

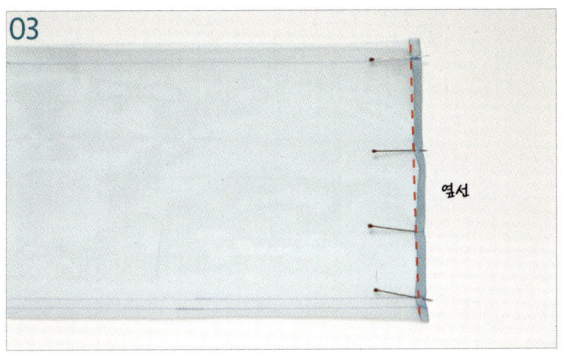

허리치마 만들기
허리치마의 옆선 양쪽 시접을 0.5cm씩 말아 접어 공그르기하세요.

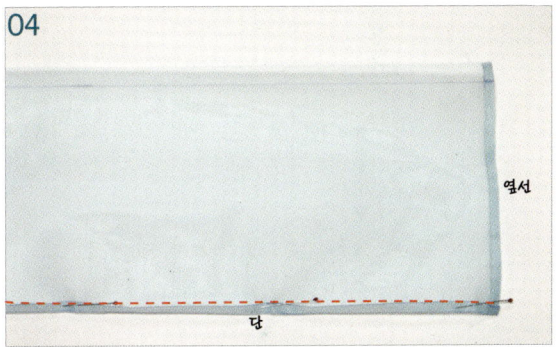

허리치마 아랫단 시접도 0.5cm씩 말아 접어 공그르기하세요.

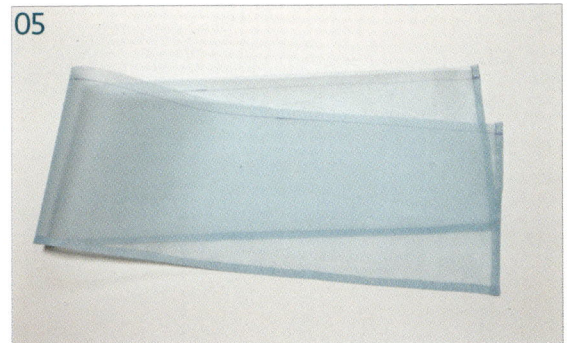

옆선과 아랫단을 공그르기한 모습이에요.

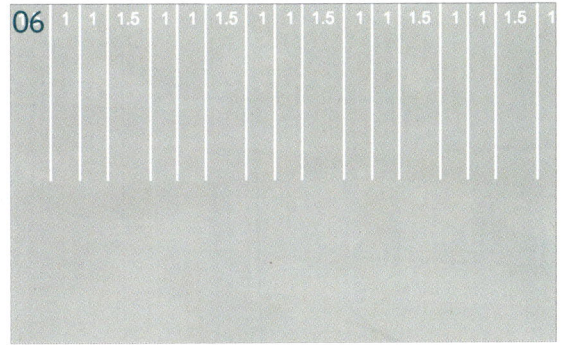

겉면에 원하는 두께의 치마 주름을 초크나 펜으로 표시하세요.
※ 베이비돌 인형은 배가 볼록하여 주름을 잡았을 때 허리치마의 둘레가 27~28cm가 되면 적당합니다. 겉주름 1.5cm, 속주름 1cm로 잡았습니다.

치마 겉면에서 주름을 잡아 시침핀으로 고정하세요.

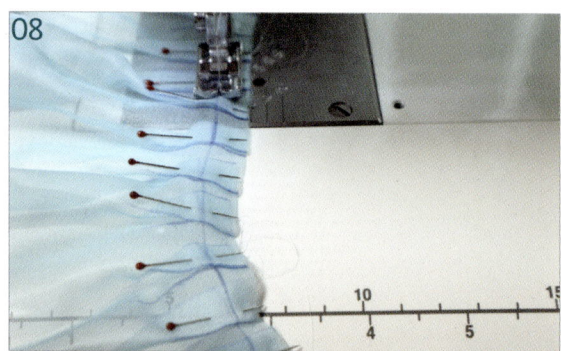

그려놓았던 1cm 시접선을 따라 주름을 홈질하거나, 재봉틀로 눌러 박으세요.

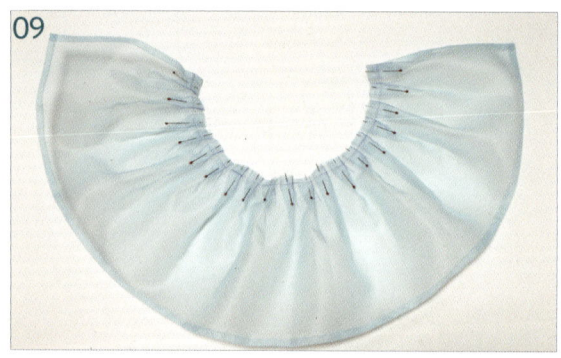

박음질한 후 낮은 온도로 살짝 다림질하면 주름 모양이 더 예쁘게 잡혀요.

허리치마 말기 만들기
허리치마 말기는 6×30cm(폭/식서)로 2장을 재단하세요.

> **TIP** 주름 잡은 치마둘레가 28cm가 나와 시접을 1cm씩 더하여 30cm를 식서 방향에 맞게 재단했어요. 치마를 만들고 둘레를 재어 허리치마의 말기를 재단하세요.

말기에 중심선과 위아래 시접을 1cm 표시하세요.

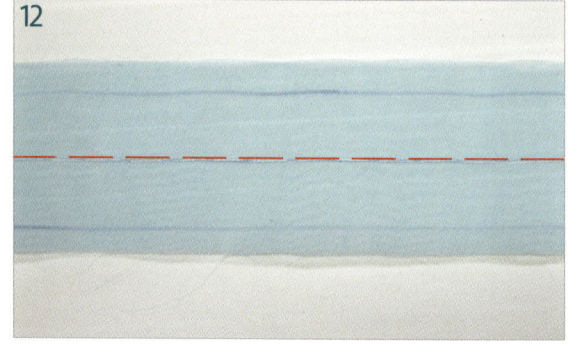

2장을 겹쳐 중심선을 시침하세요.
※ 노방 원단은 비침이 있고 얇아 2장을 재단하여 한 장을 심지로 사용하세요.

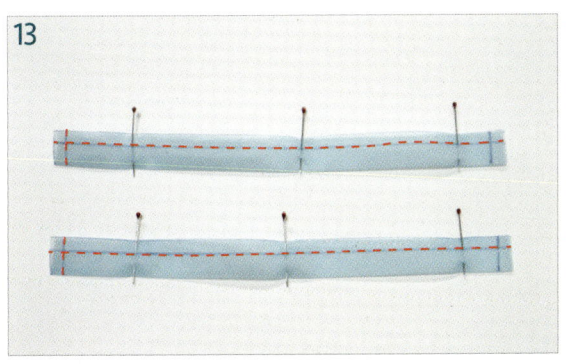

치마 말기 끈은 3×21cm(폭/식서)로 2장을 재단하여 말기끈의 반을 접어 0.5cm 시접을 표시하고 홈질하세요.

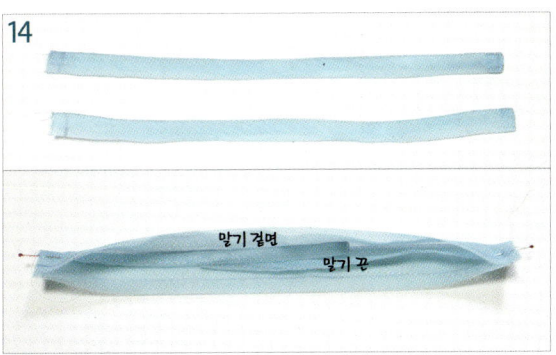

말기 끈을 뒤집은 모습이에요. 말기는 겉면끼리 마주치도록 반을 접어 그 사이에 만들어진 말기 끈을 끼워주세요.

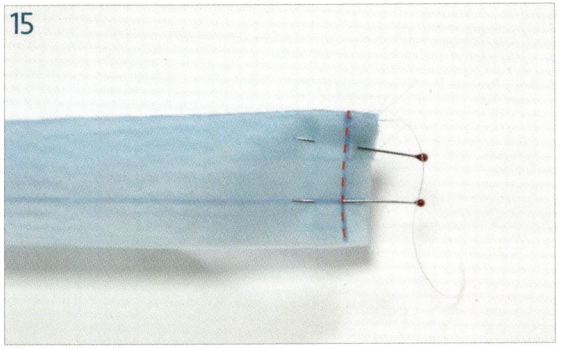

말기 끈이 끼워진 말기의 양 옆선에 1cm 시접을 표시하고 홈질하세요.

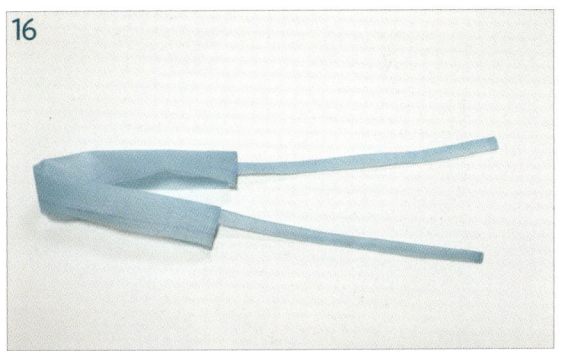

뒤집으면 허리치마 말기에 말기 끈이 깔끔하게 달린 상태가 됩니다.

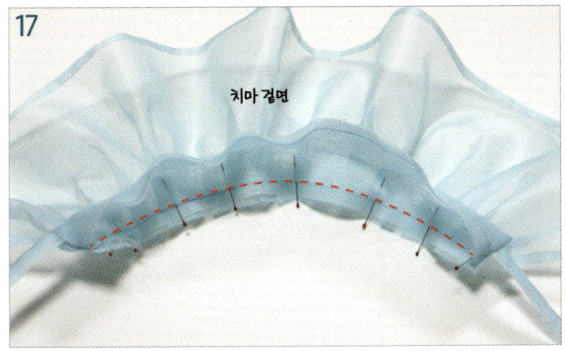

치마와 말기 연결하기
주름 잡은 허리치마 겉면 위에 만들어진 말기를 얹고 안쪽에서 튼튼하게 홈질하세요.

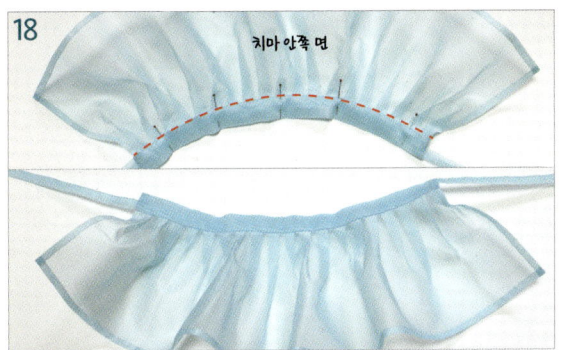

허리치마의 안쪽으로 남은 말기 시접을 접어 공그르기로 마무리하세요. 철릭 원피스와 함께 입기 좋은 허리치마가 완성되었습니다.

베이비돌 패션한복 3

숲으로 간 백설공주

퍼프소매 원피스 + 리본 헤어밴드

재봉틀 사용

계모 왕비의 미움을 받아 숲으로 쫓겨난
백설공주가 한복을 입고 있다면 어떨까요?
눈처럼 하얀 피부에 잘 어울리는 색과
봉긋한 퍼프소매의 한복 원피스
그리고 빨간 리본 덕분에 더욱 사랑스러운 패션한복입니다.

퍼프소매 원피스

실물 크기 도안 224, 225쪽

원단	겉감 : 면 44인치 대폭 원단 1/2마(식서/폭)
	퍼프소매 커프스 : 면 12×12cm(식서/폭)
부자재	고름으로 사용할 공단 리본, 장식용 레이스, 스냅단추

TIP 원피스 상의와 하의를 연결할 때 원단을 바이어스 방향으로 재단하여 시접을 정리하기 때문에 겉감을 44인치 대폭 원단으로 넉넉히 1/2마(식서 방향으로 45cm 내외)를 준비하세요.

How to Make

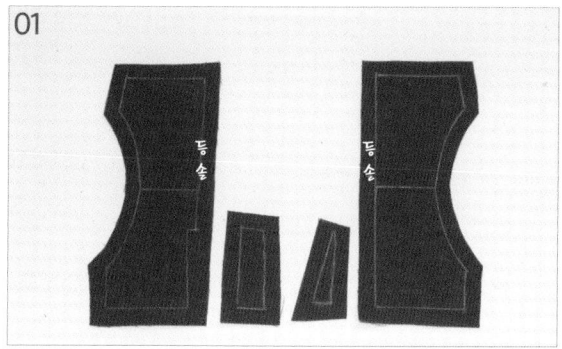

원피스 상의 재단하기
원피스 상의의 옷본을 대고 완성선과 1cm를 더한 시접선을 그리세요. 등솔(등의 중심 솔기) 시접도 1cm를 더하세요.

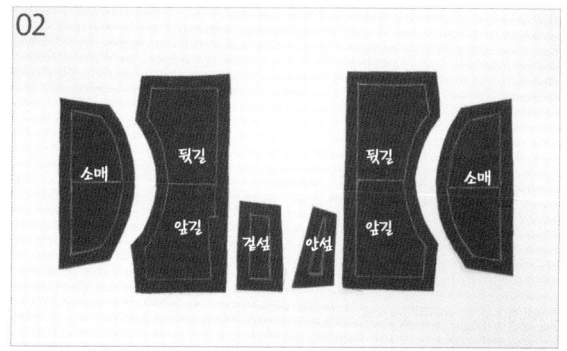

길(몸판) 좌우 2장, 소매 좌우 2장, 겉섶과 안섶은 1장씩 그려 총 6조각을 재단하세요.

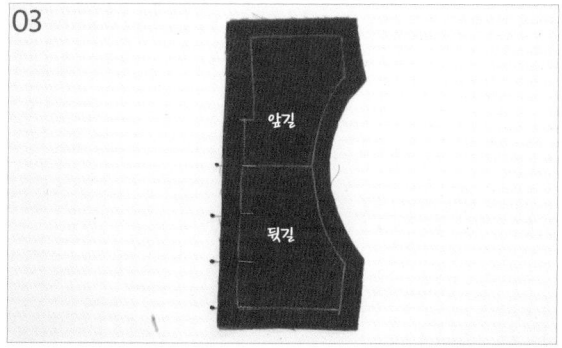

원피스 상의 만들기
재단된 좌우 길은 겉면끼리 맞대고 등솔은 시침핀으로 고정하세요.

> TIP 퍼프소매 원피스는 면 원단을 이용하여 홑겹의 패션한복을 만들기 때문에 싸박는 시접 정리 방법으로 원피스를 깔끔하고 튼튼하게 만드세요.

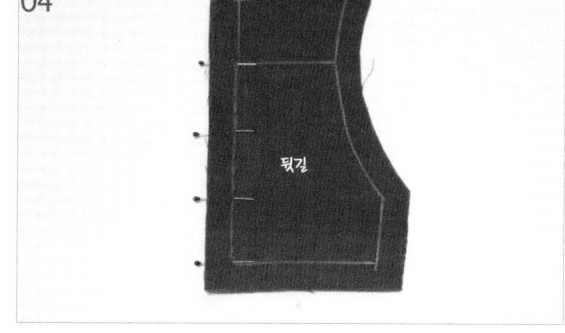

고정된 등솔을 홈질하세요.

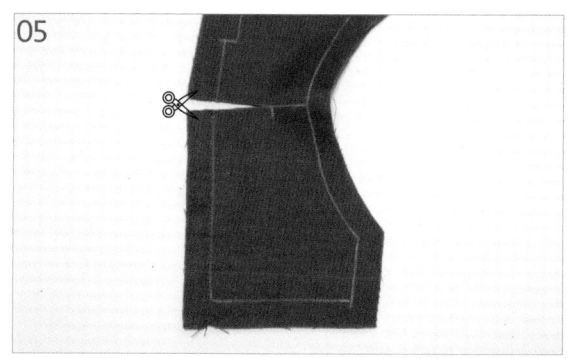

고대 지점까지 가윗밥을 주세요.

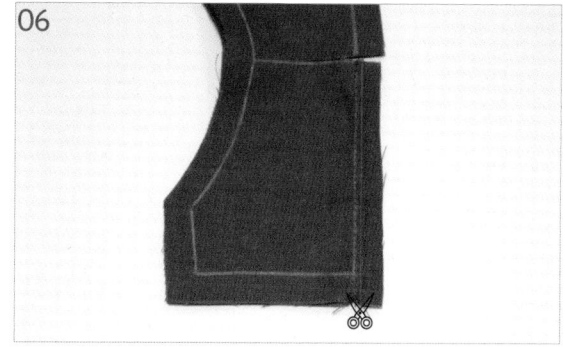

등솔 시접의 한쪽을 0.3cm 정도 남기고 자르세요.

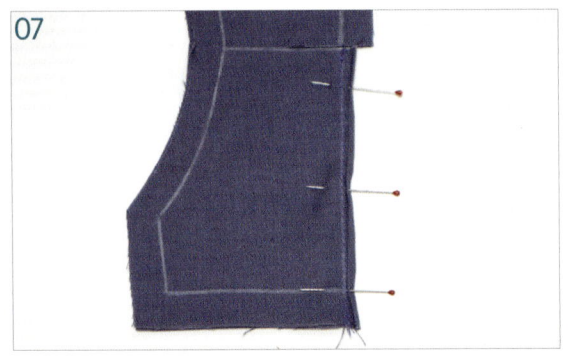

07 잘라내지 않은 곳의 시접으로 잘라낸 시접을 감싸 홈질하세요

TIP 재봉틀을 이용하면 깨끗하고 튼튼하게 박음질할 수 있어요.

08 시접을 싸박은 모습이에요.

09 길을 펼쳐서 겉면에서 보았을 때 시접이 오른쪽을 향하도록 꺾으세요.

※안쪽 면에서 봤을 때 왼쪽으로 꺾으세요.

10 앞길(앞 몸판)과 섶의 겉면끼리 맞대고 앞길의 오른쪽에는 겉섶을, 왼쪽에는 안섶을 놓아 홈질하세요.

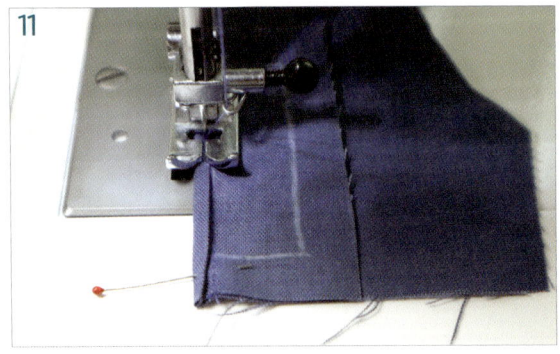

11 등솔과 마찬가지로 섶의 한쪽 시접을 잘라내고 다른 한쪽 시접으로 감싸 시접을 싸박아 정리하세요.

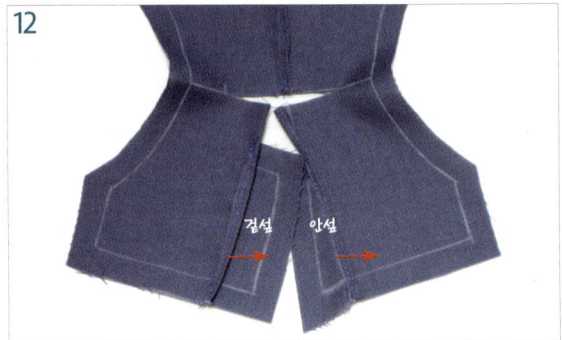

12 겉섶은 섶 쪽으로, 안섶은 길 쪽으로 시접을 넘겨 낮은 온도로 살짝 다림질하세요.

소매 진동선과 길의 진동선이 같은 방향의 곡선이기 때문에 바느질하기 어려우므로 실크실로 소매의 진동선을 시침하세요.

양쪽 소매의 진동선과 길의 진동선을 모두 시침하세요.

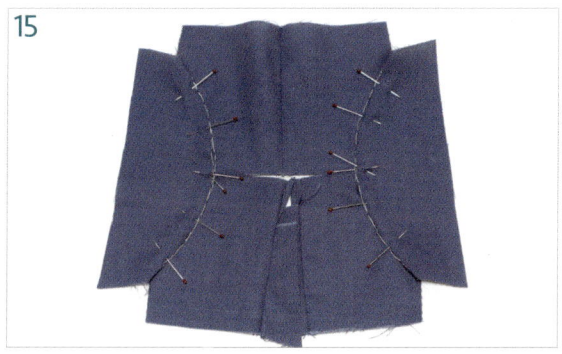

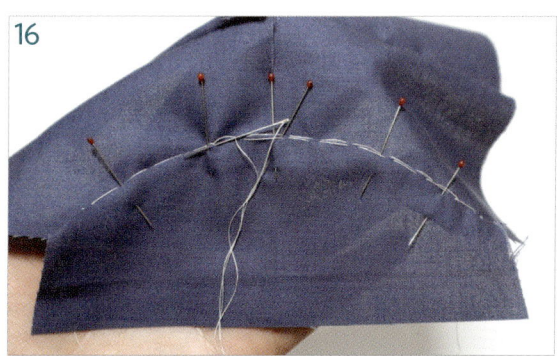

소매 시접을 접어 길의 진동선과 중심을 맞춰 시침핀으로 고정하세요.

안쪽 면에서 바느질하기 편하도록 시침핀으로 고정된 길과 소매를 함께 시침하세요.

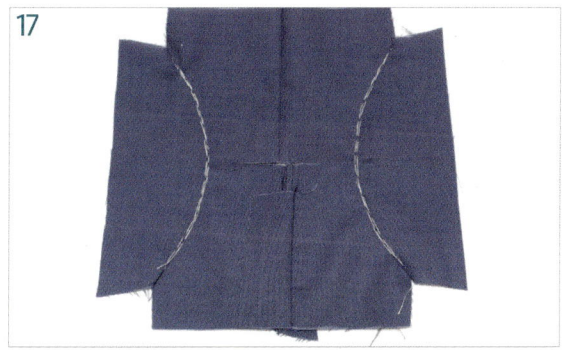

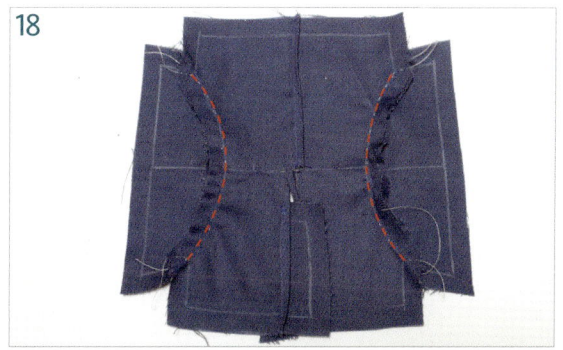

시침으로 소매가 달린 모습이에요.

시접 안쪽에서 튼튼하게 홈질하여 소매를 길에 달아요.

시접의 한쪽을 0.3cm 남기고 잘라내어 다른 한쪽 시접으로 감싸 싸박아 정리하세요.

겉섶과 안섶의 바깥쪽 시접을 0.5cm씩 말아 접어 공그르기하세요.

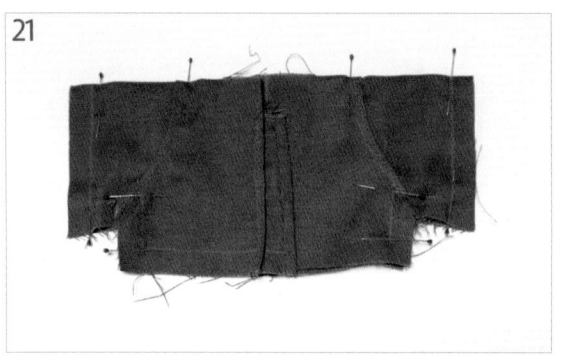

어깨 중심선을 기준으로 길과 소매를 접어 시침핀으로 배래와 옆선을 고정하세요.

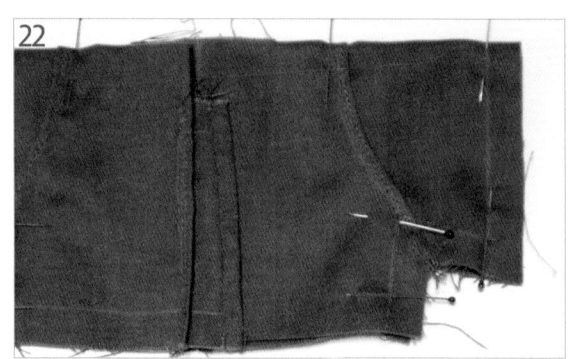

배래와 옆선을 홈질하세요.

배래와 옆선의 한쪽 시접을 0.3cm 남기고 잘라내어 다른 한쪽 시접으로 감싸 싸박아 정리하세요.

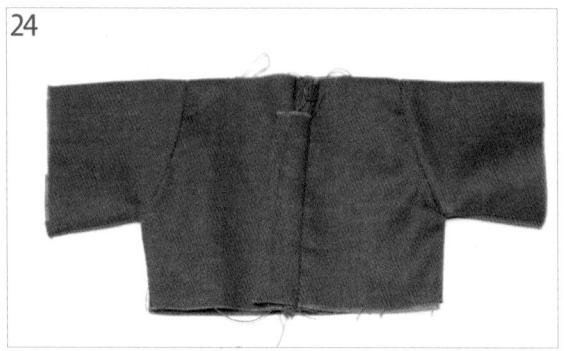

뒤집어서 낮은 온도로 살짝 다림질하세요.

원피스 하의 재단하기
원피스 상의에 달릴 하의를 만들기 위해 원단을 길게 11×65cm(식서/폭)로 재단하세요.
※ 원단이 길지 않은 경우에는 폭을 이어 준비하세요.

사방에 시접을 1cm씩 표시하세요. 양쪽 옆선과 아랫단은 0.5cm씩 두 번 표시하여 시접을 1cm 주세요.

원피스 하의 만들기
치마 옆선 시접을 말아 접어 공그르기하세요.

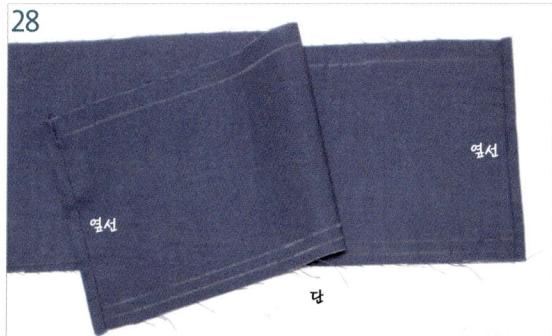

반대편 시접도 말아 접어 공그르기하세요.

치마 아랫단 시접을 말아 접어 공그르기 또는 재봉틀로 눌러 박으세요.

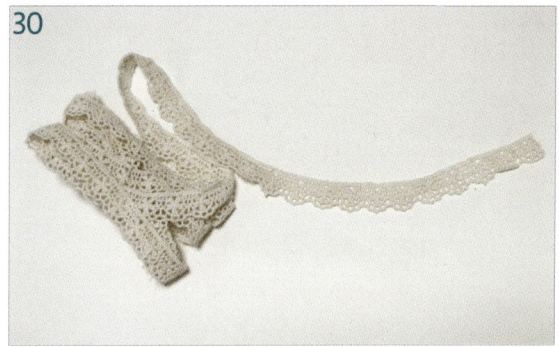

치마 아랫단을 장식할 레이스를 준비합니다.

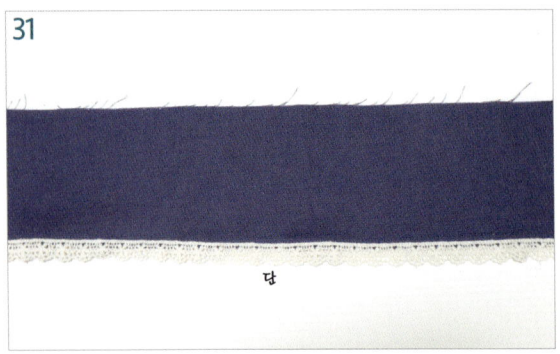

치마 아랫단 끝에 레이스를 고정하여 홈질하세요.

TIP 재봉틀을 이용하는 경우에는 윗실을 레이스 색으로, 밑실을 치마 색으로 바꾼 다음에 박으면 더 깔끔하게 만들어져요.

치마에 주름을 넣기 위해 실크실 또는 코아사 같은 튼튼한 실로 상의와 연결될 허리 완성선에서 0.2cm 정도 떨어진 위치에 홈질하세요.

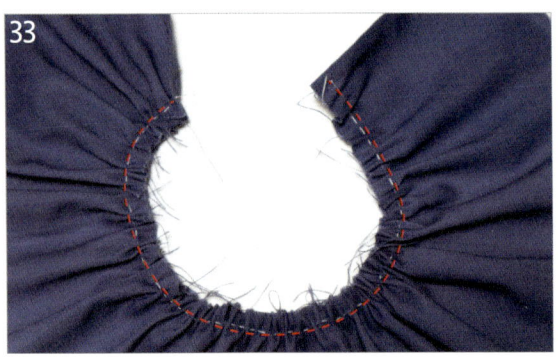

홈질한 실을 묶지 않고 길게 끊어서 실을 당겨 치마에 셔링(실을 당겨 만든 주름)을 만들어주세요.

24에서 만들어진 원피스 상의의 둘레에 맞게 주름을 만드세요.
※ 상의 둘레가 26cm라 치마 주름을 26cm로 잡았습니다.

원피스 상의와 하의 연결하기
주름 잡은 치마 겉감 위에 만들어진 원피스 상의를 겉감끼리 맞대고 완성선을 따라 홈질하세요.

상의와 하의를 연결하며 생기는 시접을 정리하기 위해 3×28cm(바이어스 방향) 크기로 재단하여 1cm씩 시접을 표시하세요.
※ 만들어진 원피스의 상의 둘레에 따라 길이가 달라질 수 있습니다.

 바이어스 원단을 원피스 허리 시접에 얹고 완성선을 따라 홈질하세요.	 남은 시접을 안으로 접어 넣어 공그르기로 허리 시접을 정리하세요.
 **원피스 퍼프소매 만들기** 원피스 소매에도 셔링을 만들기 위해 홈질하세요.	 실을 당겨 소매에 셔링을 만드세요.
 소매에 달릴 커프스를 3×10.5cm(폭/식서)로 재단하여 사방에 0.5cm 시접을 표시하세요.	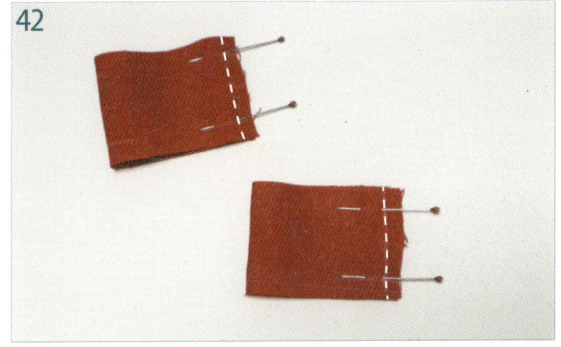 커프스를 반으로 접어 홈질하세요.

43

홈질을 하면 커프스가 사진처럼 원통형이 됩니다. 시접은 가름솔로 정리하세요.

44

소매와 커프스가 겉면끼리 마주 닿도록 끼워 시침핀으로 고정하세요.

45

완성선을 홈질하세요.

46

커프스를 바깥쪽으로 빼 안쪽 면이 보이도록 원피스를 뒤집으세요.

47

남은 시접을 안쪽으로 말아 접어 커프스 안쪽을 소매에 공그르기하여 고정하세요.

48

원피스 상의와 하의가 연결되고 커프스가 달린 모습이에요.

깃 달기_목판깃

옷감에 깃본을 대고 식서 방향에 맞추어 완성선을 그리고 0.5cm를 더한 시접선을 그리세요.
※골선으로 안과 겉을 붙여서 그리세요.

깃의 완성선을 따라 시접을 안쪽으로 접어 깃 모양을 만드세요.

원피스 상의에 만들어진 깃을 올려 위치를 잡아주세요.
※깃 끝이 진동 선과 나란히 되도록 달아주세요.

놓인 깃은 시접이 있는 안쪽에서 완성선을 바느질하거나 겉면에서 공그르기로 바느질하세요.

길은 깃 너비만큼 시접을 남기고 잘라 정리하세요.
※1.5cm 이내로 길의 시접을 잘라 깃을 달았을 때, 깃의 형태가 예쁘게 잘 잡힙니다.

깃의 골선을 접어 깃 안쪽을 시침핀으로 고정하고 공그르기하세요.

마무리하기
폭이 좁은 레이스를 이용하여 밋밋하지 않게 깃을 장식하세요.

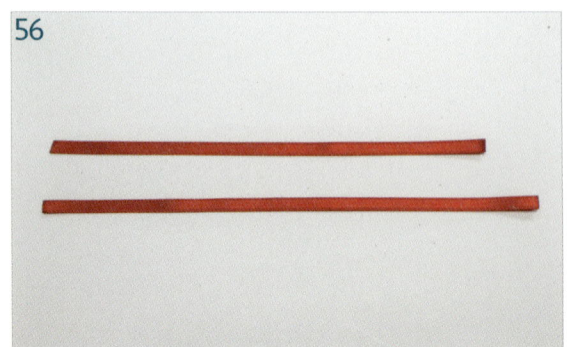

얇은 공단 리본을 17cm와 15cm로 잘라 고름을 준비하세요

긴 고름은 겉섶이 달린 오른쪽에 깃 바로 아래에, 짧은 고름은 안섶이 달린 왼쪽에 깃 너비(1.5cm)만큼 떨어진 위치에 달아요.

허리 아래의 치마가 겹치는 부분에 스냅단추를 달아요.

귀엽고 깜찍한 퍼프소매 한복 원피스가 완성되었습니다.

리본 헤어밴드

재료　폭 1cm 공단 리본 1마, 폭 1.5cm 공단 리본 1/2마, 벨크로(찍찍이), 글루건 또는 투명 본드

How to Make

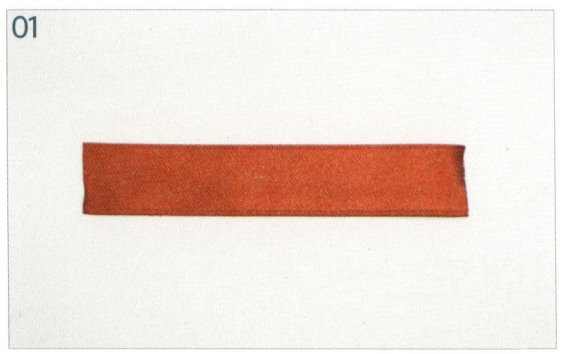

리본 만들기
폭 1.5cm의 공단 리본을 9cm 길이로 자르세요.

양끝을 겹쳐서 홈질하여 원통형으로 만드세요.
※홈질한 후 끝을 매듭짓고 실을 끊지 마세요.

홈질한 리본의 가운데를 접어 주름을 잡고, 2에서 남겨두었던 실로 주름 잡은 가운데를 돌돌 말아 고정한 후 끝을 매듭지으세요.

폭 1cm의 공단 리본으로 실로 고정한 리본의 가운데 부분을 감싸 글루건 또는 투명본드로 붙이세요.

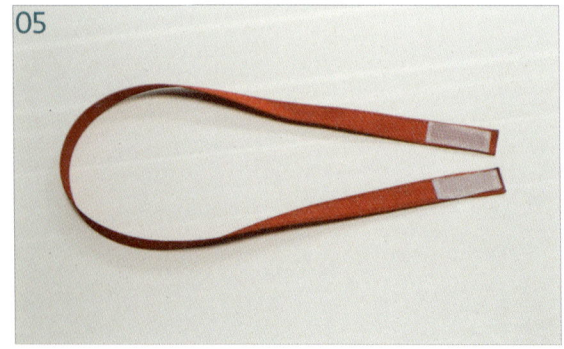

밴드 만들기
폭 1cm의 공단 리본을 베이비돌의 머리둘레에 맞게 약 37cm 길이로 자르세요. 양끝에는 글루건 또는 투명본드를 이용하여 벨크로(찍찍이)를 붙이세요.

 TIP 인형마다 머리 크기가 다르니 직접 머리둘레를 재어 만드세요.

리본과 밴드 연결하기
만든 리본과 밴드를 글루건 또는 투명 본드로 붙이세요. 백설공주의 빨간 리본 헤어밴드가 완성되었습니다.

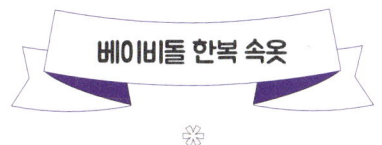

속옷

속치마 + 속바지 + 버선

베이비돌 인형도 사람과 마찬가지로
속옷까지 갖추어 입어야
고운 한복의 자태를 살릴 수 있습니다.
베이비돌 사이즈에 맞는 버선과
속바지, 속치마를 만들어보세요.

속치마

실물 크기 도안 226쪽

원단   겉감 : 면 또는 명주 35×50cm(식서/폭)
부자재   스냅단추

> **TIP** 베이비돌 사이즈의 속옷은 크기가 작기 때문에 면 원단이 두꺼우면 만들기 어려워요. 40수 정도의 면으로 만들면 손바느질로도 어렵지 않게 만들 수 있습니다.

How to Make

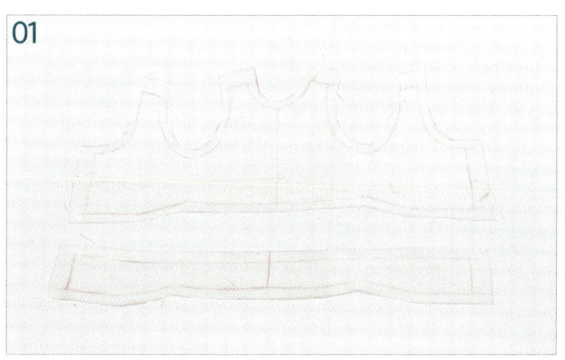

속치마 조끼허리 만들기
조끼허리와 조끼허리 안단 옷본을 대고 식서 방향에 맞추어 완성선을 그리고 시접을 1cm 주세요.

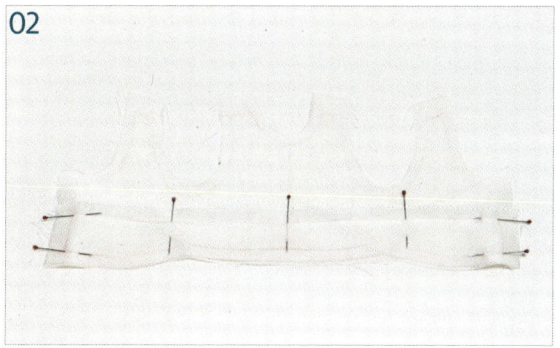

조끼허리 겉면의 안단 위치에 재단한 안단의 겉면을 맞대고 시침핀으로 고정하세요.
※겉면끼리 맞대세요.

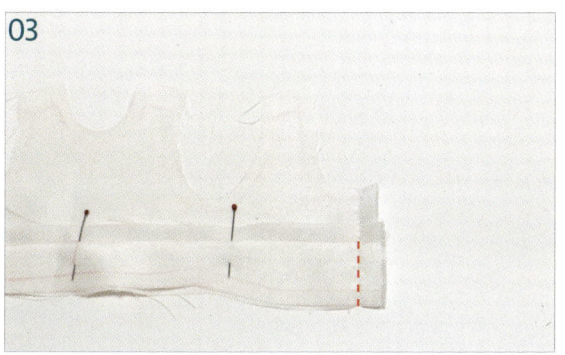

안단의 양끝 옆선을 홈질하세요.

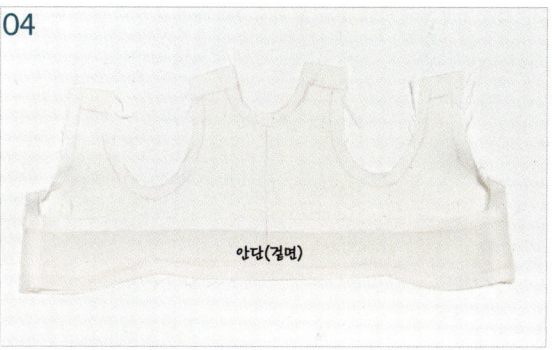

겉면이 밖으로 나오도록 뒤집으세요.

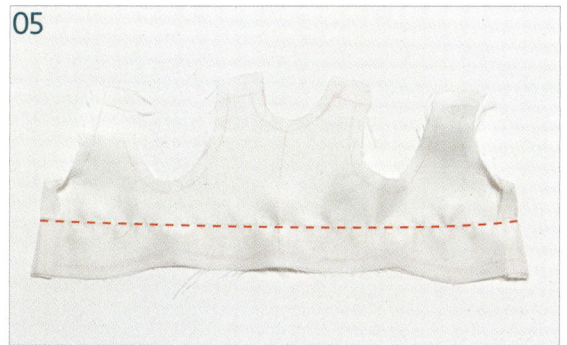

안단의 위 시접을 안쪽으로 접어 넣어 0.1cm 떨어진 위치에서 안단을 홈질하세요.

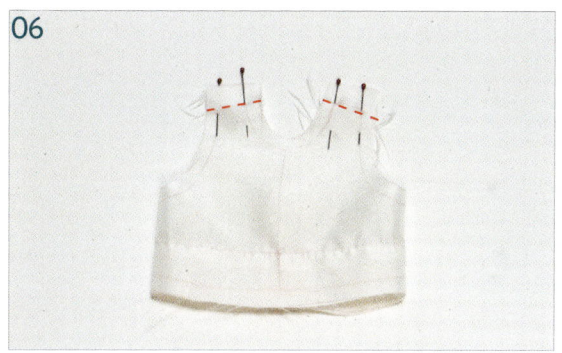

조끼허리 앞뒤 어깨의 겉면끼리 맞대고 시침핀으로 고정한 후 홈질하세요.

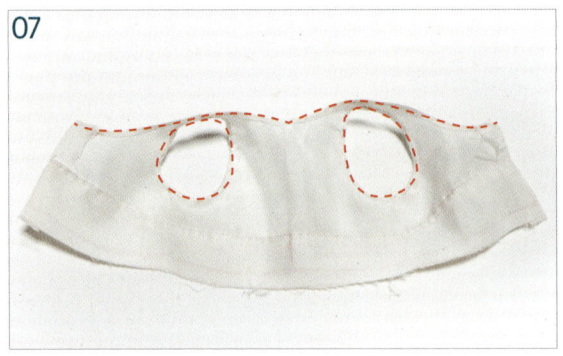

앞 목둘레, 뒷 목둘레, 진동 둘레의 시접을 0.5cm씩 말아 접어 공그르기하거나 홈질하세요.

조끼허리의 시접을 정리한 모습이에요.

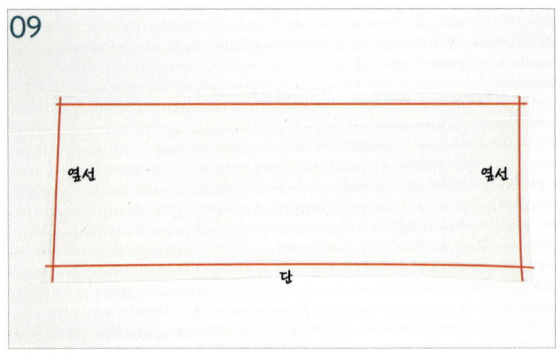

치마 만들기
조끼허리에 달릴 치마를 19×50cm로 재단해 조끼허리가 달릴 위쪽과 양끝 옆선에는 1cm, 치마 아랫단에는 2cm 시접을 그려 재단하세요.

치마의 양끝 옆선을 연결해 통으로 만들기 위해 옆선을 시침핀으로 고정하세요.

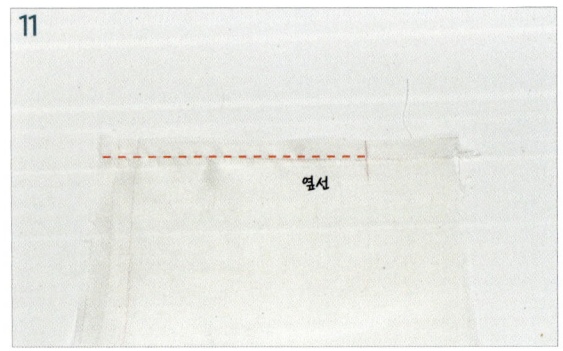

위에서 5cm 떨어진 지점을 표시해 아랫단부터 표시된 곳까지만 홈질하세요.

시접은 가름솔로 정리하세요.

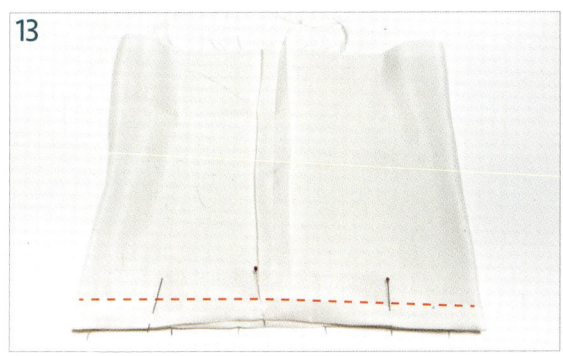

치마 아랫단 시접은 1cm씩 말아 접어 공그르기하거나 홈질하세요.

8에서 만들어진 조끼허리 둘레에 맞게 치마의 주름을 잡아주세요. 주름을 잡았을 때 치마의 둘레가 23.5cm 내외가 나와야 조끼허리에 치마를 예쁘게 달 수 있습니다. 겉주름 1.5cm, 속주름 0.5cm로 잡았습니다.

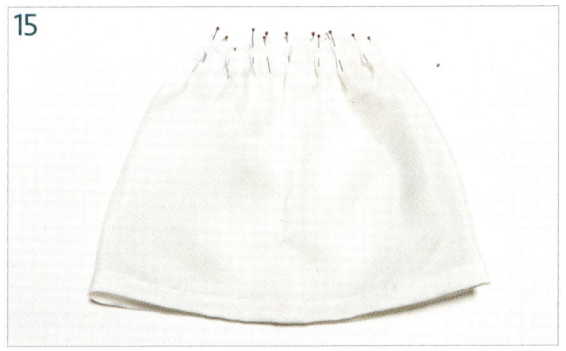

치마 겉면에서 주름을 잡아 시침핀으로 고정하세요.

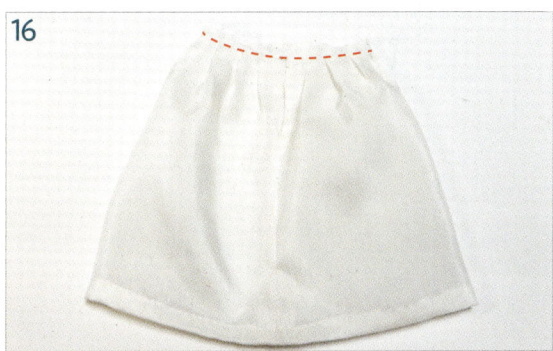

표시한 완성선에 고정된 주름을 따라 튼튼하게 홈질하세요.

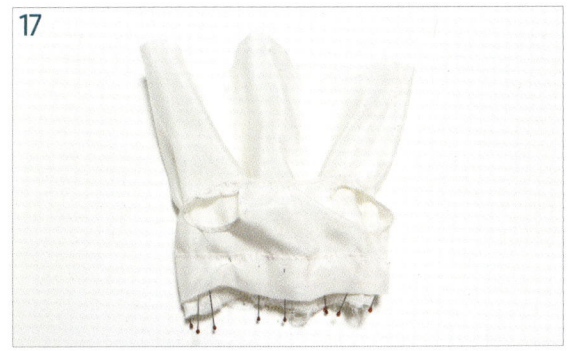

조끼허리와 치마 연결하기
주름 잡은 치마의 겉면 위에 만들어진 조끼허리 겉면을 맞대어 얹고 시침핀으로 고정하세요.

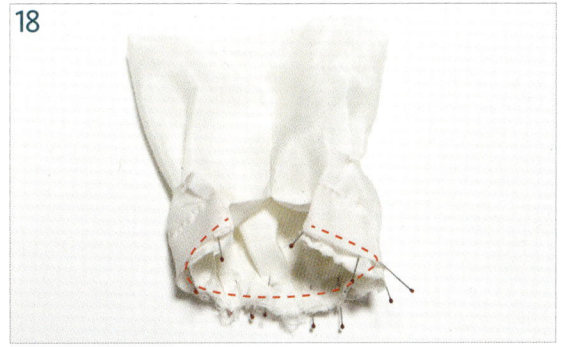

조끼허리의 안쪽 면에서 튼튼하게 홈질하세요.

안쪽 면에서 조끼허리 안단 시접을 접어 치마 안쪽 면에 시침핀으로 고정한 후 공그르기하세요.

조끼허리 앞 중심에 스냅단추를 달아주세요.

스냅단추가 달린 속치마가 완성되었습니다.

속바지

실물 크기 도안 2쪽(별지 수록)

원단 겉감 : 면 50×30cm(식서/폭)
부자재 폭 0.5cm인 고무줄

How to Make

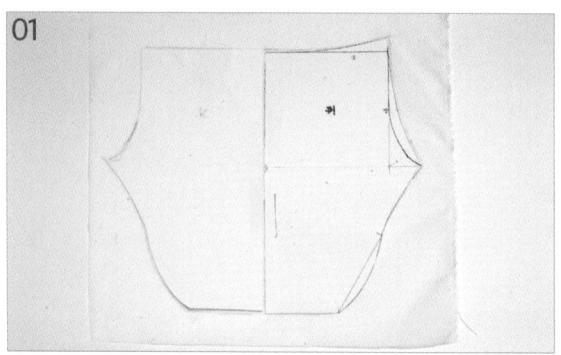

속바지 재단하기
속바지 옷본을 대고 앞과 뒤를 골선으로 붙여 그리세요.

바짓부리와 허리의 시접은 2cm를, 바지 배래의 시접은 0.5cm를 주세요.

바지의 좌우가 나오도록 옷본을 뒤집어 그려 2장을 재단하세요.

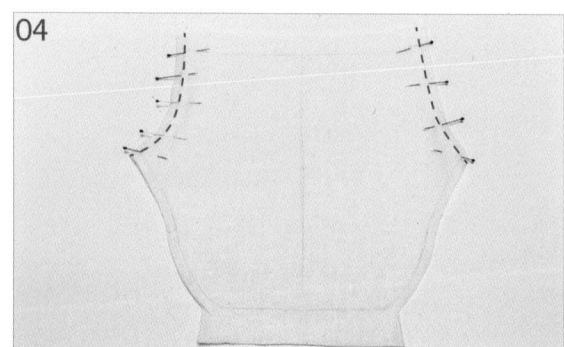

속바지 만들기(2겹 바느질)
속바지의 좌우를 겉면끼리 맞대어 밑위를 시침핀으로 고정하고 홈질하세요.

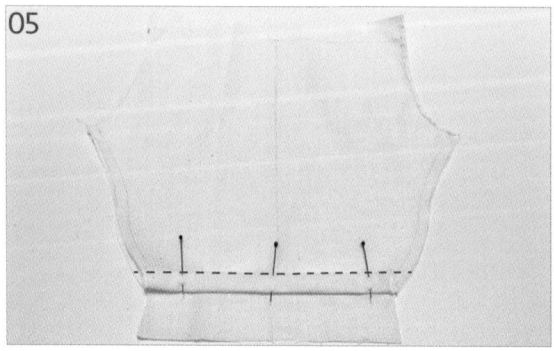

바짓부리 시접을 1cm씩 말아 접어 안쪽 면에서 공그르기하세요.

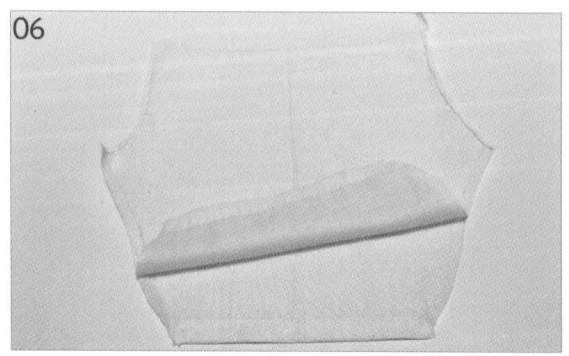

반대편 바짓부리 시접도 말아 접어 공그르기하세요.

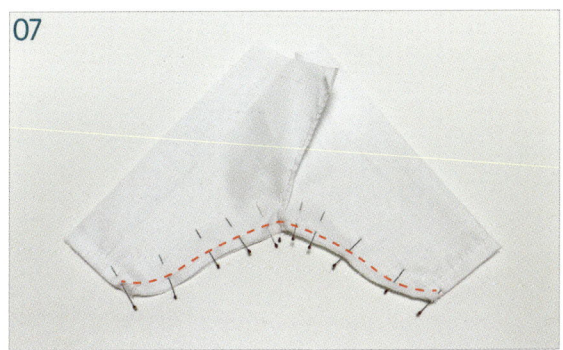

바지의 앞뒤를 연결하여 통으로 만들기 위해 바지 배래가 가운데 오도록 접어 앞과 뒤를 시침핀으로 고정해 홈질하세요.

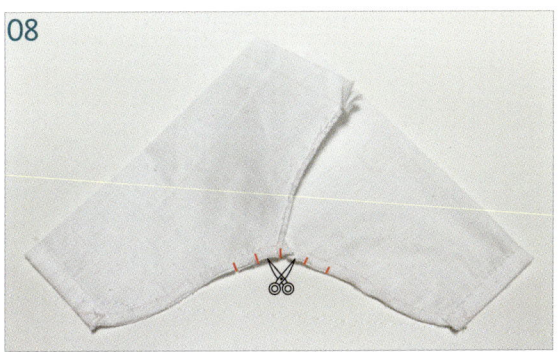

겉감이 밖으로 나오도록 뒤집었을 때 바지 배래 모양이 예쁘게 나오도록 밑부분 시접에 가윗밥을 주세요.

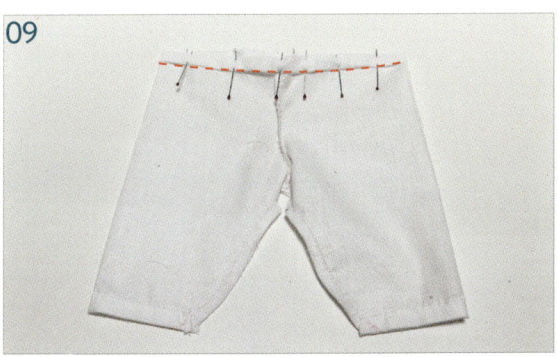

허리에 고무줄 넣기

허리 시접을 1cm씩 말아 접어 안쪽 면에서 시침핀으로 고정해 공그르기하세요.
※허리에 고무줄을 넣어야 하므로 뒷중심을 2cm 정도 남기고 공그르기하세요.

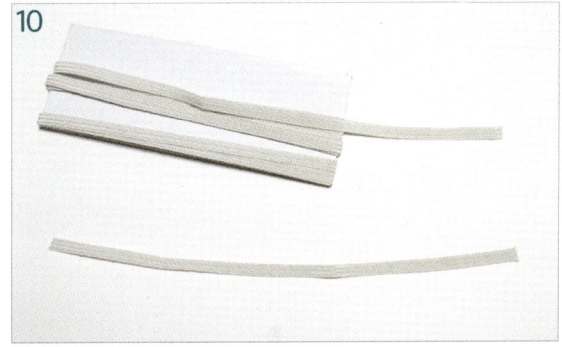

베이비돌의 허리 둘레가 23cm 정도이므로 허리에 넣을 고무줄은 20cm 길이로 자르세요.
※허리 둘레보다 고무줄을 약간 짧게 잘라주는 것이 좋아요.

뒷중심으로 고무줄을 넣으세요.
※굵은 바늘을 이용하면 고무줄을 쉽게 넣을 수 있어요.

고무줄을 넣고 뒷중심을 마저 공그르기하세요. 고무줄이 있는 속바지가 완성되었습니다.

버선

실물 크기 도안 227쪽

원단 겉감 : 면 35×20cm(식서/폭)

How to Make

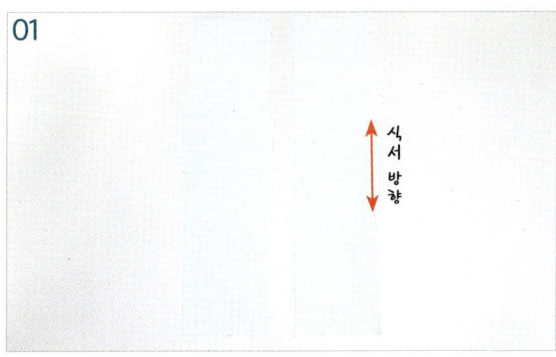

01

버선 재단하기
원단을 35×9cm(식서/폭)로 길게 2장을 재단하세요.
※2장을 재단하면 버선 한 쌍을 만들 수 있습니다.

02

반으로 접으세요(35cm의 1/2입니다).

03

반으로 한 번 더 접으세요(35cm의 1/4입니다).

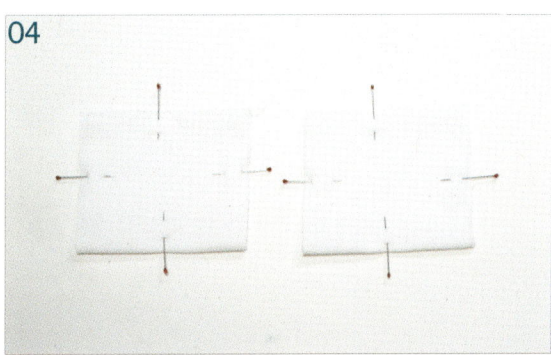

04

시침핀으로 사방을 고정하세요.

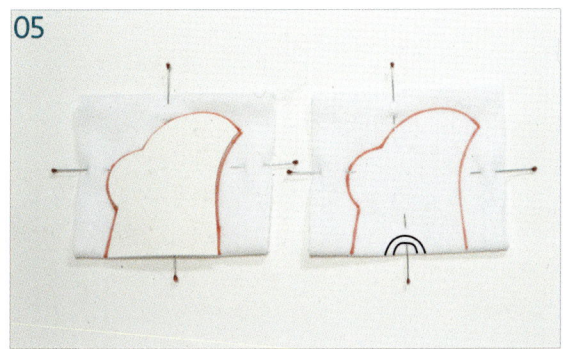

05

3에서 두 번째 접었을 때 생기는 골선에 버선 옷본을 대고 완성선을 그리세요.
※골선과 버선목(발이 들어가는 곳)을 맞춰주세요.

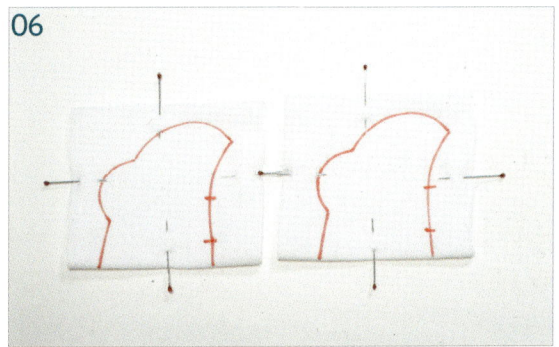

06

버선의 수눅(발등)에서 약간 올라온 지점에 창구멍을 표시하세요.

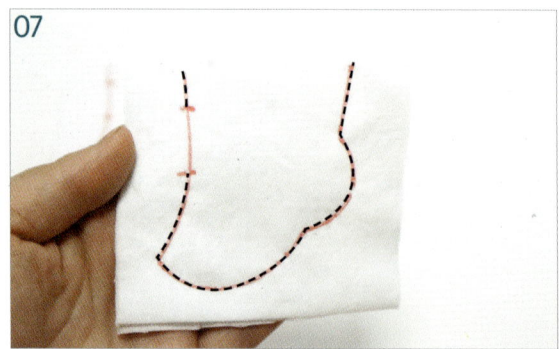

버선 만들기(4겹 바느질)
창구멍을 제외한 버선의 완성선을 촘촘하게 온박음질하세요.

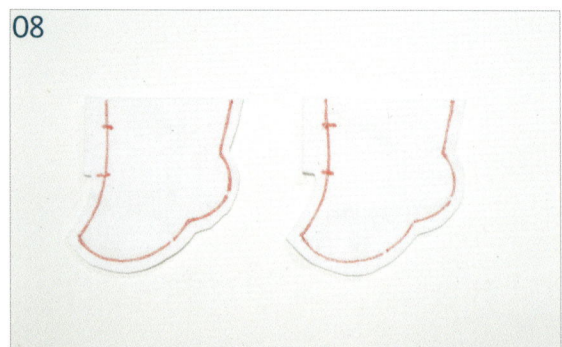

창구멍 쪽 시접은 1cm, 나머지 시접은 0.5cm 남기고 자르세요.

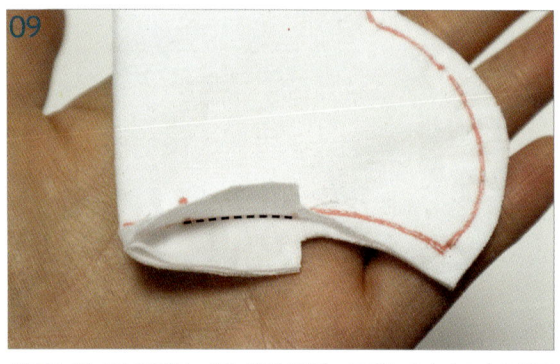

창구멍 쪽 4겹 중에서 제일 위의 1겹을 제외한 나머지 3겹의 창구멍을 홈질하세요.

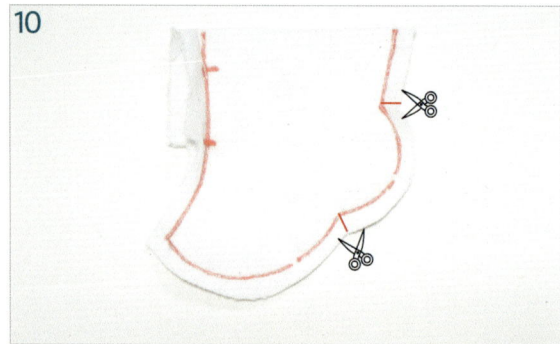

버선 뒤꿈치에 가윗밥을 주세요.

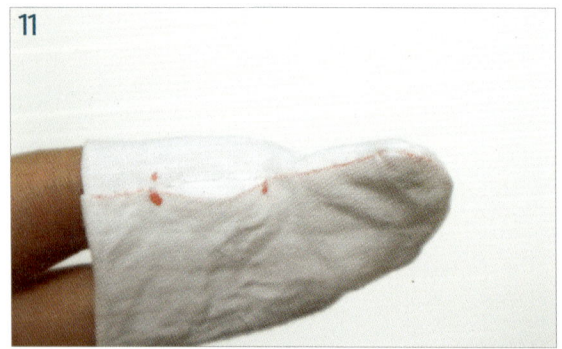

창구멍의 박음질한 3겹과 박음질하지 않은 1겹 사이로 버선을 뒤집어 창구멍을 공그르기하세요.

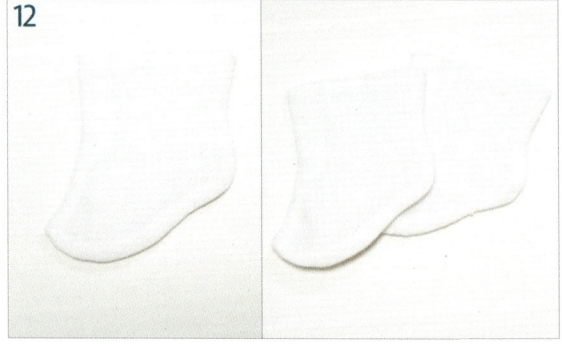

창구멍을 공그르기한 곳이 버선의 안쪽으로 들어가도록 한 번 더 뒤집어 다림질하세요. 베이비돌 사이즈의 면 버선이 완성되었습니다.

동정

원단	겉감 : 숙고사 1.5×18~20cm(식서/폭)
부자재	심지 : 백색 한지 0.5×20cm, 풀, 가위

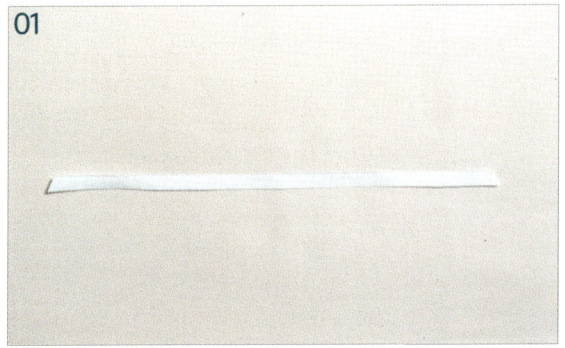

동정 만들기
한지를 0.5×16~17cm 크기로 길게 잘라 끝을 시다리꼴 모양으로 만드세요.

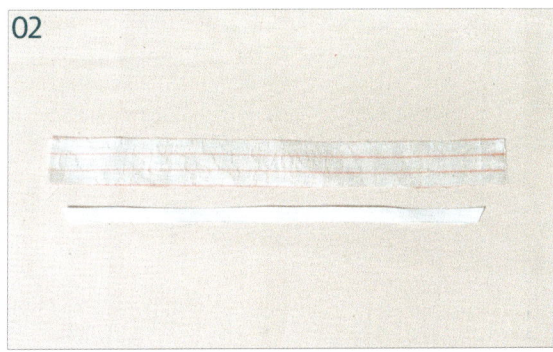

숙고사를 한지 폭의 3배 크기인 1.5×18cm로 재단하여 0.5cm마다 표시하세요.

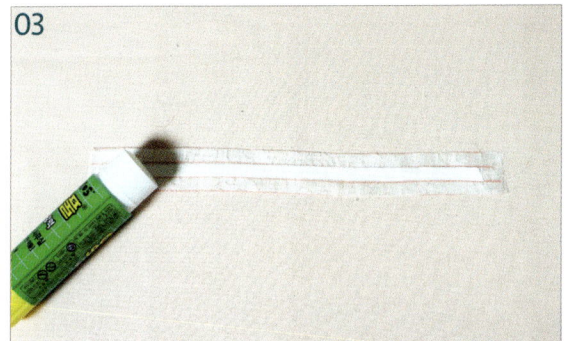

한지의 한쪽 면에 풀을 발라 준비한 숙고사의 가운데에 놓으세요.

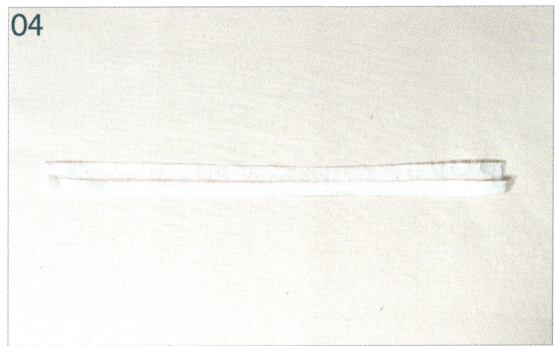

한지의 다른 면에도 풀을 발라 숙고사를 붙이세요.

사다리꼴 한지의 모양에 맞게 숙고사의 끝을 접어 시접을 정리하세요.

동정 달기
동정을 만들어진 저고리의 깃 안쪽 끝에 대고 시침핀으로 고정하세요.

한지가 붙어 있지 않은 나머지 0.5cm의 가운데 부분(0.25cm)을 길게 홈질하세요.

안쪽에서 한지가 붙어 있는 동정 부분을 바깥 깃으로 넘기세요.

동정 끝을 따라 보이지 않게 공그르기로 바느질하세요.

고름을 여미어 앞길에 겹쳐진 동정이 짧지 않은지 확인하세요.
※동정이 짧으면 고름을 여미었을 때 동정 끝이 드러나게 됩니다.

끈(고름, 허리끈, 말기끈 등)

01

만들고자 하는 끈의 사이즈에 맞게 원단을 재단하세요.

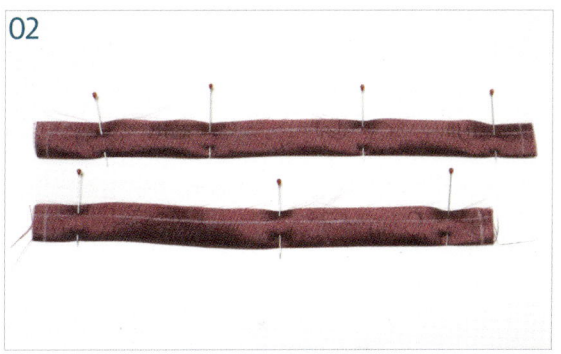

02

끈을 반으로 접어 시접을 표시하세요.
※만들었을 때 1cm 너비의 얇은 끈은 0.5cm 시접이고, 너비가 1.5cm가 넘는 끈은 1cm 시접을 주세요.

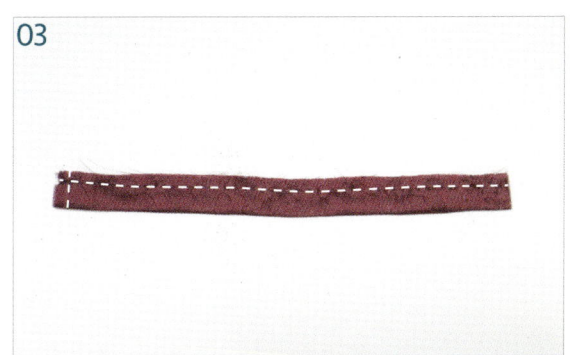

03

폭의 한쪽을 남기고 홈질하는 경우
❶ 한쪽 폭을 남기고 완성선을 따라 홈질하세요.

❷ 홈질한 끈의 끝을 사진과 같이 접으세요.

❸ 나무 꼬치나 얇은 젓가락을 이용해 접은 끝을 안쪽으로 밀어 넣으세요.

❹ 끈을 밀어 넣으면 홈질하지 않은 다른 쪽 끝으로 밀려 나옵니다.

❺ 끝을 잡아 당겨 끈을 뒤집으세요.

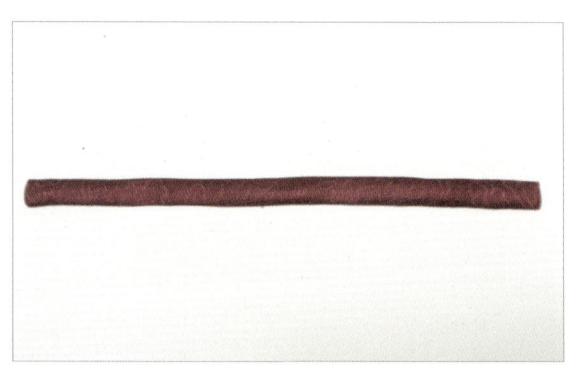

❻ 뒤집은 끈을 다림질하여 남은 한쪽 폭의 시접을 안쪽으로 접어 끝을 공그르기하세요.

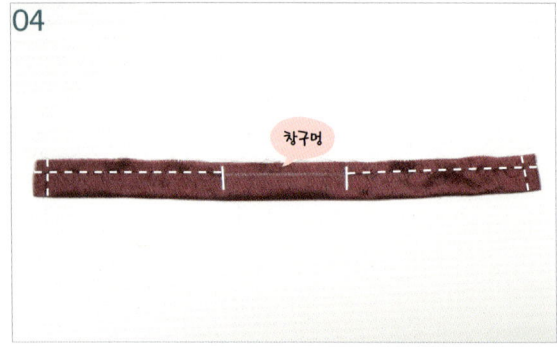

창구멍을 만들고 홈질하는 경우
❶ 끈의 중간에 창구멍을 표시하고 창구멍을 제외한 완성선을 홈질하세요.

❷ 끈의 양끝 시접을 사진과 같이 접으세요.

❸ 나무 꼬치나 얇은 젓가락을 이용해 접은 끝을 안쪽으로 밀어 넣어 창구멍으로 빼세요.

❹ 반대편 끝도 창구멍으로 끝을 밀어 넣어 끈을 뒤집고 다림질하세요.

❺ 창구멍을 공그르기하세요.

끈이 완성되었습니다.

실고리

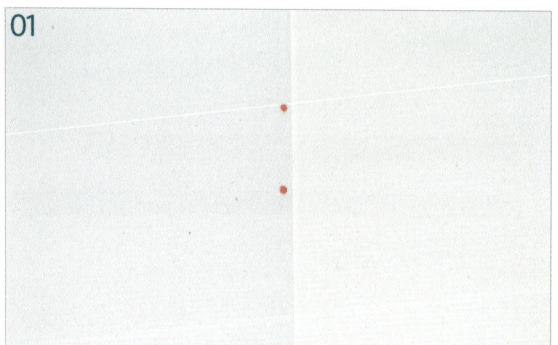

01 실고리를 달아야 하는 곳을 초크로 표시하세요.

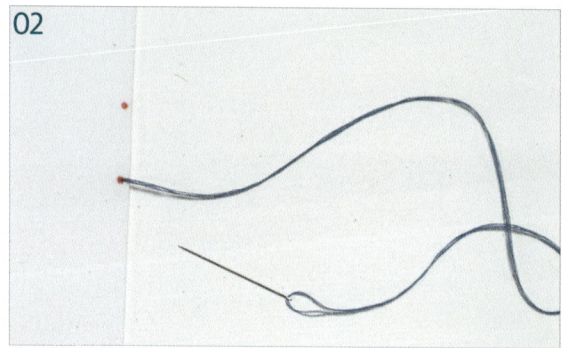

02 4겹 정도의 실을 바늘에 끼워 실고리 시작점을 바느질하세요.

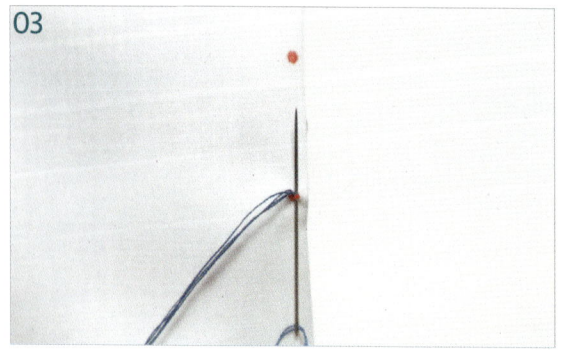

03 시작점을 한 땀 떠주세요.

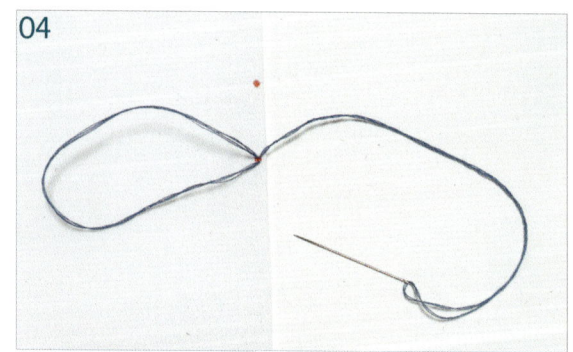

04 한 땀 뜰 때 실을 다 빼지 않고 사진과 같이 고리를 만드세요.

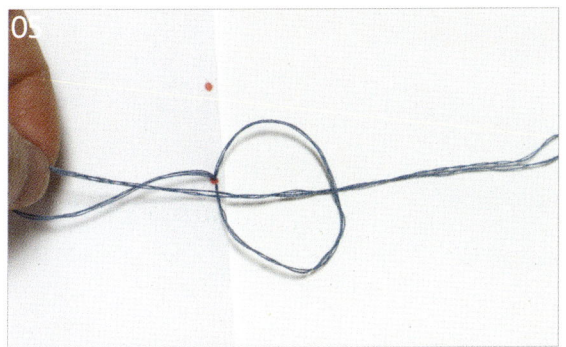

고리로 바늘이 연결된 실을 빼줍니다.

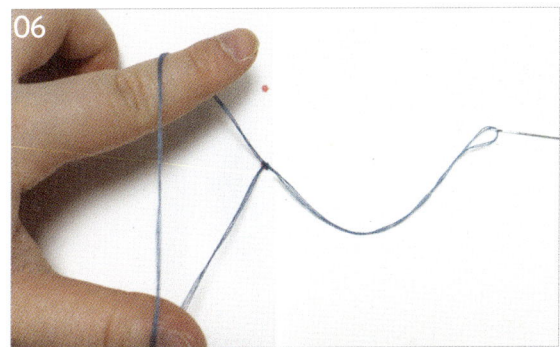

고리를 만들고 사이로 실을 빼는 과정을 반복하세요.

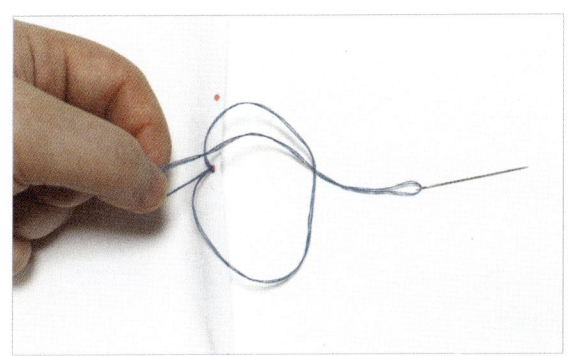

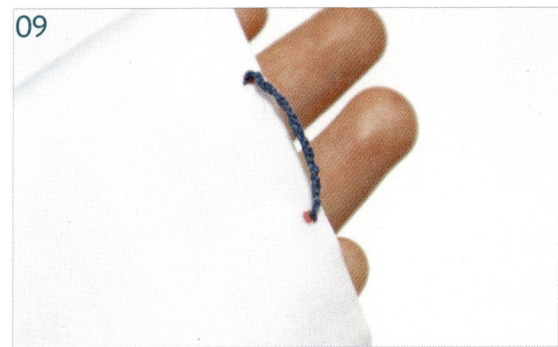

원하는 길이만큼 실고리를 만드세요.
※실을 땋은 것 같은 모양이 나옵니다.

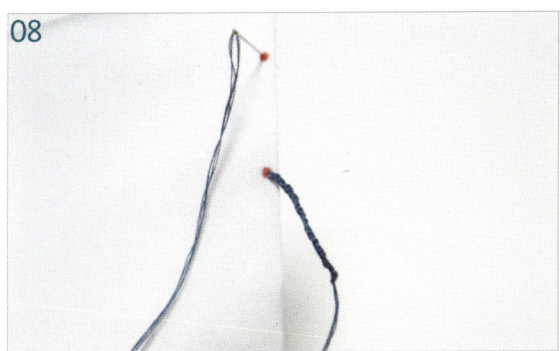

바늘이 연결된 남은 실로 실고리 끝 지점을 바느질하세요.

완성된 실고리 모습이에요.

입히기

치마 입히는 방법

버선, 속바지, 속치마를 입혀주세요.

뒷모습을 기준으로 왼쪽 치맛자락을 오른쪽 안으로 넣어 말기 끈을 빼세요.

오른쪽 말기 끈은 왼쪽으로 돌려 끈을 앞으로 가져오세요.

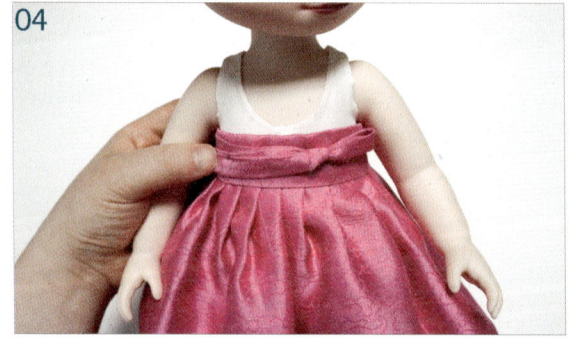

앞에서 말기 끈을 묶으세요.

고름 매는 방법

인형의 팔을 뒤로 젖혀 저고리를 입히세요.

짧은 고름을 긴 고름 위로 겹쳐주세요.

짧은 고름이 위쪽으로 올라오도록 한 번 묶으세요.

긴 고름으로 고(고리)를 만드세요.

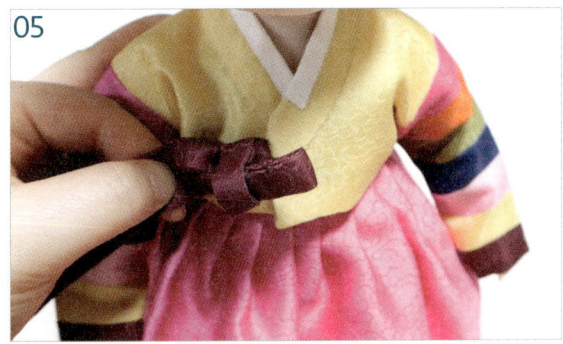

짧은 고름으로 긴 고름을 둘러주세요.

고름을 맨 모습입니다.

일러두기

※ 책의 사이즈보다 큰 옷본은 별지로 제공해드립니다.

※ 모든 옷본에는 완성선만 표시되어 있습니다. 옷본에 시접선을 그리게 되면 완성선을 그릴 때 불편하여 시접선은
모두 '재단하기'에 표시해두었습니다. 옷감에 옷본을 대고 완성선을 그린 뒤 자를 이용하여 시접선을 그려주세요.

※ 옷본을 사용하지 않고 원단에 직접 사이즈를 표시하여 재단하는 경우도 있습니다.

※ 식서와 폭(푸서)은 옷감의 방향을 말합니다.
식서 방향은 옷감이 길게 말려 있는 방향으로 올이 잘 풀리지 않고
폭 방향은 올이 잘 풀리는 방향입니다.
폭은 원단에 따라 44인치 사이즈의 대폭, 22인치 사이즈의 소폭이 있습니다.

※ 식서 방향과 폭 방향을 구분하는 법
1. 무늬가 있는 원단의 경우 무늬가 거꾸로 또는 돌아가 있지 않은지 확인해주세요.
2. 원단 끝의 올 한 가닥을 잡고 풀었을 때 잘 풀리는 방향이 폭입니다.
3. 원단의 양쪽 가장자리에 길게 마감되어 있는 방향이 식서입니다.

※ 베이비돌 사이즈
이 책의 한복은 베이비돌 '벨'(미녀와 야수)의 사이즈를 기준으로 합니다.
베이비돌마다 사이즈의 차이가 있을 수 있습니다.

가슴 둘레 : 20~20.5cm
화장 : 16~16.5cm
치마 길이(말기 포함) : 23~24cm
등 길이 : 9cm
허리 둘레(팬티선 기준) : 24cm
발 길이 : 5.7cm
발등 둘레 : 7.3cm
다리 길이(허리 포함) : 18cm
머리둘레 : 34.5~35cm

실물 크기 옷본

콩쥐팥쥐 색동저고리

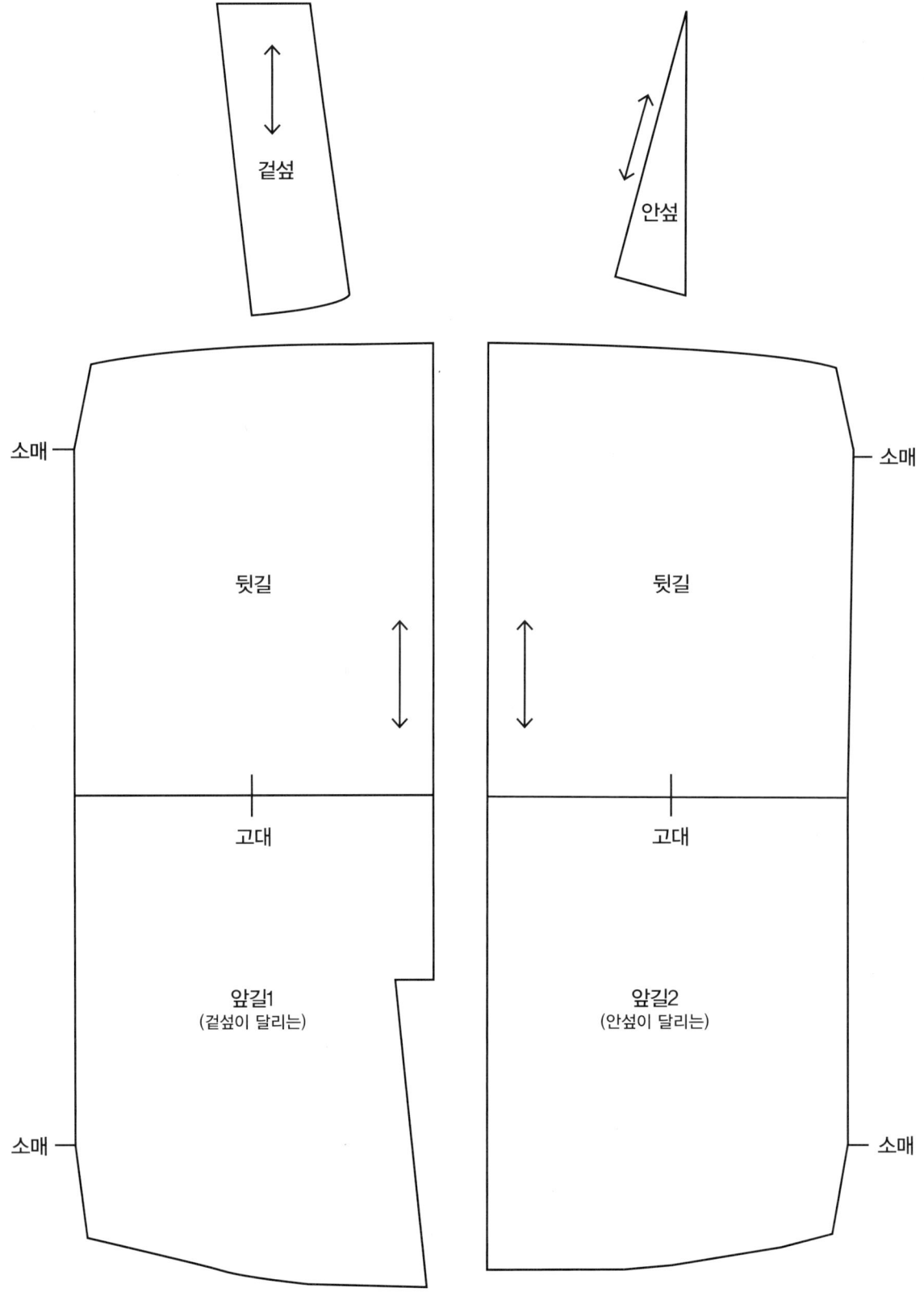

콩쥐팥쥐 색동저고리

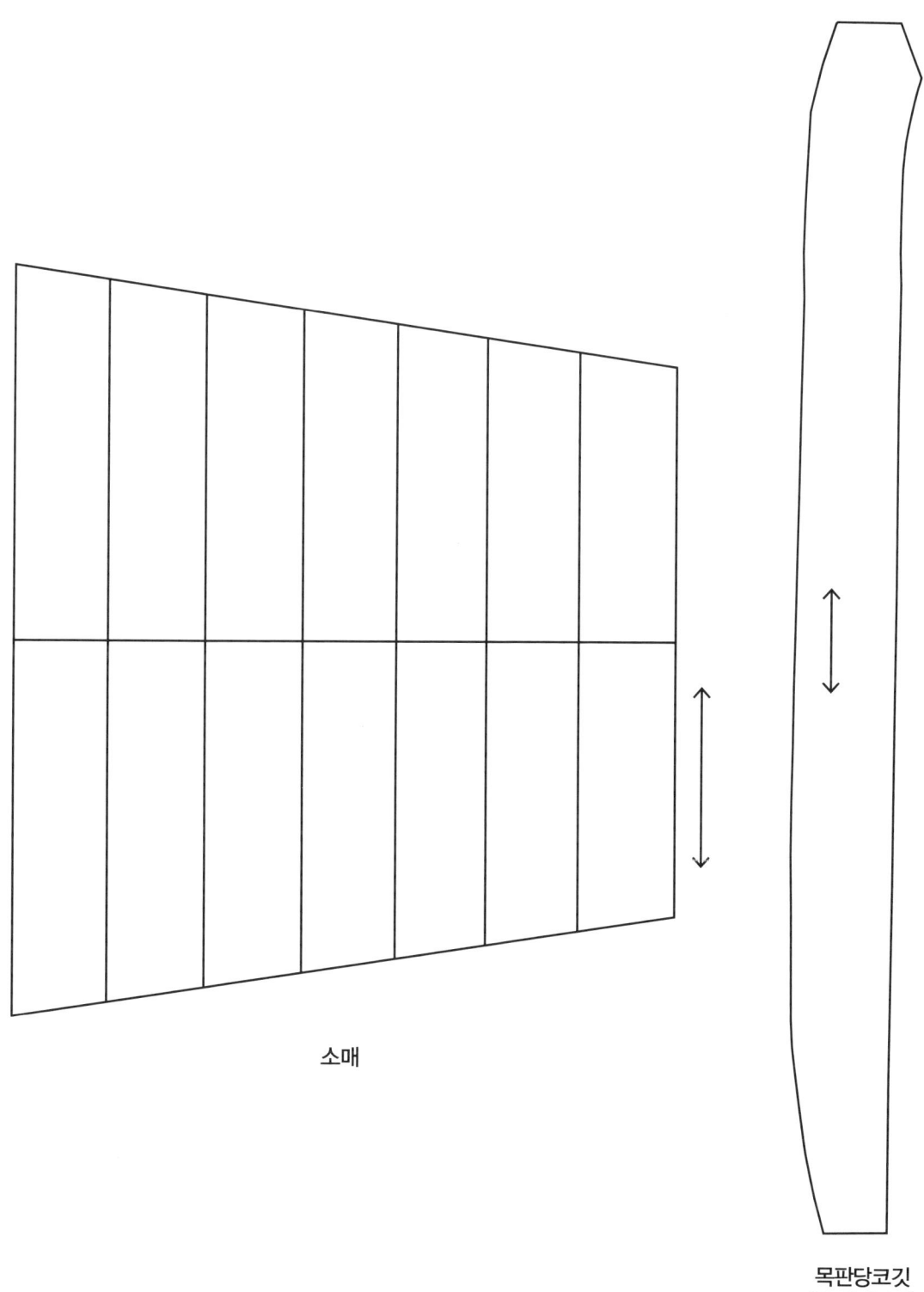

소매

목판당코깃
(겉, 안 총 2장)

심청이 삼회장 저고리

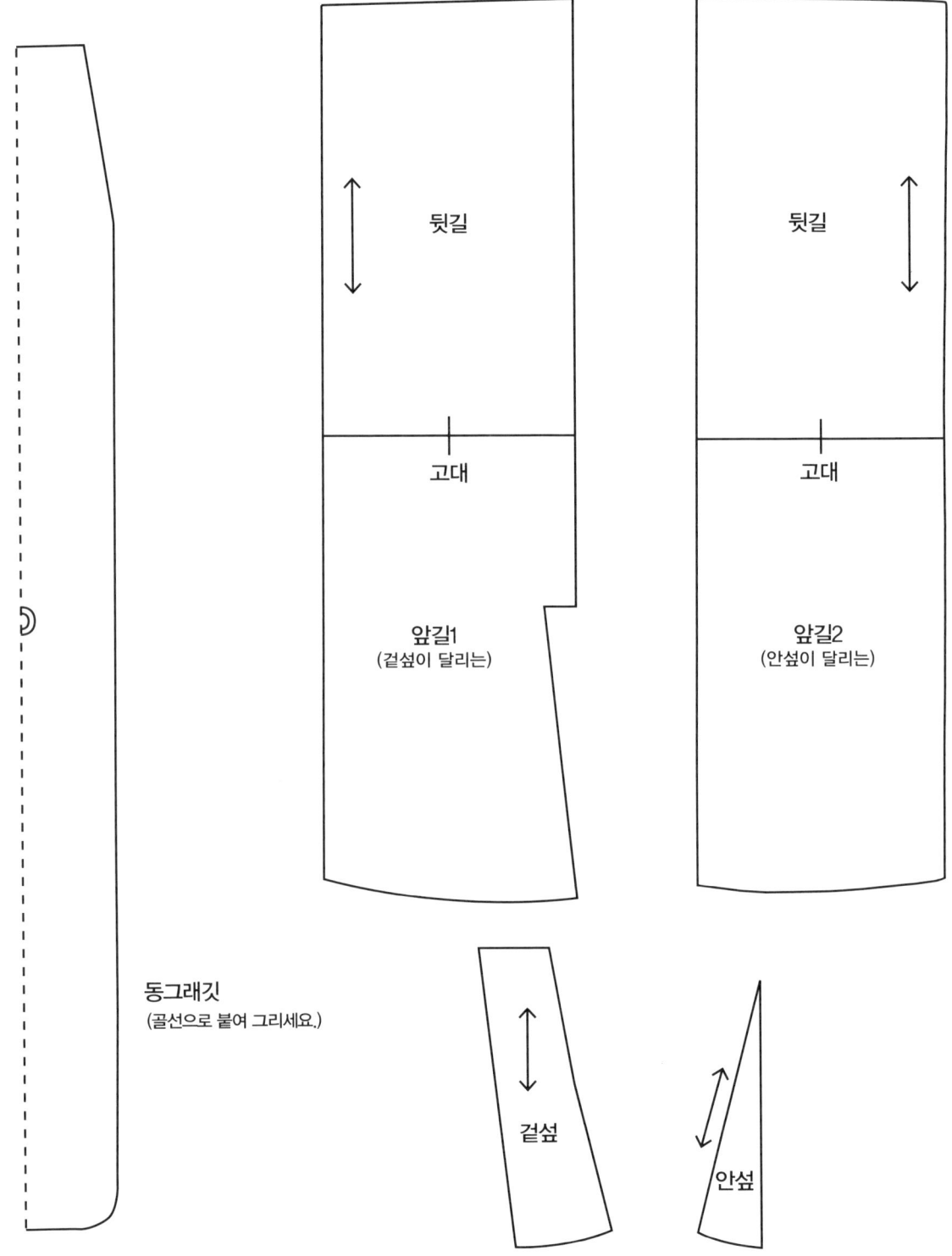

심청이 삼회장 저고리

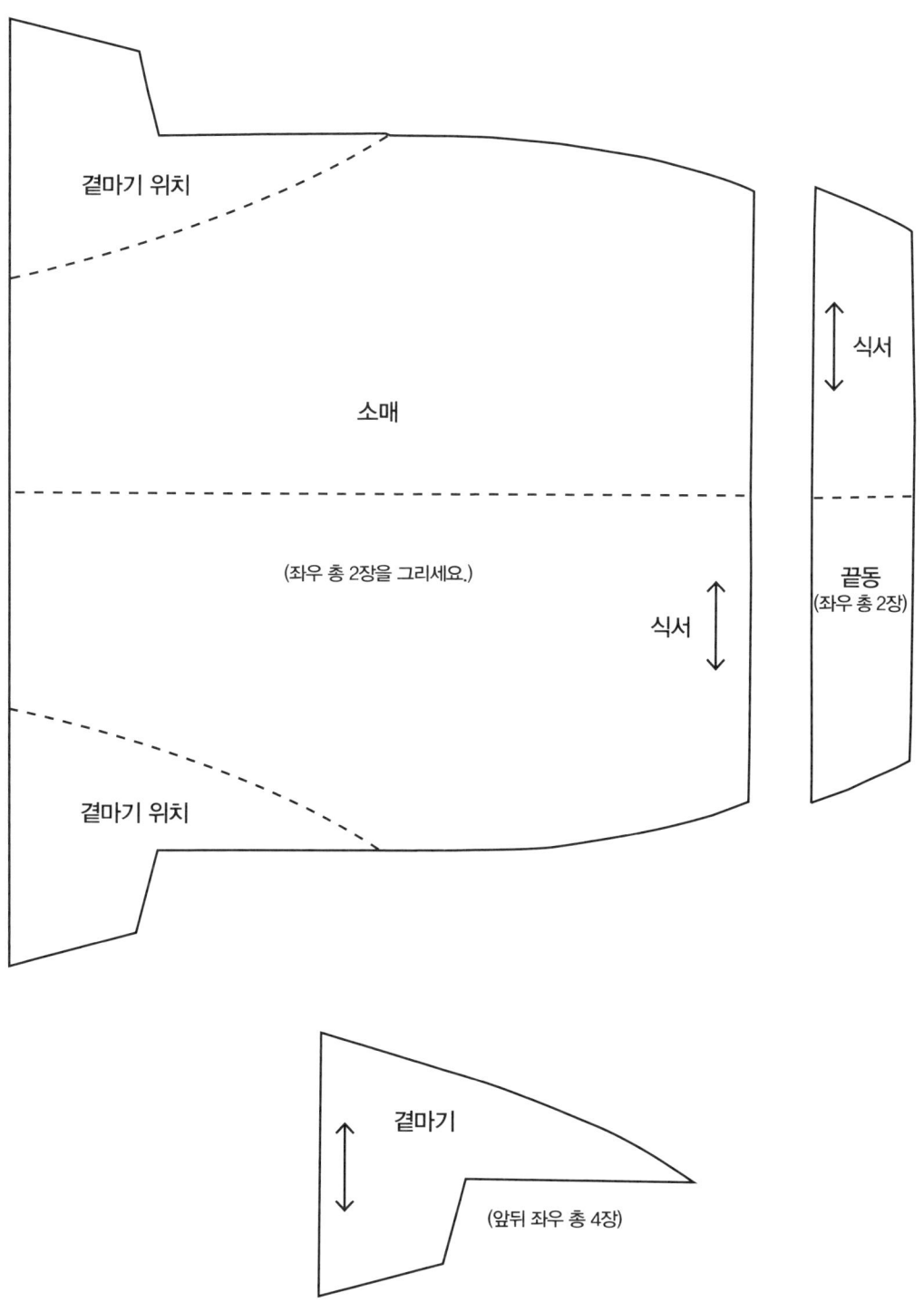

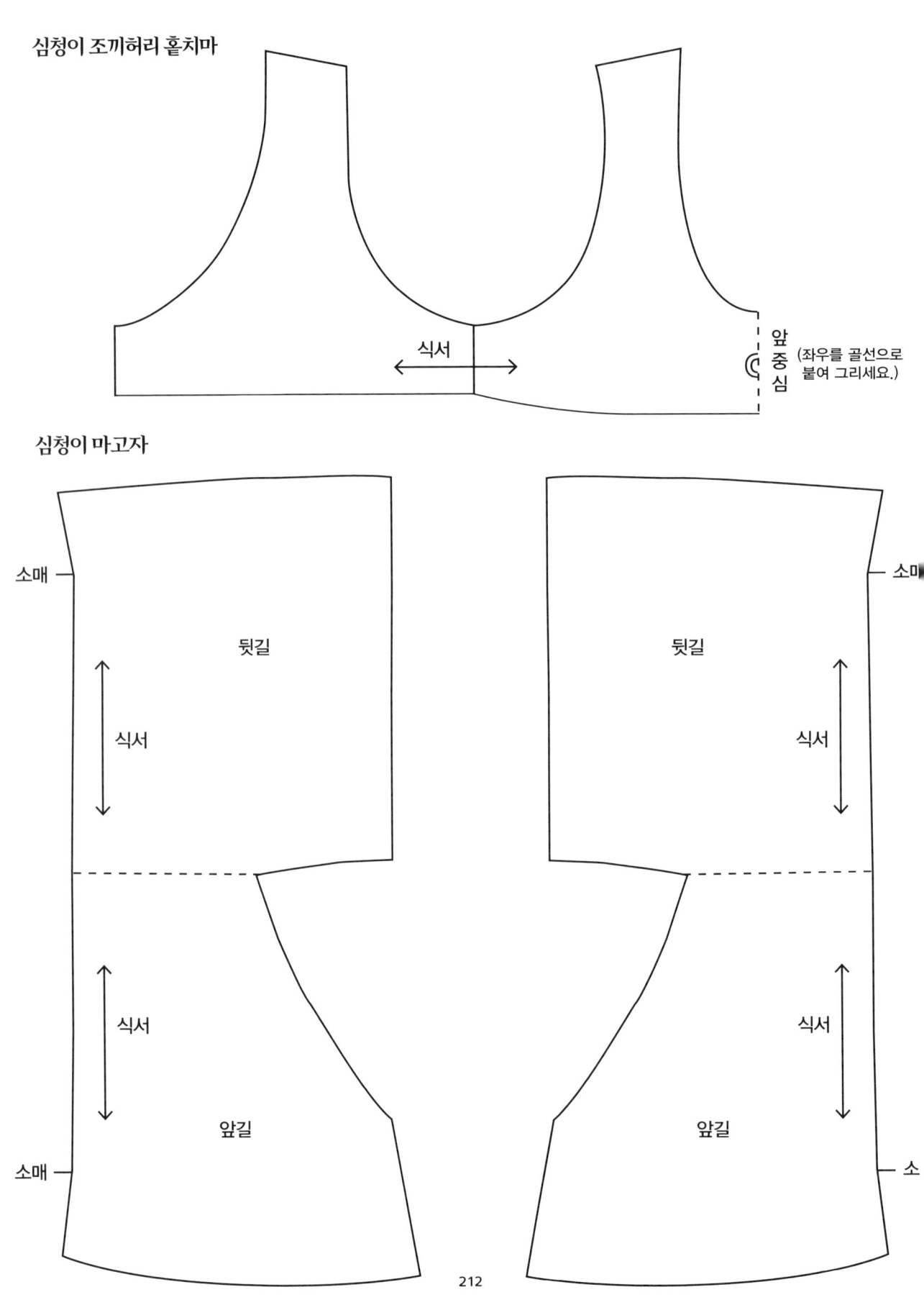

심청이 마고자

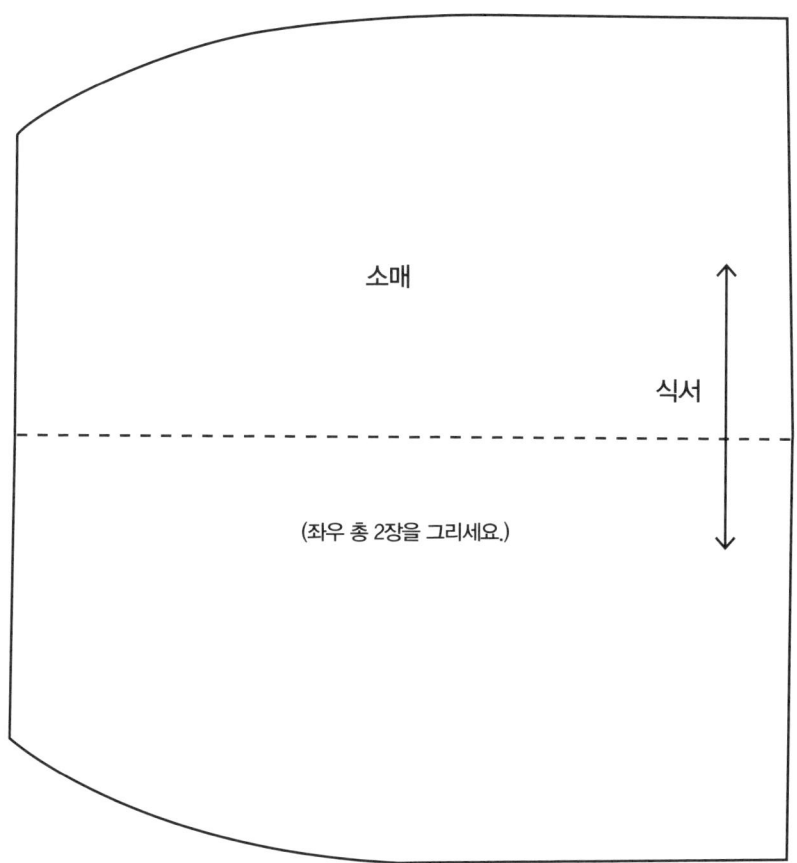

견우와 직녀 당의

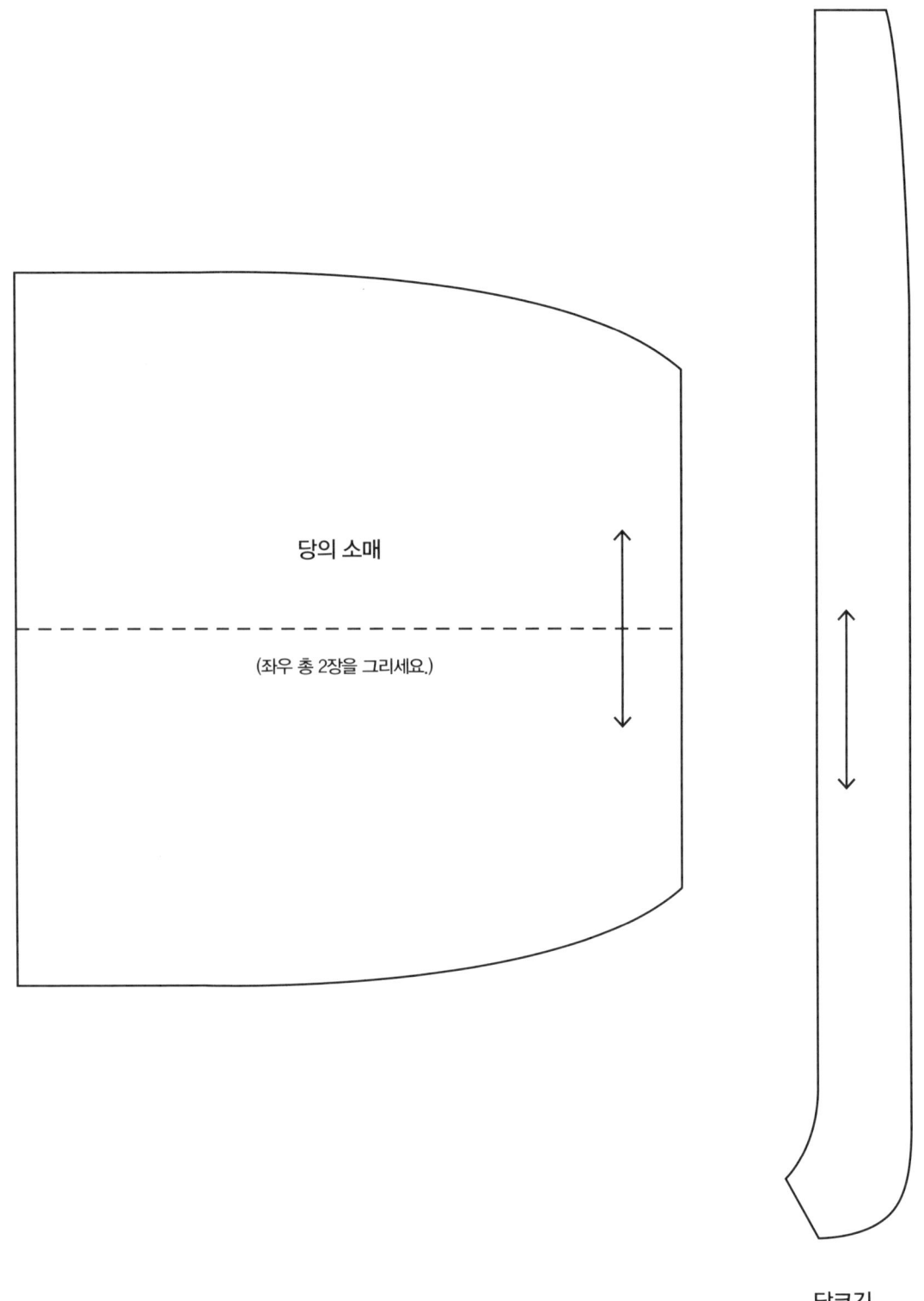

당의 소매
(좌우 총 2장을 그리세요.)

당코깃
(겉, 안 총 2장)

견우와 직녀 당의

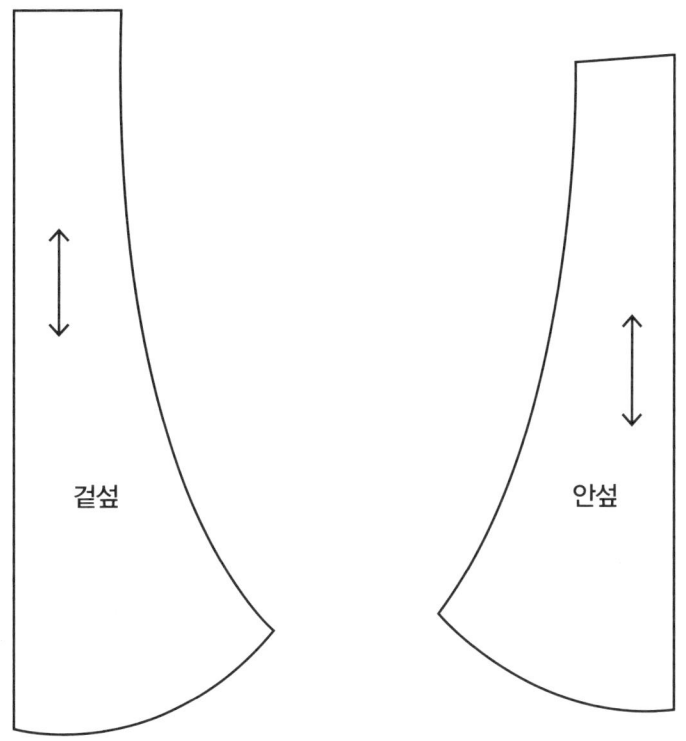

견우와 조끼 허리 치마

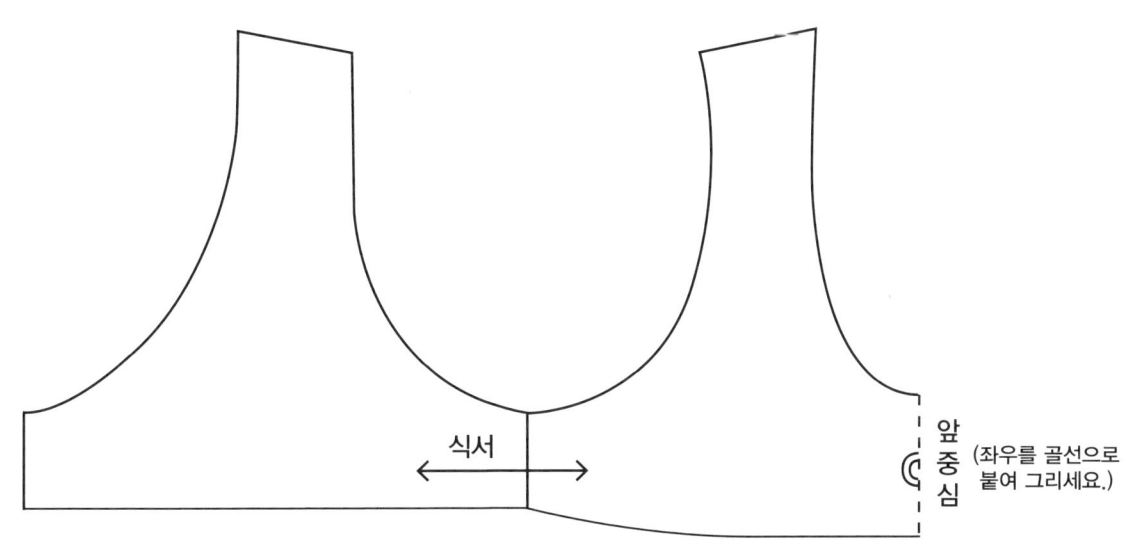

견우와 직녀 남자 저고리

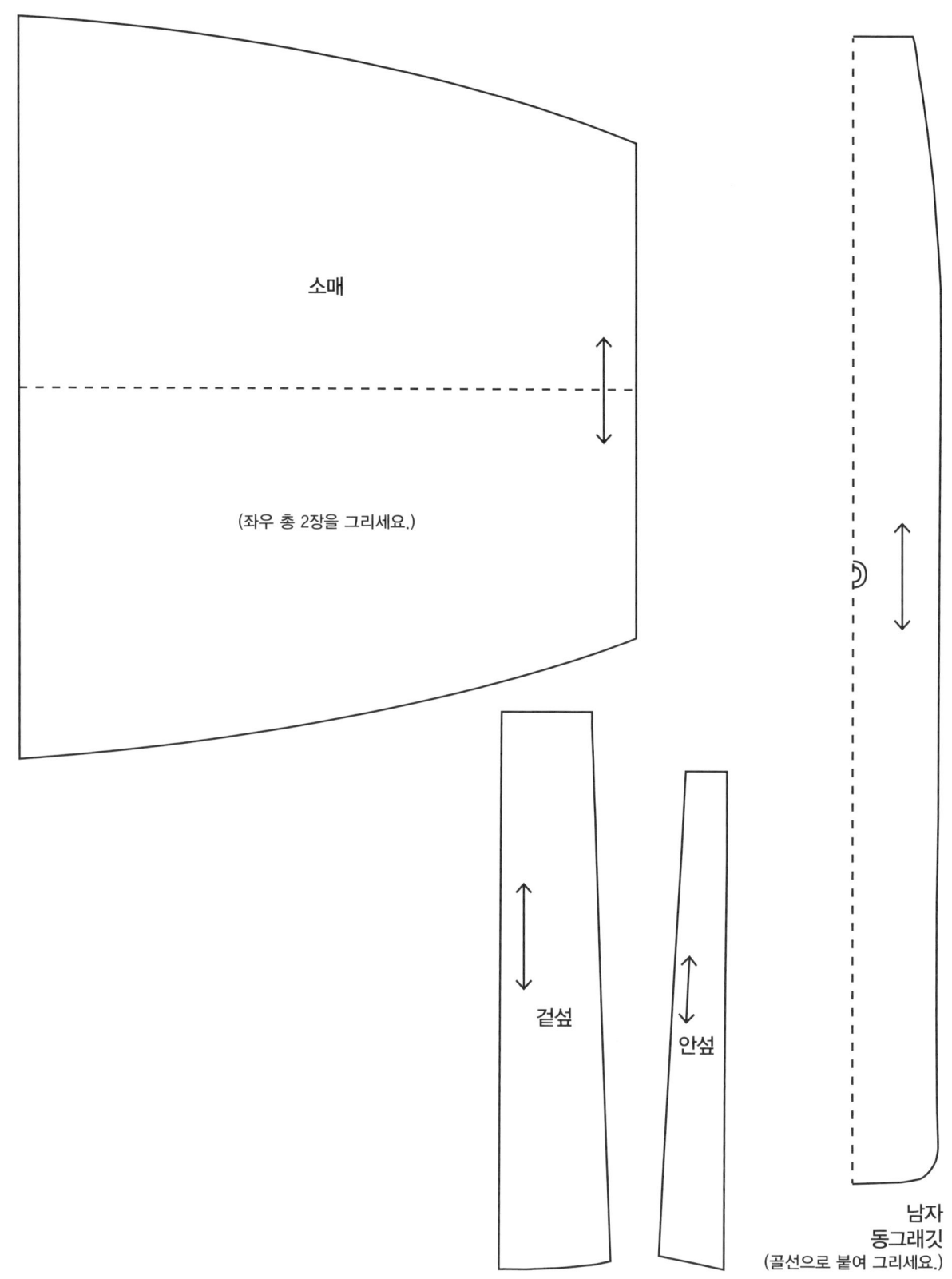

견우와 직녀 남자 철릭

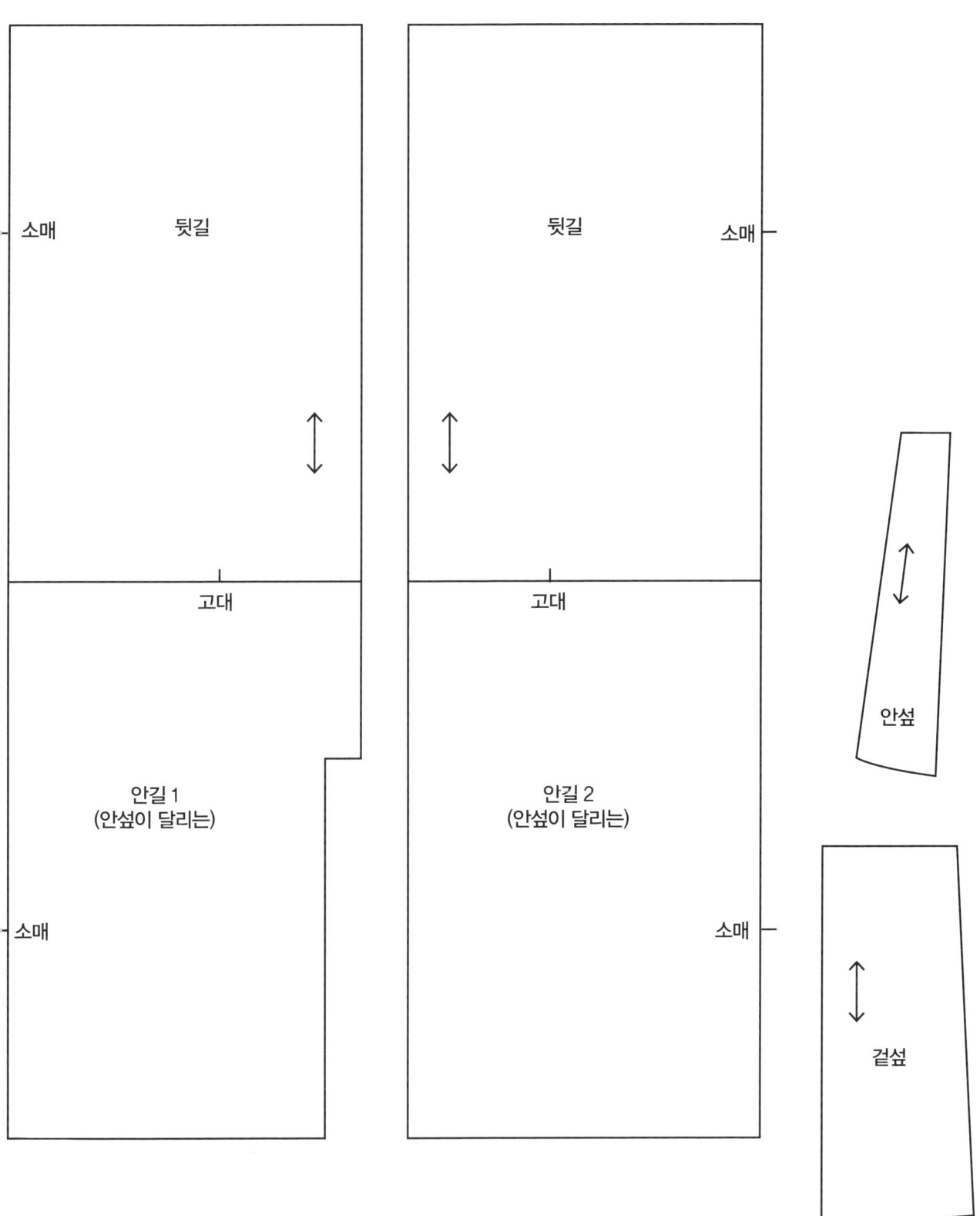

견우와 직녀 남자 철릭

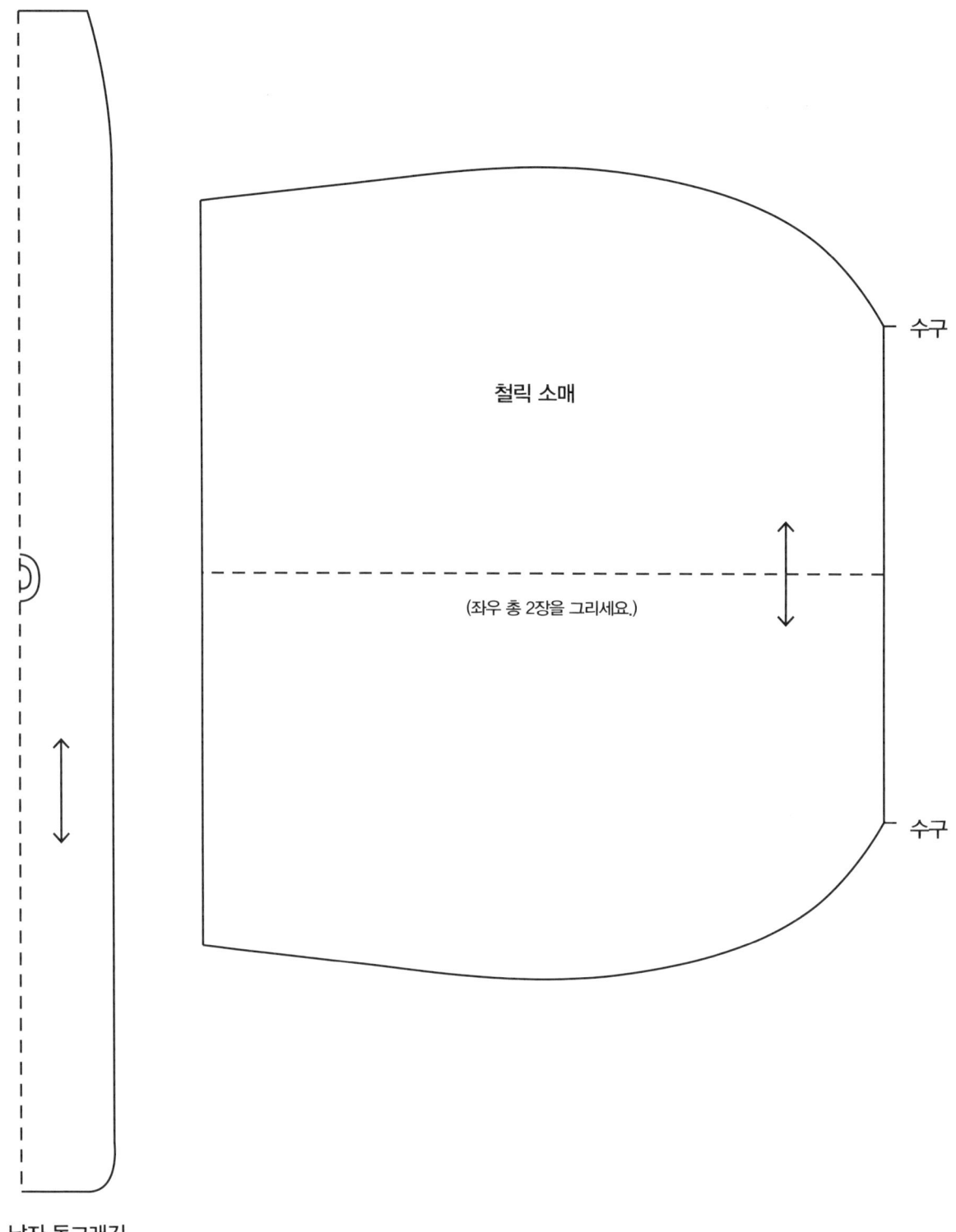

철릭 소매

(좌우 총 2장을 그리세요.)

수구

수구

남자 동그래깃

빨간모자 퍼프소매 저고리

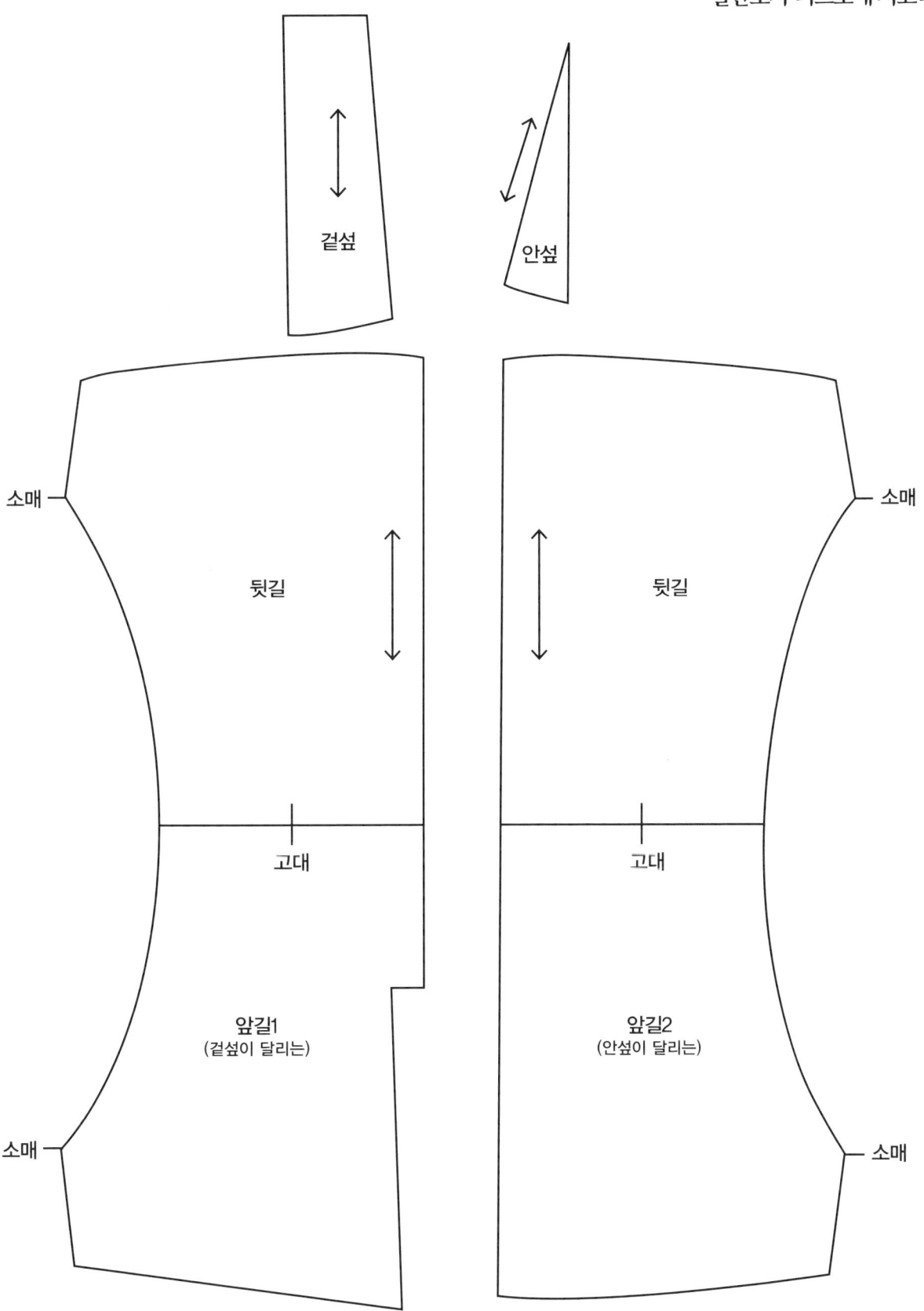

빨간모자 퍼프소매 저고리

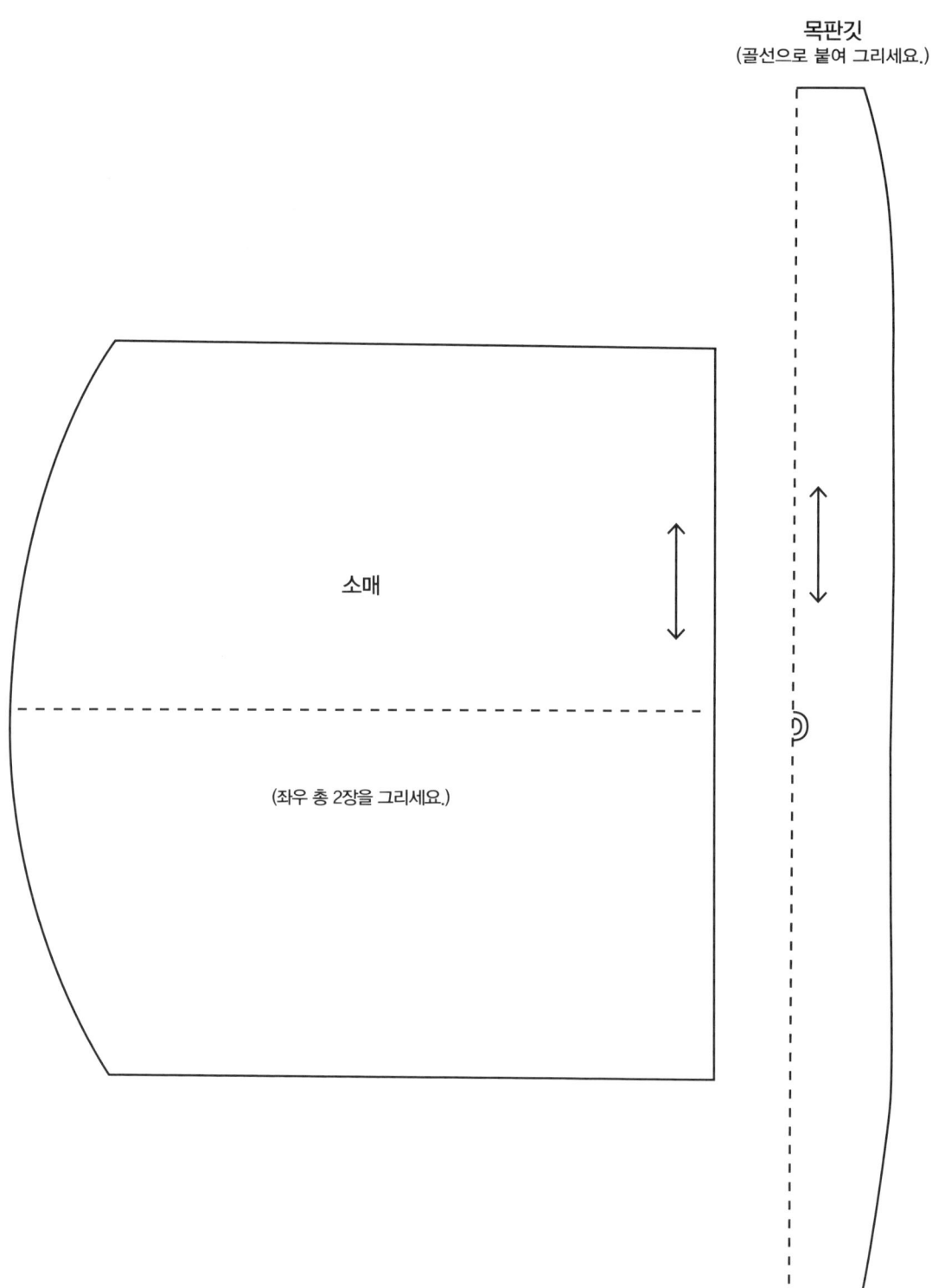

빨간모자 조바위

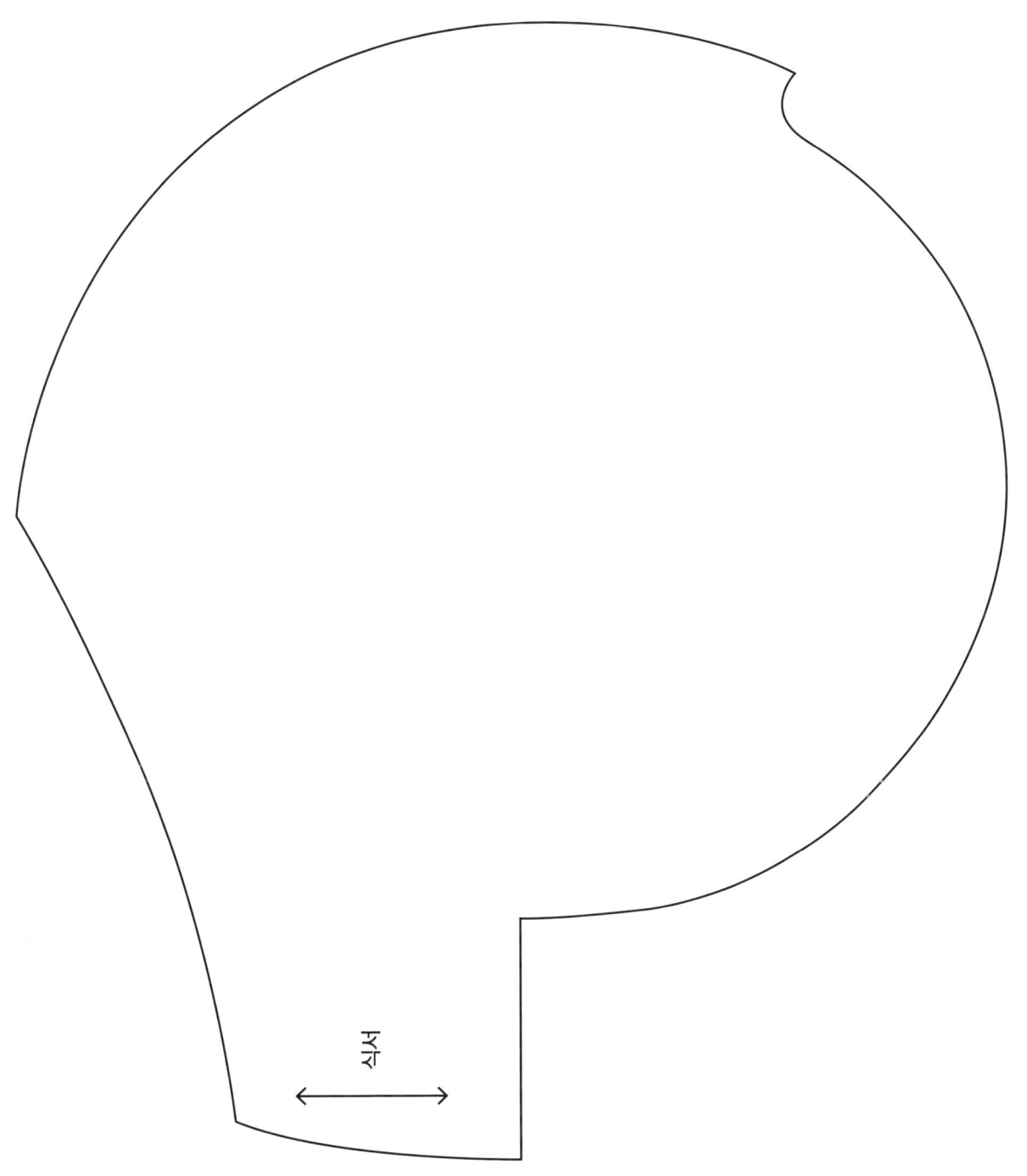

미녀와 야수 철릭 원피스

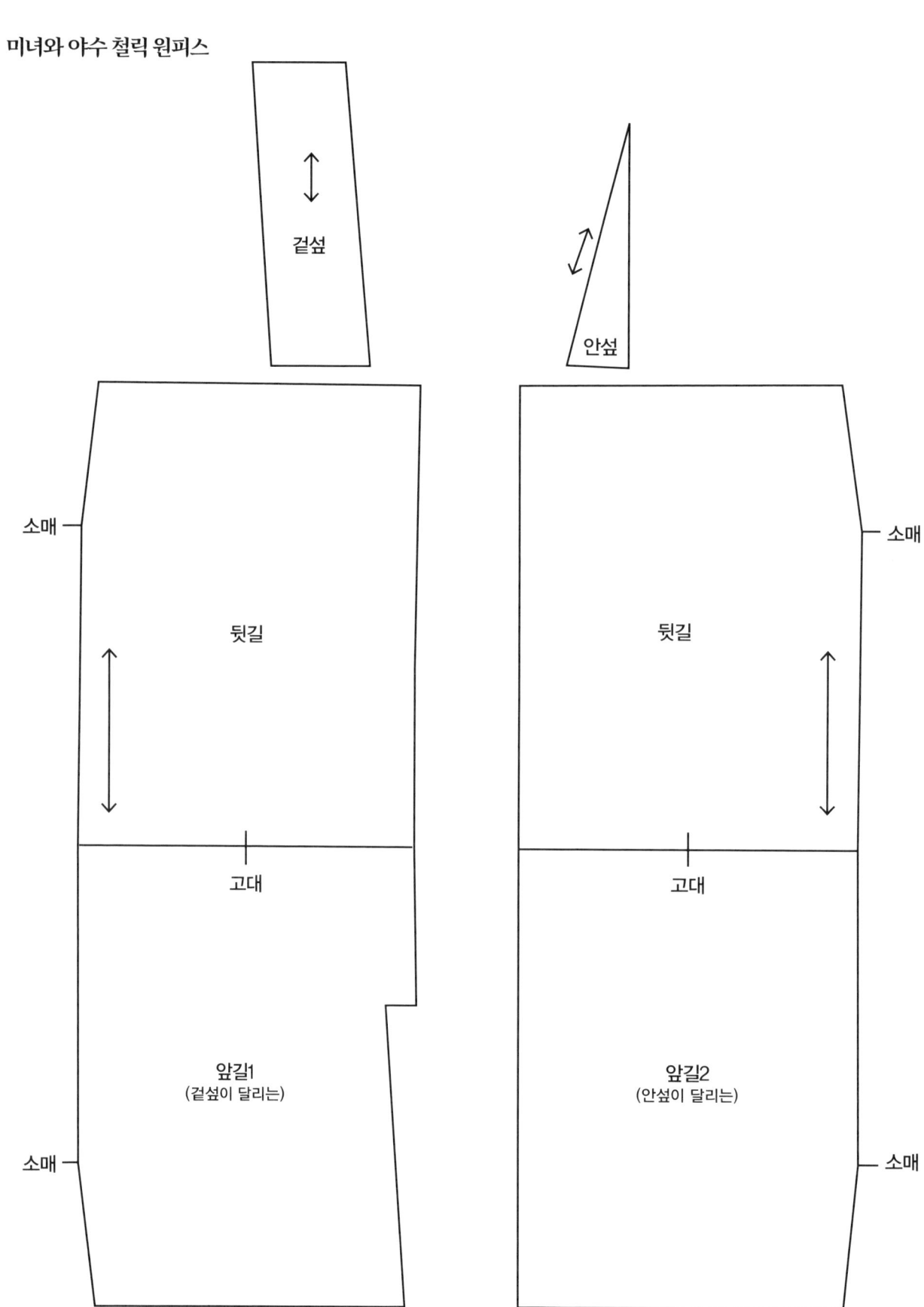

미녀와 야수 철릭 원피스

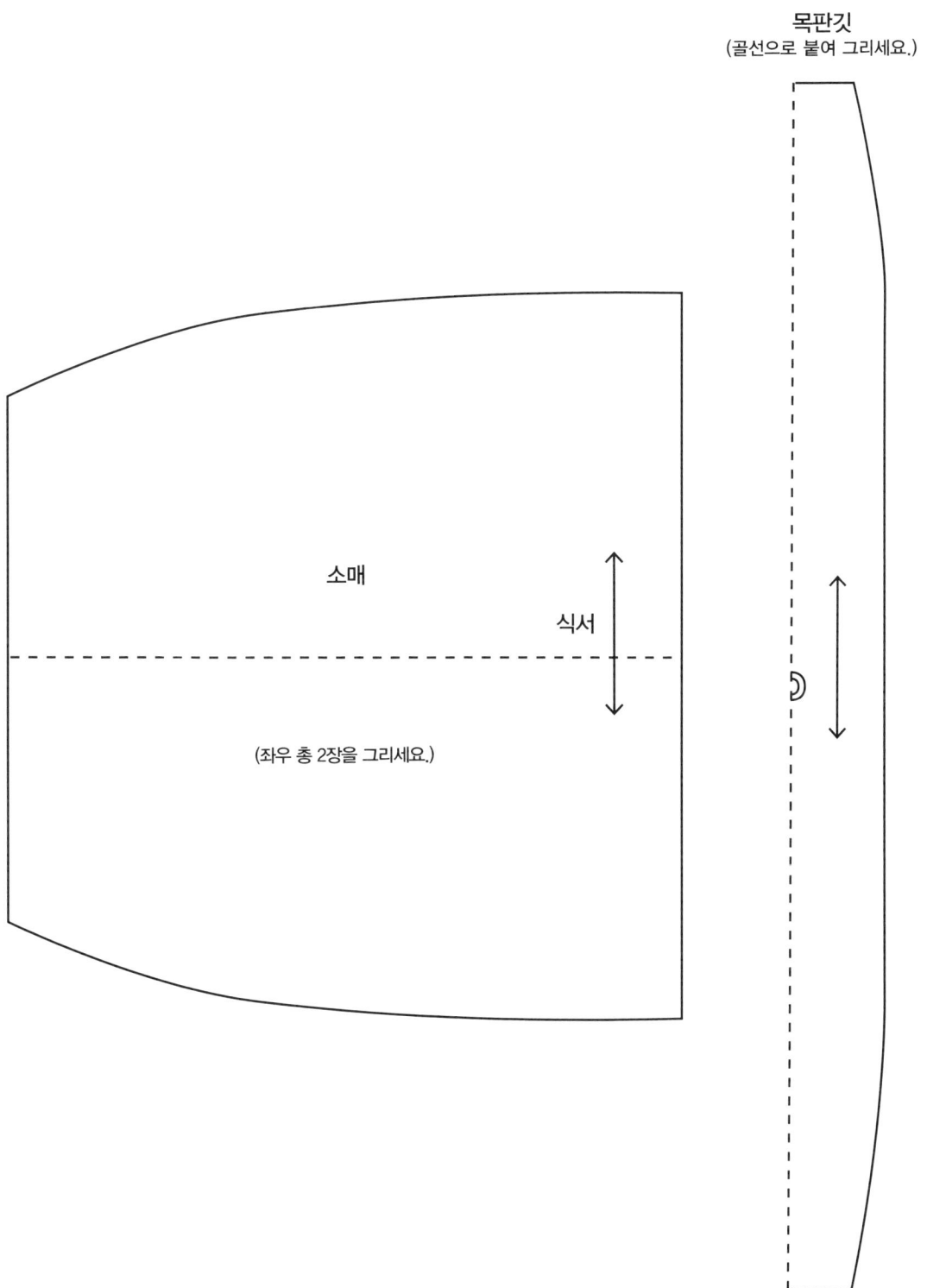

백설공주 퍼프소매 원피스

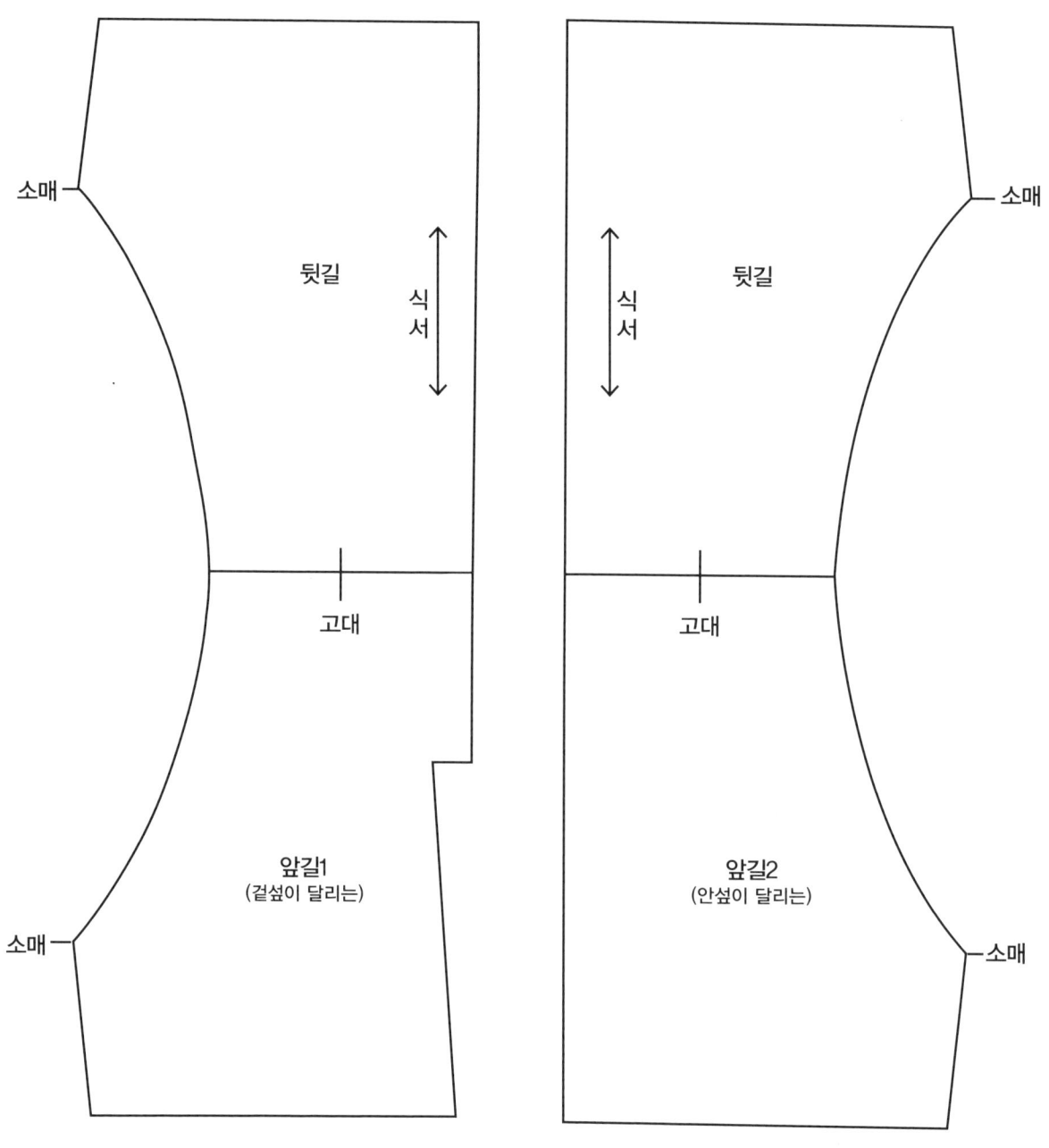

백설공주 퍼프소매 원피스

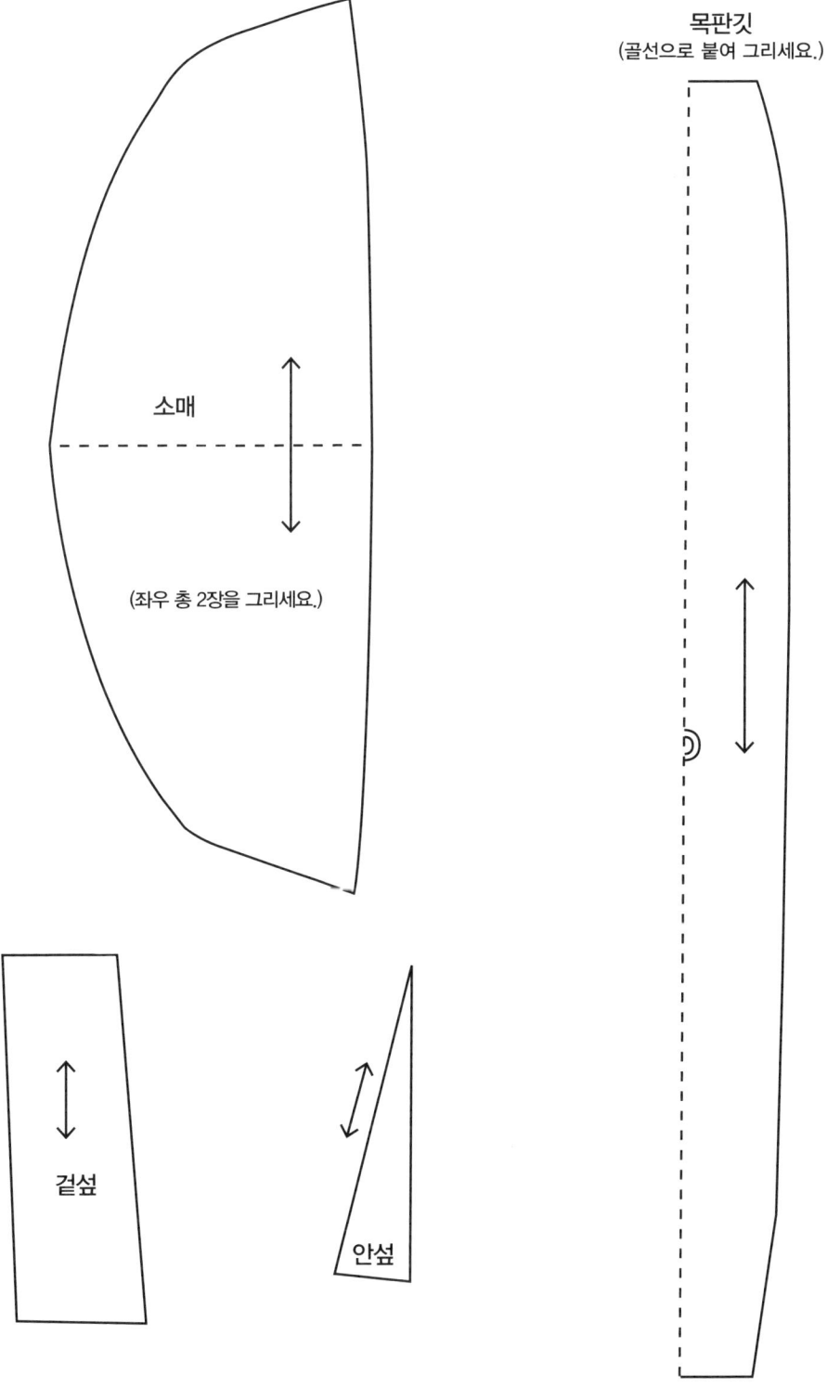

속치마

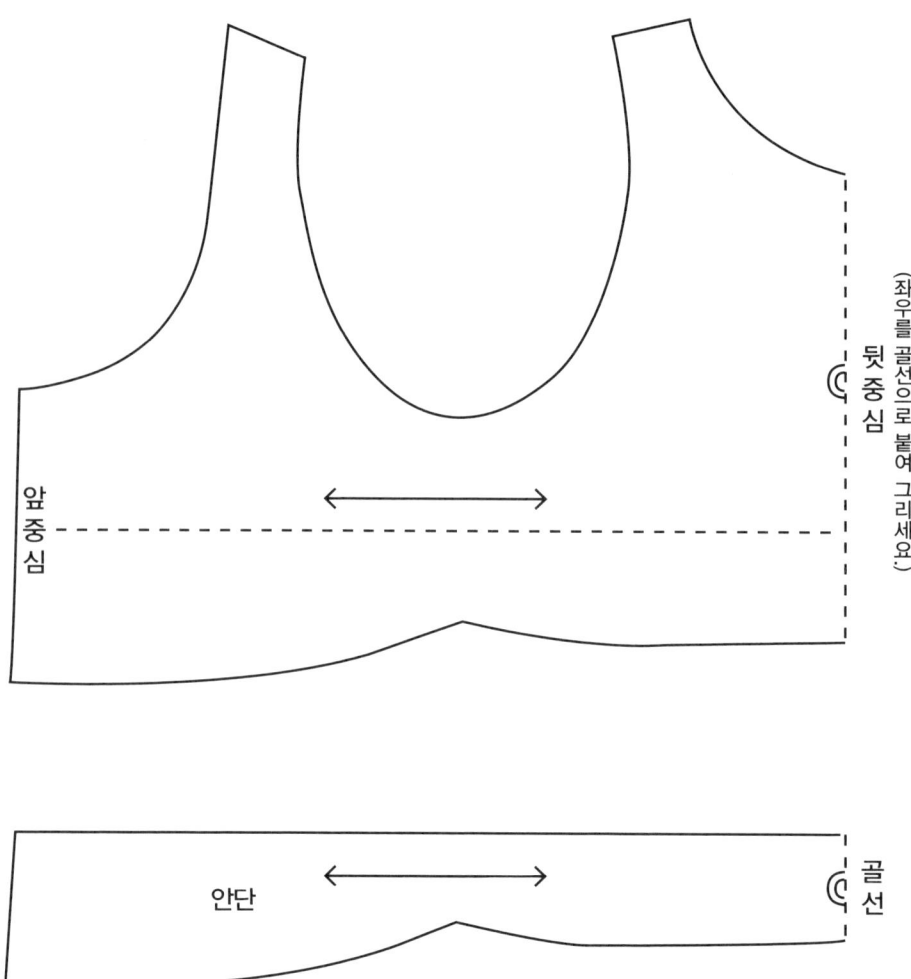

버선

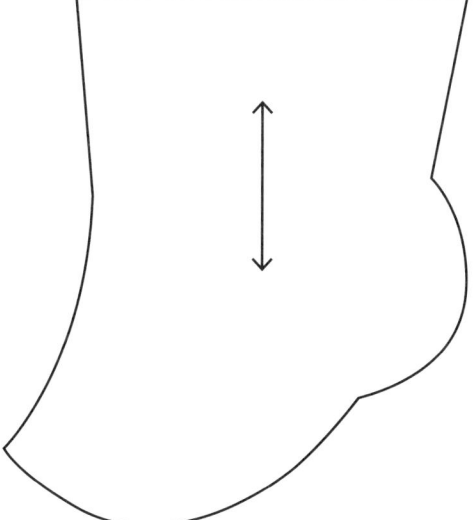